U0934221

革命老区
全国革命老区县
发展史丛书

全国革命老区县发展史丛书·福建卷

政和县革命老区发展史

政和县老区建设促进会 编

厦门大学出版社
XIAMEN UNIVERSITY PRESS
国家一级出版社
全国百佳图书出版单位

图书在版编目(CIP)数据

政和县革命老区发展史/政和县老区建设促进会编.—厦门:厦门大学出版社,2021.6

(全国革命老区县发展史丛书.福建卷)

ISBN 978-7-5615-8215-2

Ⅰ.①政… Ⅱ.①政… Ⅲ.①政和县—地方史 Ⅳ.①K295.74

中国版本图书馆 CIP 数据核字(2021)第 093566 号

出 版 人 郑文礼
责任编辑 韩轲轲
封面制作 张雨秋
技术编辑 朱 楷

出版发行 厦门大学出版社
社 址 厦门市软件园二期望海路 39 号
邮政编码 361008
总 机 0592-2181111 0592-2181406(传真)
营销中心 0592-2184458 0592-2181365
网 址 http://www.xmupress.com
邮 箱 xmup@xmupress.com
印 刷 厦门集大印刷有限公司

开本 720 mm×1 000 mm 1/16
印张 20.5
插页 14
字数 300 千字
版次 2021 年 6 月第 1 版
印次 2021 年 6 月第 1 次印刷
定价 98.00 元

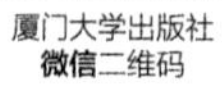

厦门大学出版社
微信二维码

厦门大学出版社
微博二维码

★《政和县革命老区发展史》编纂委员会

顾　问： 黄爱华（县委书记）
张行书（县政府县长）
郑满生（县人大常委会主任）
倪顺才（县政协主席）
魏万进（原县政协主席）

主　任： 王　丰（县委副书记）

副主任： 陈德文（县委常委、组织部部长）
李伟艺（县政府副县长）
范代兴（原县人大副主任、县老促会会长）

成　员： 范成功　许文伟　徐庭盛　罗小成　周元火　熊培惠
周巧平　吴继良　吴邦顺　范智彬　许灼禄　杨钟清
许　强　张胜安　徐清平　汤永珍　吴江平　陈仕丽
兰桂花　魏高清　叶　莉　范荣辉　曹　斌　叶衍森
葛文清　魏贵忠　范素爱　魏东升　陈　健　李重晶
范永光　范永亮　陈明贵　赖传辉　刘立清　赖传贵
李隆智

★《政和县革命老区发展史》编审小组

组　长：范代兴（县老促会会长）

副组长：罗小成（县文化体育和旅游局局长）

范永光（原县委党史研究室主任）

成　员：周元火（县委党史和地方志研究室主任）

范永亮（原县人大代表委员会主任）

赖传辉（县老促会副会长兼办公室主任）

陈明贵（原县双拥办主任）

《政和县革命老区发展史》编辑部

主　编：范代兴

副主编：范永光　赖传辉　陈明贵

谨以此书献给

中国共产党成立 100 周年

人民日报
RENMIN RIBAO
2017年4月
15
习近平对廖俊波同志先进事迹作出重要指示强调
不忘初心扎实工作廉洁奉公　身体力行把党的方针政策落实到基层和群众中去
"樵夫"的魔力
——追记全国优秀县委书记廖俊波

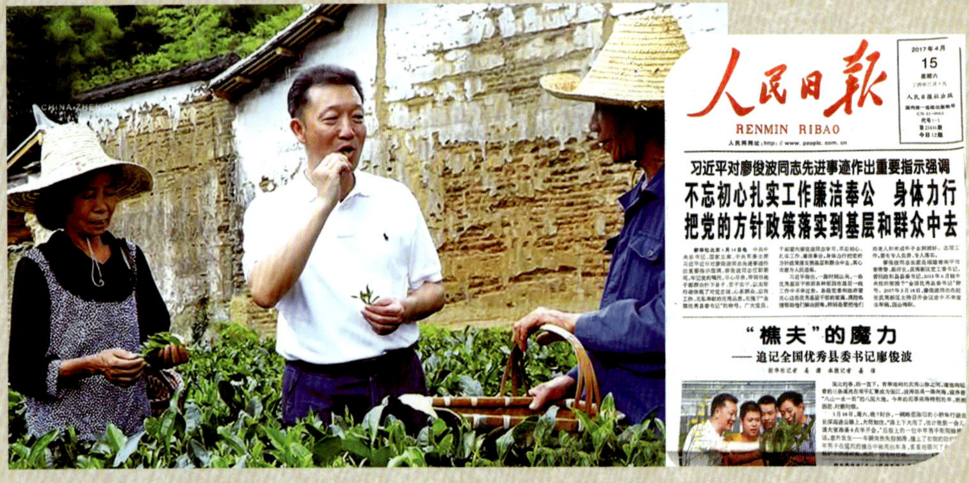

2017 年 4 月 15 日，《人民日报》头版头条刊发习近平总书记对学习廖俊波同志先进事迹做出重要指示

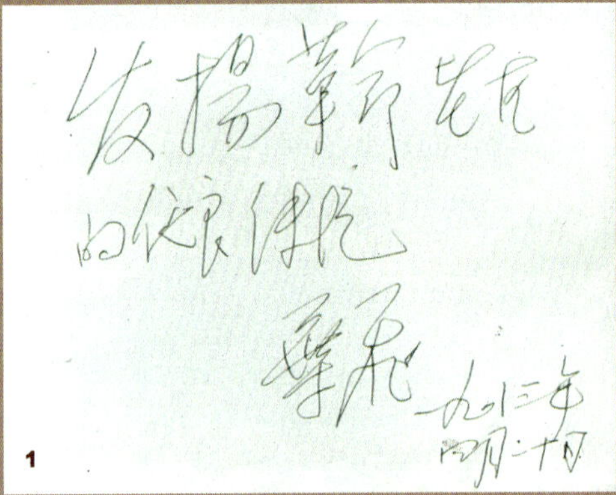
发扬革命先烈的优良传统
叶飞
一九八三年四月二十日

1

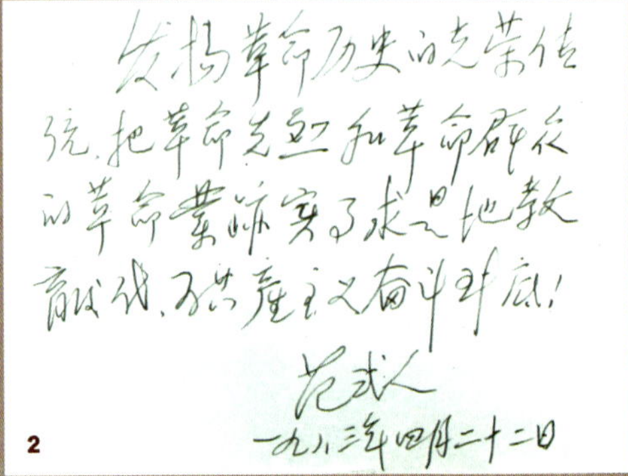
发扬革命历史的光荣传统，把革命先烈和革命群众的革命业绩实事求是地教育后代，为共产主义奋斗到底！
范式人
一九八三年四月二十二日

2

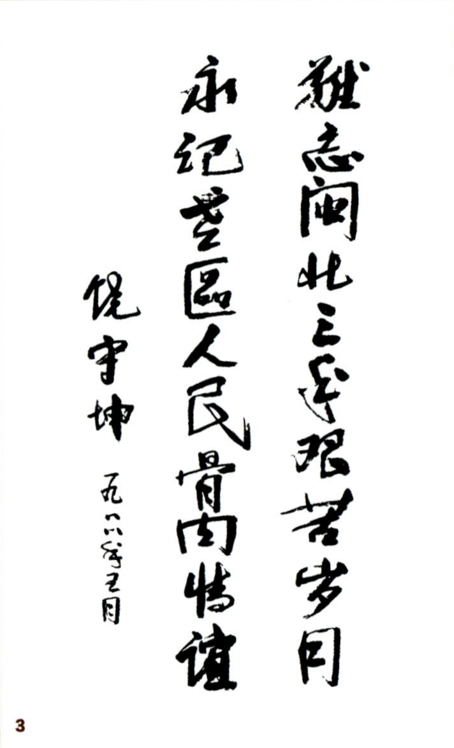
难忘闽北三年艰苦岁月
永记老区人民骨肉情谊
饶守坤
一九八三年五月

3

1. 原中共中央委员、全国人大常委会副委员长叶飞为政和老区题词

2. 原中共中央顾问委员会委员、邮电部党组书记、福建省政协主席范式人为政和老区题词

3. 原中共中央顾问委员会委员、济南军区司令员饶守坤为政和县老区题词

1.

2.

3.

4.

5.

1. 东平镇东平村虎山顶建松政革命根据地纪念碑
2. 政和县东平镇凤头村杨氏祠堂——中共政和第一支部旧址内景
3. 中央苏区政和历史纪念馆
4. 政和县东平西表村魏氏祠堂——建松政苏维埃政府旧址外景
5. 政和县杨源乡洞宫禾坪村——闽北闽东红军会师纪念园

★★★ 二·城市风姿 ★★★

2018年以来开发崛起的政和县城西新景观

政和县同心电商创业园电商一条街

2013年在旧址重建的政和城区彩虹大桥

2012 年改造后的城区东门胜利洋片区新景观

政和水美城市建设日新月异——改造后的城南片区新景观

2021 年 4 月，总投资 8 亿元兴建的中国白茶城建成并投入使用

2020 年 9 月 27 日，衢宁铁路政和段建成通车，图为政和火车站

2012 年 10 月 9 日，宁武高速公路正式通车，图为政和范屯互通

★★★ 三 · 特色产业 ★★★

政和县全力打造白茶品牌，2020 年全县产值 16.2 亿元。图为镇前罗金坂生态茶园

2015 年 8 月，原省政府副省长张家坤向政和县县长黄爱华赠送全国政协原主席李瑞环“政和白茶”题词

“中国锥栗之乡”的政和县成为福建最大的锥栗集散地

外屯乡精心打造“荷乡外屯”，连片种植莲子3000多亩

2017年，东平镇现代光伏农业产业园被列入省级“新能源＋现代绿色农业”重点示范项目

★★★ 四·生态旅游 ★★★

2009 年政和县佛子山风景名胜区被国务院批准为第七批国家级风景名胜区，2011 年被授予第六批国家级地质公园称号

2002 年政和县洞宫山风景名胜区被省政府批准为省级风景名胜区

2018 年 11 月，政和县城被授予“福建省级森林县城”。图为建在状元峰上的云根书院及石圳湾朱子牌楼

2015 年 12 月，东平镇凤头楠木林被评为国家 3A 级旅游景区，并被誉为“中国第一楠木林”

2015 年 12 月，中国白茶小镇石圳景区被评为国家 3A 级旅游景区，并被列为全国乡村旅游重点村

政和城西七星宝塔

翡翠锦屏 3A 级景区虎头泝瀑布

2017年星溪乡念山云上梯田景区被评为国家3A级旅游景区，并获评全国生态文化村、最美休闲乡村和国家湿地公园

2018年，外屯乡天村稠岭景区被评为国家3A级旅游景区，并被列入第五批中国传统村落名录

2020年，铁山镇金色大岭景点已连续举办四届银杏文化旅游节

★★★ 五 · 文化生活 ★★★

政和传统庙会凤林抢溪洲活动

庆祝中国共产党成立 100 周年系列活动

首批国家非物质文化遗产
政和四平戏

法制宣传进社区

“红色小镇”东平
集镇贸易

政和县夜间经济市
民广场活动

★★★ 六 · 乡村新貌 ★★★

“戏曲小镇”杨源

“寿政庆”中心县委所在地澄源乡新康村

中共政和第一支部所在地东平镇凤头村

铁山镇东涧美丽乡村

岭腰乡西坑村幸福小区

外屯乡稻草人文化节

总　序

在举国欢庆新中国成立70周年前夕，中国老区建设促进会王健会长请我为“全国革命老区县发展史丛书”作序。作为一名在老区战斗过并得到老区人民生死相助的老兵，回首往事，我心潮澎湃，感慨万千，深感义不容辞，欣然应允。

中国革命老区，是以毛泽东为代表的中国共产党人在领导人民推翻帝国主义、封建主义和官僚资本主义三座大山，争取民族独立和人民解放伟大斗争过程中建立的革命根据地。在这片红色的土地上，诞生了无数可歌可泣的革命英雄儿女，为后人树起了一座不朽的丰碑，她是新中国的摇篮，是党和军队的根。

在艰苦卓绝的战争年代，老区人民把自己的命运与中华民族的命运紧紧地联系在一起，与中国共产党和人民军队的命运紧紧地联系在一起，他们生死相依，患难与共。我曾亲历过战争年代，并得到过老区红哥红嫂的救助，切身感受到发生在身边的一幕幕撼天动地的革命故事，在那极其艰难的条件下，老区人民倾其所有、破家支前，不怕艰难困苦，不怕流血牺牲。“最后一碗米送去做军粮，最后一尺布送去做军装，最后一件老棉袄盖在担架上，最后一个亲骨肉送去上战场。”这是当时伟大的老区人民为建立新中国做出巨大牺牲的真实写照，它将永远镌刻在中国共产党、中国人民解放军、中华人民共和国的历史丰碑上。他们的光辉业绩永载史册，他们的革命精神必将影响一代又一代的革命新人，造就一代又一代的民族脊梁。

在社会主义革命和建设时期，革命老区和老区人民响应党的号召，面对落后的面貌、脆弱的经济、恶劣的生态环境，他们本色不变，精神不丢，自力更生，艰苦奋斗，干一行爱一行。他们始终坚持“革命理想高于天”，自觉做共产主义远大理想的坚定信仰者和忠实实践者，勇于向恶劣的自然环境和贫穷落后宣战。他们在各条战线上为国建功立业，用平凡的双手创造了一个又一个不平凡的奇迹，彰显了老区人的崇高精神和人格力量。

在改革开放的伟大进程中，老区人民解放思想，勇于创新，发愤图强，攻坚克难，老区的经济社会建设取得了辉煌成就，特别是在改变中国的面貌、中华民族的面貌、中国人民的面貌、中国共产党的面貌的伟大实践中发挥了至关重要的作用。老区人民既是改革开放的参与者，又是改革开放的推动者。

艰苦炼意志，危难见精神。老区人民在近百年的革命战争、社会主义建设和改革开放的伟大实践中，孕育形成了伟大的老区精神：爱党信党、坚定不移的理想信念；舍生忘死、无私奉献的博大胸怀；不屈不挠、敢于胜利的英雄气概；自强不息、艰苦奋斗的顽强斗志；求真务实、开拓创新的科学态度；鱼水情深、生死相依的光荣传统。这是党和人民宝贵的精神财富、丰厚的政治资源，是凝心聚力、振奋民族精神的重要法宝，也是社会主义核心价值观的重要内容。

中国老区建设促进会怀着强烈的政治责任感和历史使命感，组织全国各地老促会人员克服困难，尽心竭力编纂“全国革命老区县发展史丛书”，记录老区的光辉历史和辉煌成就，传承红色基因，弘扬老区精神，这是功在当代，利在千秋的一件大事。手捧这部丛书的部分书稿，读着书中的故事，我倍感亲切，深感这部丛书具有资政、育人、存史的社会功能，有着重要的时代和历史价值。它是不忘初心、牢记使命的源头活水，是赞颂共产党、讴歌老区人民的一部精品力作，是弘扬老区精神、传承红色记忆的丰厚载体，是一项继承优秀传统文化、弘扬革命文化、发展社会主义先进文化、坚定“四个自信”的宏大文化工程。它必将成为一种文化品牌，为各界人士了解老区、宣传老区、支持老区提供一部有价值的研究史料。我们希望读者朋友们能从中了解并牢记这些为党和民族的利益不断奉献的老区人民，从中得到教益，汲取人生奋斗的精神动力。

新时代赋予新使命，新起点开启新征程。让我们更加紧密地团结在以习近平同志为核心的党中央周围，坚持以习近平新时代中国特色社会主义思想为指导，增强“四个意识”，坚定“四个自信”，做到“两个维护”，弘扬老区精神，铭记苦难辉煌。让我们为实现“两个一百年”奋斗目标，实现中华民族伟大复兴的中国梦做出新的更大的贡献！

迟浩田

2019年4月11日

序

政和县老区建设促进会和《政和县革命老区发展史》编委会，以强烈的政治责任感和历史使命感，尽心尽力编纂《政和县革命老区发展史》，确保以精品向建党100周年献礼，功在当代，利在千秋。

我在政和工作了15个年头，由于岗位之需，较系统地学习了政和革命史，亲身经历了政和改革发展变化，常常叹服于政和老区人民坚忍不屈的革命意志和百折不挠的奋斗精神。在近百年的革命战争、社会主义建设和改革开放的伟大实践中，政和老区人民为改变自己命运和过上美好生活，始终坚定信念、爱党信党，舍生忘死、无私奉献，自强不息、艰苦奋斗，求真务实、开拓创新，攻克了一个个难关，取得了一个个胜利，奉献了鲜血、生命、智慧和力量，谱写了一部波澜壮阔的革命史诗和气壮山河的创业史诗，政和与全国其他地方同步实现了全面建成小康社会的目标。

《政和县革命老区发展史》坚持以实为据，以真为本，以史聚力，让历史说话，用史实发言。全书以中共政和支部建立开篇，以推进“四个新政和”收笔，全景式再现了血雨腥风的革命斗争，如火如荼的建设发展，一往无前的改革开放，让我们深切感受到中国共产党人的那种进取精神、奉献精神，深切感受到老区发展历史中蕴含的强大正能量，打开了一扇贴近“初心”的窗口，提供了一个凝聚共识的平台，是一部难得的学史读本和励志教材。我相信，该书的出版发行，必将有益于扩大政和的外部影响，必将有益于增强政和的内生动力，必将有益于凝聚社会共识。

习近平总书记指出："只有回看走过的路、比较别人的路、远眺前行的路，弄清楚我们从哪儿来、往哪儿去，很多问题才能看得深、把得准。"只有熟知昨天，才能把握今天，更好地开创明天。当前我国正处在"两个百年"历史交汇期，党的十九届五中全会绘就了发展蓝图，社会主义现代化新征程即将开启。全县上下要铭记老区历史，弘扬老区精神，传承红色基因，践行俊波精神，坚定理想信念，坚持人民至上，奋力推进政和绿色高质量发展超越，为实现政和的光荣与梦想，为中华民族的伟大复兴追梦逐行、建功立业。

中共政和县委书记　黄爱华

2020 年 12 月 16 日

编纂说明

2017年6月，中国老区建设促进会组织全国各地老促会启动编纂“全国革命老区县发展史丛书”，按照“建立中国共产党、成立中华人民共和国、推进改革开放和中国特色社会主义事业”三大里程碑的历史脉络，系统书写革命老区百年历史，深入挖掘革命老区红色文化资源。这对于充实丰富中国革命史籍宝库、在新时代传承红色基因、弘扬革命精神、强固根本，对于激励人们在新的历史条件下夺取中国特色社会主义伟大胜利，实现中华民族伟大复兴的中国梦具有重要意义。

丛书编纂以习近平新时代中国特色社会主义思想为指导，以《中国共产党历史》《中国共产党的九十年》等重要文献为基本依据，以党的领导为核心，以老区人民为主体，以老区发展为主线，体现历史进程特征，突出时代发展特色，坚持辩证唯物主义和历史唯物主义相统一、历史真实性与内容可读性相统一的原则，书写革命老区从站起来、富起来到强起来的光辉革命史、不懈奋斗史、辉煌成就史，把老区人民的伟大贡献、伟大创造、伟大成就、伟大精神充分展示出来，形成一部具有厚重历史特征和鲜明时代特色的精品力作。这是一部培根铸魂、守正创新，既为历史立言，又为时代服务，字里行间流淌着红色血脉、催生着革命激情的传世之作。该丛书的编纂出版将成为讴歌党、讴歌人民、讴歌时代、传播红色文化、为革命老区和老区人民树碑立传的重要载体。

该丛书按照编年体与纪事本末体相结合、以编年体为主的编写体例确定框架结构；运用时经事纬、点面结合的方式记述史实；坚持人事结合、以事带人的原则处理人与事的关系；采取夹叙夹议、叙论结合、以叙为主的方法展开内容。该丛书做到了史料与史论、历史与现实、政治与学术统一，文献性、学术性、知识性相兼容。

为编纂好"全国革命老区县发展史丛书"，打造红色文化品牌，中国老区建设促进会认真组织、积极协调，提出政治立场鲜明、史料真实准确、思想论述深刻、历史维度厚重、时代特色突出、编写体例规范、篇目布局合理、审读把关严格、出版制作精良的编纂出版总要求，力求达到革命史籍精品的精神高度、思想深度、知识广度、语言力度，增强该丛书的权威性和社会影响力。各省(区、市)、市(州、盟)、县(市、区、旗)老促会的同志，以强烈的使命感、责任感和紧迫感，勇于担当，积极作为，认真实施，组织由老促会成员、专家学者等参加的十余万人编纂队伍。编纂工作主体责任在县(市、区、旗)，省(区、市)、市(州、盟)组织协调、有力指导、审读把关。各方面人员以高度负责的精神和科学严谨的态度，满腔热情地投入工作，为该丛书编纂出版做出了重要贡献。该丛书编纂工作还得到了党和国家有关部委、地方各级党委政府及有关部门的大力支持和积极参与，社会各界也给予了热情帮助。中共中央政治局原委员、中央军委原副主席、国务委员兼国防部长迟浩田首长，对革命老区建设发展十分关注，对老区人民怀有深厚情感，欣然为"全国革命老区县发展史丛书"作总序。

该丛书由总册和1599部分册(每个革命老区县编纂1部分册)组成，共1600册。鉴于丛书所记述的史实内容多、时间跨度长和编纂时间紧，不妥之处，敬请批评指正。

中国老区建设促进会

目 录

概　述

政和县地处福建省北部，武夷山东南侧，鹫峰山脉西北侧，与浙江省南部相连。全县辖5乡4镇1街道、124个村13个居委会，总面积1744.24平方千米，耕地面积225864.5亩。全县户籍人口23.8万，其中常住人口16.3万，共有汉、畲、回、蒙古、苗、满、藏、彝、瑶、高山、壮、朝鲜、布衣、黎等14个民族，汉族人口占99.49%。政和县是一个历史悠久、资源丰富、不断发展的文明福地，素有“先贤过化之地”“中国白茶之乡”“中国竹具工艺城”“中国楠木之乡”“廖俊波精神发源地”“中国电商发展百佳县”“中国百佳深呼吸小城”之美誉。近年来，县委、县政府围绕“工业经济”“城市经济”“回归经济”“旅游经济”等四大经济的发展思路奋发追赶，经济、社会面貌焕然一新。

一、历史悠久的古县

政和县的发展历史可追溯到商周时期，在漫长的建制沿革中，政和县是各个朝廷皇室关注的一隅王土：周朝《诗经》始有“闽”称，当时古越族人主要分布在闽浙粤沿海地区；春秋战国时期，政和为越国后方；秦始皇废闽越王设闽中郡；刘邦复封闽越王，建都东瓯（今浙江温州），闽地再次成为诸侯国；汉武帝改东瓯为稽南郡，中原移民南下，政和人口逐渐多起来；汉献帝改稽南郡为建安县（今福建建瓯）等3县；三国吴永安三年（260）改建安都为建安郡；唐高祖改建安郡为建州；盛唐，中原大移民，叶延一、许延二、范公辅、颜虬松、张世豪等政和五大开拓者带着中原先进的文化和生产技术到政和拓桑田、办农庄、创书院、播文明，开启了政和新时代。

五代十国时期设立闽国边陲兵防重镇——关隶镇；宋咸平三年(1000)升为关隶县，宋政和五年(1115)因进贡“白毫银针”，宋徽宗将其年号赐给关隶县作为县名；明景泰六年(1455)析出东北部置寿宁县；清朝隶属建宁府；1913 年，属建安道。

政和县是闽北革命老根据地之一。从革命战争年代到 1949 年，中国共产党在政和境内先后建立了中共政和支部、政和中心区委和建松政中心区委、政和县委和建松政、政屏、寿政庆中心县委，以及建松政特委、闽浙边地委，开辟了以东平为中心的建松政苏区和政屏、寿政庆苏区，建立了苏维埃红色政权，开展革命武装斗争。著名革命领导人黄道、粟裕、黄立贵、叶飞、吴先喜、曾镜冰、饶守坤等均在政和留下战斗的足迹。1936 年，闽东红军独立师师长叶飞率部到政和洞宫山麓禾坪村与闽北红军独立师会师；同年，中共闽北分区委和闽东特委的主要领导人又在洞宫山麓的仰头村召开著名的“洞宫山联席会议”，从此闽北、闽东两块根据地连成了一片。在严酷的斗争中，政和人民的优秀儿子、建松政革命根据地创始人杨则仕，因下山筹粮不幸被捕，在建瓯朝天门外英勇就义。由陈贵芳率领的红军游击队和老区人民鱼水相依、血肉相连，在极度困难的条件下坚持开展游击战争，政和老根据地人民在党的领导下，积极参军参战、前仆后继，为新民主主义革命的胜利做出重大贡献，付出巨大牺牲，赢得了“红旗不倒”的赞誉。

1949 年，新中国成立，政和县设 4 个区 10 个街 82 个村，先后隶属建瓯专区和建阳专区；1956 年至 1959 年分属过南平专区和福安专区；1960 年至 1962 年、1970 年至 1975 年，两度与松溪县合并为松政县；1975 年撤销松政县，恢复政和县制。

二、资源丰富的宝地

政和县境内群山延绵、溪流密布，构成了“八山一水一分田”的地貌组合。境内东西最大距离 72 千米，南北最大距离 46 千米。地貌属东南沿海丘陵区，东高西低，类型多样，山地广布，河谷盆地狭小。东部为鹫峰山脉北段，有海拔千米以上高峰 400 多座，最高峰香炉尖海拔 1597 米。河谷盆地主要分布在中部和西部，海拔最低的谷盆位于石屯镇王山口，海拔仅为 129 米。

政和县地势高低悬殊，全县形成多层次立体气候，东部和西部，山地和谷盆，气候差异都较大，属于亚热带季风湿润气候地区。年平均气温：西部 18.3℃，中部 17.4℃，东部 14.7℃。年平均无霜期：西部 262 天，中部 252 天，东部 212 天。平均年降水量：中西部 1609 毫米，东部 1926 毫米。平均年日照 1907 小时。

政和县溪河纵横、水源丰富，松溪、七星溪、龙潭溪、翠溪等河流密布，流域面积在 50 平方千米以上的河流有 24 条。作为全县主河流的七星溪，由东向西横贯东部和中部，在石屯镇西津村注入建溪，属闽江水系建溪支流。境内最大河流松溪，发源于浙江省庆元县百山祖，流经县境西部，在西津汇合七星溪，流域面积达 1021 平方千米，年均径流量达 30 多亿立方米。

政和县境内自然资源丰富。水资源年均径流量达 19.84 亿立方米，水能理论蕴发量 152184 千瓦，可开发 6055 千瓦，是全国第二批电气化县。政和县土壤多样，红壤占 66％，黄壤占 22.71％，紫色土占 0.66％，石灰土占 0.35％，潮土占 0.04％，水稻土占 7.98％。政和县是福建省重点林区，有针叶林、阔叶林、混交林、经济林、毛竹林、灌丛、草坡等 7 个类型，共有 9 个群纲 66 个群系 126 个群种，有银杏、紫楠、红豆杉、三尖杉、建柏等稀有树种。政和县珍稀野生动物有云豹、猕猴、穿山甲等 50 多科 200 多种。政和县矿产丰富，有铁、铜、金、银等 15 种之多。

政和县境内旅游资源组合度仅次于武夷山，全县共有8大类、86个基本类型、136个旅游资源实体，其中有国家级风景区和国家级地质公园佛子山、省级风景区洞宫山；有36个国家级、省级传统村落和历史文化名村，5个国家3A级旅游景区，2个全国生态文化村，2个省级乡村旅游休闲集镇，11个省级乡村旅游特色村，3个省旅游名村。

政和县是福建省重要产茶区，是政和大白茶和政和菜茶的发源地，也是"政和白茶""政和工夫红茶"原产地。2019年，全县茶园面积达11万亩，产值14.5亿元；全县涉茶企业、合作社500多家，全国各地建立销售终端1000多家，政和县先后被评为"中国茉莉花之乡""中国白茶之乡""中国白茶基地""产茶明星县"，建成全国最大白茶基地。此外，2019年由中国供销农产品批发市场控股有限公司和政和县人民政府合作兴建的中国白茶城项目开工；一个集茶叶展示交易、检测认证、年份茶仓储、物流服务、信息发布、期货拍卖、金融服务、白茶价格指数及茶文化旅游等功能为一体的"一站式"全国茶叶集散中心于2021年4月投入运营。

政和县是"中国竹子之乡"，全县拥有毛竹林46万亩，竹农5万多人。2019年，全县共有笋竹加工企业300多家，全年完成加工产值43.79亿元，其中规模以上竹企业43家，省级以上龙头企业12家(中国竹业龙头企业2家)，省著名商标、省名牌产品12个，中国驰名商标1枚。政和已成为世界最大的竹茶盘加工基地，全省最大规模的竹工艺加工基地，"中国竹具工艺城"初具规模。

政和县特色产品多。风味小吃东平小胳、山珍糕、东平扁肉、老鼠腊、米冻粿、高山咸菜等享誉闽北。政和县地方特产白笋干、苦锥果、魔芋、地瓜干、牛肝菌、龙须菜等养在深闺人未识，是款待嘉宾的美味佳肴。

三、快速发展的苏区

改革开放以来，政和县成为倍受各级领导牵挂的一方热土。

20 世纪 80 年代，政和被认定为福建省 26 个重点革命老区县之一；1986 年，政和县被省政府确定为贫困县；1997 年，政和县摘掉贫困县的帽子；2010 年，政和县又被国家发改委确认为福建省革命老区县；2012 年，政和县被确定为省级扶贫开发工作重点县，也是全省 23 个经济欠发达县之一；2007 年，政和县全面启动申报中央苏区县，2013 年被正式确认为原中央苏区县；2020 年 4 月，省级扶贫开发工作重点县摘帽，全县 40 个贫困村全部出列，建档立卡贫困人口 1791 户、6461 人全面脱贫，进入小康社会。

党和国家领导人习近平、贾庆林、贺国强和王兆国等在担任福建省委、省政府主要领导期间，关注政和、挂点政和，深入政和指导扶贫扶建工作。省政府办公厅、省交通厅、省农业厅、省林业厅、省水利厅、省发改委、省财政厅等省直部门挂点帮扶政和，省统战系统助推政和，石狮、厦门、惠安等沿海城市对口帮扶政和，南平市领导和市直部门关心帮助政和。政和的发展一天上一个台阶，从城市到乡村都发生了翻天覆地的变化。2012 年至 2019 年，固定资产投资年均增速达 30.2%。

政和县城区规划面积从 1985 年的 6.9 平方千米扩展至如今的 102 平方千米，市民广场、文化中心、夜景照明等一批重大市政项目相继竣工，迎宾大道、珠山湾大桥、解放大桥、七星溪休闲栈道等一批路网工程改造完成，胜地心苑、福地步行街等商住小区成功开发。目前，一座高起点规划、高标准建设、高效益经营、高水平管理，山水特色、文化底蕴和现代风貌彰显，产业、人口、资金集聚的生态旅游休闲山城逐步完善。

政和县乡村规划建设从 1988 年开始，先后完善了乡镇和市级以上试点乡镇规划，成功创建省级生态县，创建省级生态示范乡镇

10个、省级以上生态示范村22个，2013年制定了《政和县人民政府关于推进美丽乡村建设的实施意见》，重点抓好11个美丽乡村试点建设。目前正积极打造石圳、念山、锦屏、稠岭等一批生态优化、环境美化、村庄绿化、庭院净化的生态宜居新村。

1958年，政和城关至西津第一条公路竣工通车；年底，贯穿闽浙赣三省的小浦公路开通；20世纪90年代初，全县基本形成了以城区为中心，省道为骨干，县、乡、村及林业公路相连的公路路网；2011年，实现农村公路"村村通"目标；2012年以来，宁武、松建高速建成通车，境内三条省道全面升级为国道，高速连接线综合改造、城区过境线环城路稻香至林屯段和林屯至官湖段竣工；2020年9月27日，衢宁铁路通车，境内里程28千米，圆了政和人民的"铁路梦"。政和县从交通闭塞到成为闽北离港口最近的前沿平台，经历了半个多世纪的时间。目前，全县境内有国、省道173千米，县道78千米，乡道588千米，村道105千米，等外公路93千米，全县公路总里程已达1037千米。

与此同时，政和县的水利、电力、通信等基础设施不断完善，群众生活幸福指数不断攀升。

四、文明幸福的山城

政和县文化底蕴深厚，自古就重学兴教，书室、书院、宫学遍布城乡。银青光禄大夫许延二于唐咸通年间（860—874）创办的梧桐书院开创了政和教育之先河，是闽东北最早的书院；宋代大理学家朱熹之父朱松创办的星溪书院和云根书院，将政和教育推向了鼎盛时期。党的十一届三中全会后，县委、县政府把教育作为"强国兴县"的战略来抓。20世纪90年代以来，政和的教育事业在普及的基础上从应试教育全面转向素质教育，1997年打响了普及九年义务教育和基本扫除青壮年文盲"两基"攻坚战，并通过省、市评估验收，素质教育不断推进。2002年，撤销学区建制，农村小学撤点并校。

2008年，农远工程通过省上验收。2011年，省对县“两项督导”通过评估核查。2013年，“双高普九”顺利通过省上验收。2019年，全县共有中学11所（含开来）、小学50所（其中完小26所，教学点24个）、幼儿园80所（其中公办园11所，民办园69所），在校生32974人，教职员工2608人，校园面积75.7456万平方米。

1989年，政和县医院发展为初具规模的综合性医院，县中医院综合楼落成。随后，全县先后设立了防疫站、妇幼保健院，先后建成县医院门诊大楼、综合大楼、县医院病房大楼、中医院综合大楼、县妇幼院综合大楼、卫生防疫站，完成乡镇卫生院改造工程。县医院深化改革、成功实现托管，并晋级为二级乙等综合性医院和全县医疗技术指导中心；县中医院通过二级乙等医院评审；县妇幼保健院通过国家一级甲等院评审。2019年，全县有县级医疗机构3家，乡镇卫生院9所，1家社区服务中心，村级卫生所（室）118间，医务人员907人。同时，政和县人口与计生工作也得到不断加强，2015年，人口与计生局和卫生局合并为卫健局。

政和县文化事业蒸蒸日上。政和文化中心等一批文化基础设施建成，文学、摄影等一批协会成立，小说、歌曲等一批反映政和县经济社会文化发展和政和百姓生活的文艺作品在全国各类媒体发表，政和县被誉为“文学政和”现象。历史悠久的政和四平戏是国家首批非物质文化遗产，被称作“戏剧活化石”。全县100多座古廊桥中，后山廊桥、洋后廊桥等3座廊桥参与申报世界文化遗产。鲤鱼崇拜文化、新娘茶、茶灯戏、高山茶道、皇室茶叶文化等民俗文化源远流长。馆藏文物标本有2000多件，其中国家珍贵文物有257件，一级1件、二级5件、三级251件，文物有石器、铜器、金银器、陶瓷器等，最早的产于商周时代。

政和县科技工作发展步伐不断加快，先后实施“十百千”农业科技示范工程、“个十百”科技示范工程，2008年被科技部列为“科技富民强县专项行动计划”试点县，科技工作连续5次通过全国科技进步县考核。

此外，政和县广播电视工作在2008年完成广播电视“村村通”

工程,2009年完成行政村有线电视网络数字化升级改造。目前,全县已实现县乡光纤联网,广播电视覆盖率达100%。

五、崛起追赶的重镇

长期以来,政和县作为省级扶贫开发工作重点县,人均GDP排名全省末尾,被戏称为“省尾”县,是贫穷落后的代名词。近年来,县委、县政府抢抓机遇,谋发展求突破,发展速度整体快于全市、发展质量整体优于全省,2012年县域经济发展指数位次提升35位、上升幅度全省最大,2013至2015年三年蝉联全省县域经济发展“十佳”县,成为闽北一个新兴崛起的重镇。

政和县的工业发展可追溯到唐末五代时期的制茶和宋代的冶银。新中国成立后,全县落后的工业经过恢复、调整,历经工业产值首超农业、乡镇企业异军突起、民营企业蓄势待发等阶段。1988年,全县工业企业单位469家,涉及采选矿、机械制造、化学、建材、电力、电子、食品、饮料、服装、纺织、印刷、竹木加工等25个门类。工业年产值6250万元,占工农业总产值的50.5%,上交财税占工农业税收的52.1%,第一次实现“工业超农业”的历史性进步。

1989年起,政和县乡镇企业抓住邓小平南方谈话契机,借助“山海协作”平台,围绕木制品、笋竹制品、茶叶加工、食用菌保鲜、禽畜养殖、精密铸造等六个方面,大力开发培植龙头企业,进入了起步发展的黄金时期。1999年,全县共有各类乡镇企业5784个,其中乡村集体企业392个、私营企业781个、个体企业4611个,从业人员2.43万人,产值9.1352亿元,占全县工业产值的63.8%。

2000年以来,政和县提出“工业兴则政和强,工业衰则政和弱”的口号,实施“工业强县”战略,认真贯彻落实“突出工业、突破工业”要求,出台《政和县县级工业园区建设若干优惠政策》,修订完善《园区管理暂行规定》,2004年,以入闽通道为轴线的“工贸走廊”初具雏形。2006年,一条从西至东贯穿“东平—石屯—城关—铁山—岭腰”的“东岭工贸走廊”基本形成。

2010 年,政和县开始谋划省级经济开发区建设。2011 年,全县把申报“省级经济开发区”作为工作的重中之重,把打造“百亿产业园”作为全县人民的梦想,成立省级经济开发区管委会及投资开发公司,省级经济开发区优惠政策出台,完成首期工业用地征迁 2000 亩。2012 年,政和经济开发区正式获批为省级经济开发区,规划面积 25 平方千米,完成征地 3600 亩,启动土方平整 2700 多亩,开发区高速连接线以及道路、供水、供电、通信、污水处理厂等配套基础设施建设有序推进。目前,政和经济开发区基础设施不断完善,落户企业达 111 家、年产值约 50 亿元,在竹制品、食品加工和机电三大主导产业中,机电产业已形成发电机、汽摩配、水泵、阀门等四个较为完整的产业链。

作为新兴崛起的重镇,电商产业是政和县不得不提的新兴产业。“电子商务不受时空限制,山区也能做,要致力走出一条‘弯道超车’脱贫致富的农村电商发展之路。”2015 年,时任政和县委书记廖俊波提出发展电商产业,县委、县政府出台关于发展电商产业的“三零三给”优惠政策。沐浴政策的阳光,政和有志青年积极返乡创业创新创造,政和县电商产业孵化园、电商创业园、电商物流园相继落地建成,2019 年全县完成网络零售额 9.55 亿元。2020 年,同心电商创业园更是初步形成集一个电商公共服务中心、一个电商展示展销中心、一个快递超市、一个网红孵化基地 4 个“一”于一体的电商业态,电商一条街初步形成集“集货流、建生态、聚人才”于一体的电商产业集聚区。5 年来,政和县先后荣获省级、国家级“电子商务进农村综合示范县”称号,连续 4 年获得“全国电商百佳县”荣誉,2017 至 2018 年度被评为“福建村淘第一县”。目前,全县有电商企业 1100 余家,网络店铺 2000 多家,全县从事电商人员 3 万多人,电商服务覆盖 80%以上的行政村,带动贫困户就业创业达 400 多人。

2020 年,政和县地区生产总值从 2012 年的 34.39 亿元增加到 98.3 亿元,年均增速 9.84%;全县规模以上企业 103 家,规模以上工业总产值年均增速 16.55%,三大产业比为 18.1∶41.4∶40.5,工业对经济增长贡献率达35%；县级公共财政收入56354万元，其中地方级公共财政收入37456万元，分别是1978年的192.3倍、127.8倍，年均增速分别为17.32%、13.81%；城镇居民收入31081元、农村居民收入13823元，年均增速分别为8.79%、10.61%。

弹指一挥间！如今的政和，一个实现梦想的偌大舞台搭就，一座承载幸福的休闲山城拉开框架，一条通向希冀的交通大动脉打通，一份“一切为了政和的光荣与梦想”的理想信念深植人心，各项工作分线推进，激励机制落实到位，创业功臣不断涌现。政和人民正站在新时代潮头上，以习近平新时代中国特色社会主义思想为指导，踏上新的征程，破茧化蝶、扬帆追赶，拉开“十四五”新一轮凤凰涅槃的建功创业之大幕。

第一章
政和早期的革命斗争和党组织的创建

政和人民有着光荣的革命斗争传统。1919 年在五四运动的影响下,政和人民就掀起了反帝反封建的斗争。1927 年大革命失败后,中国革命进入了由中国共产党组织领导的土地革命战争时期。政和的革命斗争,在闽北党组织直接领导下,也开始了新的阶段。1928 年 8 月,在建瓯五中求学的政和籍共产党员杨则仕奉党的指示,秘密回到家乡东平镇凤池村(现凤头村)开展革命活动。1929 年 7 月,杨则仕在凤池村建立了政和县第一个党支部。从此,政和人民在党的领导下,革命斗争如火如荼,革命形势迅猛发展,遍及四境,成为闽北、闽东、建松政、闽浙边和浙西南的重要组成部分。

第一节　大革命前夕政和社会政治状况

20 世纪 20 年代,坐落在闽浙边陲的政和县不仅是个崇山峻岭、交通闭塞、经济文化极为落后的偏僻山区,而且社会政治非常腐败,阶级矛盾异常尖锐。

一、军阀统治下兵灾匪祸横行

辛亥革命以后,代之而起的是军阀的反动统治,新旧军阀与反动地方势力结为一体,贪官污吏,捐棍粮胥,实行最残酷的压榨与剥削,广大人民群众毫无政治民主权利可言。政治腐败导致社会动荡不安,兵灾匪祸横行。各派系军阀为争夺政和地盘互相倾轧,人民深受其害，游兵散勇遍布乡里，为非作歹。匪祸之患更烈，自民国初年至 20 世纪 30 年代，政和境内大小股土匪不下百余股，匪徒四处打家劫舍，拦路行凶，劫掠奸淫，无所不为，人民饱受匪害之苦。地主豪绅又纷纷组织各自御用的大刀会、一心会、黄带会作工具。为其利害互相火并、斗殴，大刀会组织几乎遍及全县乡里，造成整个社会更加混乱，可谓“满天星云，遍地狼犬”。而当权者只知趋炎附势、争权夺利、钩心斗角，搜刮民脂民膏，置人民的死活于不顾。此间，政和灾疫频仍。暴雨、冰雹、饥荒、地震、瘟疫、干旱、鼠疫等灾害、病疫不下 300 多次，死者不计其数。在天灾人祸面前，人民求生无路，只得卖妻鬻子，流浪他乡，到处是啼饥号寒、民不聊生之惨状。

二、官僚地主残酷剥削与压迫

偏居一隅的政和是典型的封闭式的封建自给自足的自然经济地区，农村大部分土地都为少数地主阶级所垄断。如东平一带，土地所有权几乎都控制在杨则廉、宋序熊、黄一山等大地主手里，仅杨则廉一家就占有良田千亩以上；而占人口 90%以上的农民所拥有的土地却不到 20%。地主阶级以地租和高利贷等形式，对广大贫苦农民进行残酷的剥削。当时地主阶级对农民进行地租剥削和压迫的形式主要是实物地租。据东平等地的调查，实物地租又分为定租制和分租制，实行上田“倒二八”（佃农得二、地主得八）、中田“倒四六”、下

租多、税多、利息高，这幅历史画描绘了租税重压下的穷苦农民

田对半分。定租制主要是根据分租制来定，所得大致和分租制所得一样。此外高利贷剥削更是置农民于死地，一般春借秋还就得一本一利，甚至更高，有所谓“月月转”“打滚利”“卖青苗”“押青苗”等名目。这样繁重的地租和高利贷剥削，使得农民辛苦一年打下的粮食不待秋收完场，地主逼去田租，债主追回借贷，农民所剩无几，被迫落得“镰挂壁、嘴挂钩”“放下镰刀没有粮，一家大小饿断肠”的境地。

此外，农民还要给地主从事各种名目繁多的无偿劳动，负担多如牛毛的苛捐杂税。据东平调查，苛捐杂税光有名目的就有人丁税、门牌税、牧畜税、屠宰税、烟酒税、印花税、厘金税、房铺税、壮丁费、民团伙食费、县官招待费、婚丧捐等 20 多种。地主派其乡团丁催租逼债，农民要负担“草鞋费”，连被捕后保释还得缴“解索费”。在地租高利贷的盘剥下，加之各种夫役、纳贡，以及各种名目繁多的苛捐杂税，多数农民一生做牛做马，年年债台高筑，甚至几代承袭，代代沦为奴隶，其处境之悲惨，难以言表。当时政和流传的民谣“穷人有三宝，火笼当棉袄。棕衣当被倒，苦菜当粮草”，堪为穷苦民众的真实写照。

三、百姓被剥夺受教育的权利

在不合理的政治经济双重压迫下，广大劳苦子弟均无求学就读的可能，故而文盲充斥，目不识丁者比比皆是，全县人口文盲率占95％以上。一些偏远的地区，如高山区镇前、澄源、杨源等乡镇，有的村庄有史以来无一地道农民家庭出身的读书人。而封建地主为加强对人民的思想禁锢，以巩固其反动统治，他们极力维护封建道德，提倡封建族权，宣扬各种迷信奴化思想，以麻痹人民的意志，使社会风气日益恶化。一些流氓地痞勾结官府警察，在城乡公开设立赌场、烟馆、妓院，这些肮脏的场所，既是贪官污吏、土豪劣绅花天酒地、寻欢作乐的魔窟，又是坑害良家子女、毒害社会风气的罪恶深渊，使得社会恶性循环，风气日下。

由于地主阶级和封建军阀在政治上的黑暗统治、经济上的残酷剥削和文化上的滞退，造成尖锐的社会矛盾，人民生活在水深火热之中，一场惊天动地的社会革命便在这不合理的社会现实中酝酿。

第二节　富于反抗的政和革命斗争传统

一、反抗封建王朝斗争绵延不断

政和人民有着光荣的革命斗争传统。据县志记载，远在唐乾符年间(874—879)，农民起义军黄巢所部，由浙入闽转战政和，至今尚存“黄巢坪”“九战丘”遗址；元世祖至元年间(1264—1294)，政和畲、汉两族民众在黄华的领导下，连营50寨，聚众10万，声震东南半壁江山；明正统年间(1436—1449)，以叶宗留为首的政和锦屏银矿矿工起义，更是威震江南，影响深广。这些斗争，无不给封建势力以沉重的打击。

二、反帝反封建斗争风起云涌

鸦片战争以后，政和人民的反帝反封建斗争也是此起彼伏。1858年，太平天国翼王石达开一部，由江浙一带进军闽北，转战政和，在政和人民的协助下两次攻打县城，在政和境内进行几十次激烈战斗，震撼八闽。1913年青黄不接之际，政和发生大饥荒，饥民食尽野菜树皮，死者不计其数，而地方豪绅却囤粮不借不卖，贫苦农民奋起斗争，攻入地主豪绅家中，破仓廒、分囤粮，影响甚广。1918年饥荒更为严重，贫苦农民又聚众起义，起义者300多人，以鸟铳、梭镖等原始武器攻打政和县城，后由省会、延平等地派“会剿巡防军”，纠集本县各民团共上千兵力“会剿”，镇压义军。但一波未平，一波又起，宝南寺、连山、樊山等地农民又先后揭竿举义，这种斗争从未中断，连绵不绝。

三、农民武装起义接连发生

1926年初春，政(和)、(建)瓯边境农民数百人，为抗丁抗捐税，

20世纪20年代，建松政边界农民武装起义接连发生在东平奘山一带，图为奘山寺庙风景

聚集奘山，携持鸟铳、梭镖攻入东常市（今东平镇），杀掉贪官污吏多名。1927年10月15日，政和、松溪、建瓯边界的农民军1000多人，从东平经郑墩、杉溪至松溪城关，取“天梯”从大西门攀登，打入松溪县城，攻进国民党县衙，扼守松城三日。县长李岱适在省城，其他官吏狼狈出逃。1928年夏，政和、松溪、水吉等县的“一心会”数百人聚集在东平奘山寺（其实这是一部分），且攻入东平镇，力量很大。尽管斗争英勇，规模很大，但没有得到新型的无产阶级政党的领导，最终还是一次次地失败了。

政和人民这些自发反抗斗争，虽然由于历史的局限而一次次失败了，但它犹如茫茫黑夜中的束束火花，不断闪亮，不同程度地打击了反动势力，促进了政和人民的觉醒，成为无产阶级政党领导人民民主革命的前奏。

第三节　五四运动对政和的影响

一、新思想新文化的传播

1919年，伟大的五四运动爆发。这场震撼中国大地的反帝反封建爱国运动席卷八闽大地，也波及穷乡僻壤的政和。五四运动的新思想、新知识从各种渠道传入政和后，在社会上引起很大的反响。首先是传统的旧教育制度受到很大冲击，传播新文化的各种初等小学、高等小学、农业学校、职业学校纷纷创立。1925年创立了政和县初级中学(政和一中前身),设立了教育学会、劝学所,成立了学生自治会。学校所修课程也由原来呆板的四书五经说教,改为修身、国文、算术、历史、外语、图画、唱歌、体操等。一大批接受新思想、新知识的青年学生走向社会,更扩大了五四运动的影响,社会风气为之一新。

二、学生自发的爱国运动

1925 年 5 月,政和县中学生自治会,从报纸上得知震惊全国五卅惨案消息,为抗议日本帝国主义的暴行,发起和组织政和县初级中学、职业中学和东和小学等校学生 100 多人,走上街头示威游行,声援上海被难工人。他们提出"打倒帝国主义""断绝通商""焚毁日货""誓雪国耻"等口号,学生们拥入商店搜查鉴别日货,搜出后堆放街头烧毁。各行各业自觉行动,在城关掀起"抵制日货"运动。不久,县中学生又开展禁烟运动,学生化装林则徐形象上街游行,砸烂烟馆,收缴鸦片烟及烟具,堆放街头焚烧,并将吸烟者驱出烟馆,押街示众。这些学生的爱国运动在县内外产生了极大影响。

五四运动在各领域的进行,有力地冲决了旧思想、旧势力、旧风俗、旧习惯、旧礼教等封建文化的禁锢,掀起讲民主、讲科学、讲男女平等,提倡白话文,推广普通话的新风,为马克思列宁主义在政和的传播敞开了大门,也为中共政和地方组织的创建奠定了思想基础。

第四节　中共政和支部的建立

1925 年后,马列主义在闽北开始广泛传播,北伐军进入闽北,点燃革命烈火。1927 年,蒋介石发动四一二反革命政变后,大革命运动处于低潮。中共福建地方组织从中吸取深刻的教训,把革命力量迅速转入农村继续坚持斗争,特别是党的八七会议,确定了开展土地革命和反抗国民党反动屠杀政策的总方针,党中央指示闽北临委:"应根据中央紧急之决议确定自己工作之方针""中心问题是如何组织农民，如何武装农民使他们能够自己起来用暴动的方式夺权政权”“积极地、果决地领导农民斗争，如减租、抗租、抗税，打倒土豪劣绅、没收大地主土地”，政和的革命斗争，在闽北党组织直接领导下，也开始了新的阶段。

一、杨则仕回乡开展革命

中共政和地方组织和建松政苏区创建者杨则仕（1907—1935）

杨则仕，又名杨又仕，字优如，东平镇凤池村（现凤头村，下同）人。1924 年秋，杨则仕考入省立建瓯第五中学，在建瓯接受革命思想的影响，带头掀起学生运动，当选为建瓯县学生会主席。1927 年 3 月，杨则仕由建瓯党的负责人杨峻德、翁树年介绍加入中国共产党。1928 年 4 月，建瓯县委为贯彻省委“深入农村革命活动”的指示，派杨则仕回到家乡东平一带开展革命活动。

位于仙霞岭南麓的东平镇，处建瓯、松溪、政和三县交界地带，境内山高林密，地势险峻，有其优越的地理位置和富于反抗斗争精神的群众基础。建瓯党组织在遭受破坏转入地下活动时，便选中了这一地区，作为开展农民运动的主要基点，从而使东平成为建（瓯）松（溪）政（和）革命的摇篮。杨则仕回到凤池村后，以开办私塾为公开职业，利用教书作掩护，深入农户，访贫问苦，与农民促膝谈心，向农民讲述富人为什么富，穷人为什么穷的道理，启发农民的阶级觉悟，团结了一部分农民。同年冬，杨则仕邀集进步的同学好友十几人，以结义兄弟的形式，成立赤色读书会。赤色读书会以传播革命思想为宗旨，积极组织学习和宣传马列主义。通过赤色读书会这一青年革命团体的活动，团结与教育了周围群众，培养了一批积极分子。

二、政和赤色农会的兴起

1928年冬，杨则仕以赤色读书会成员为骨干，吸收了凤池、西表等表现积极、忠实可靠的20多名贫雇农，秘密组织了凤池村赤色农民协会。1929年3月，政和县第一次农协会代表大会在凤池村福主庙召开。到会代表有杨则震、陈机水、杨则定、杨承烈、杨则益、池均儒、池觅水、叶文诚等10多人，代表50多名会员。杨则仕在会上宣传了俄国十月革命的胜利、工农联盟以及马克思关于无产阶级斗争学说等。大会推举杨则仕为农协会会长，提出了"抗租、抗捐、抗税""打倒土豪劣绅""打倒军阀"等口号，订立了"严守秘密，听从指挥，宣传革命，发展组织"的会员守则，要求每个会员代表以亲戚串亲戚、朋友串朋友、邻居串邻居等秘密方式积极发展会员。这次会议的召开，标志着政和农民运动的兴起，广大农民对农协会的信赖，促进了农协组织的发展。半年后农协会发展了100多名会员，农协组织逐步扩大到西表、朱地、姜地等村庄。

三、中共政和支部的建立

农民有了自己的组织，对革命的要求越来越迫切。鉴于形势发展的需要，杨则仕立即着手党组织的建立工作。经过严格选择，1928年12月，农协会积极分子杨则震、陈机水由杨则仕介绍加入中国共产党，以杨则仕为小组长的中共政和凤池小组宣告成立。

东平镇凤池杨氏祠堂
——中共政和支部旧址旧景

杨则仕回到家乡之时，建瓯县委已被迫解体。为恢复党的城市工作，1929年春，福州市委派黄可英到建瓯整顿党的组织，恢复了中共建瓯县委，黄可英任书记。3月，杨则仕奉命到建瓯向黄可英等县委领导汇报了政和农民运动和党小组的建立情况，得到了建瓯县委的认可与肯定。杨则仕返回凤池村后，遵照建瓯县委的布置和要求，加速了建党工作。同年7月，凤池党小组发展了第二批党员，杨则定、杨则镐、杨则益、池大汉、叶文诚、张顺礼、杨成立等7人入党。至此，共有党员10人，成立支部的条件已经成熟，同月，由杨则仕主持了第一次党员大会，建松政边区第一个党支部——中共政和支部在凤池村杨氏祠堂正式成立，支部书记由杨则仕担任。从此，政和人民的革命斗争有了党的领导核心，也为建松政边区革命斗争的开展奠定了政治基础。

第五节　政和特支领导下的建松政边区农民运动

政和党支部建立（1930年3月改中共政和特支）后，领导建松政边区人民掀起一浪高过一浪的农民运动。

一、发起"登门退佃"斗争

各地农民在政和特支领导下
开展了"登门退佃""破仓借粮"斗争

政和赤色农会在党支部的领导下，分别采取亲戚串亲戚、朋友连朋友、结拜兄弟吃鸡血酒等方式发展会员，使农协会组织迅速扩大。1930年春，政和特支在与上级党组织失去联系的情况下，不气馁、不松劲，遵照党的指示，继续领导凤池、山溪、池坑、西表、大洋等地农民的“登门退佃”斗争。这场斗争抓住春耕即将开始之际，以农协会名义，由农会骨干率领劳苦佃农拥进地主豪绅家院，强迫地主豪绅减租减息，将原租佃契约的“主八佃二”或“主七佃三”改为“主佃各半”或“主四佃六”，废除了契约中的“尚有欠租，送官追究”“红白喜事、佃户得无偿帮工”等不合理规定，维护了穷苦农民的实际利益。政和特支领导农民与地主豪绅的交锋取得胜利，使广大农民从斗争中得到实际利益，同年冬，这一斗争继续发展，地区由凤池、山溪、西表波及水吉的姜地、龙安、杭头、樟墩，松溪的新浦、溪尾、梅口等地，以凤池为中心的方圆 30 里地区，都逐步建立了秘密农协会。

二、组织饥民“破仓借粮”

1931 年 5 月，中共建瓯行委改为县委，党的组织不断扩大，恢复了政和特支的隶属关系。此前，建瓯县委委员、政和特支书记杨则仕前往建瓯汇报工作，经县委研究决定由书记詹何亲自到政和布置新的斗争。这年夏天，政和、松溪一带农村，由于上年旱灾严重，庄稼歉收，农民吃糠咽菜，卖儿鬻女，而地主豪绅却趁机囤粮居奇，漫天要价，大发横财。在此情况下，为帮助饥困已极的农民度过荒年，杨则仕再次发动农会骨干，以东平凤池一带民愤最大的杨则廉等地主豪绅为打击对象。他们采取突然袭击的办法，由农会会员带领农民群众，冲进杨则廉等人的家中，破仓、“借粮”，往日嗜血成性、视财如命的地主恶霸遭此突然袭击，欲阻不能，事后联名向东平镇反动民团团总张泰顺告状，要求“严惩抢粮土匪”。张泰顺派兵下乡镇压，抓走了为首的几个农协会员。杨则仕闻讯后，以辩护人身份，直奔东平镇民团团部，为被抓的农协会员辩护。在会堂上，他义正词严地揭露地主豪绅不顾农民死活、囤粮发灾财的罪行，使那些脑满肠肥的“原告”狼狈不堪。这时，政和特支也组织附近各村数千饥民陆续赶来助威，张泰顺见饥民人多势众，深恐激起民变于己不利，只好释放被捕会员。

凤池等村农民“破仓借粮”斗争获胜的消息，给附近村庄的饥困农民以鼓舞。在党的领导下，类似的“借粮”斗争席卷东平全镇，并迅速扩大到建、松、政、水、浦 5 县边界，赤色农会组织，也先后扩大到这些地域。

第六节　以路下桥为中心的建松政农民武装暴动

1929 年 6 月，在中共崇安县委领导下，爆发了以松溪路下桥为中心的建(瓯)松(溪)政(和)农民武装暴动。

一、路下桥民众会暴动与发展

路下桥地处松溪县西北角，位于建瓯、松溪、政和、浦城、水吉 5 县边陲地带，拥有 30 多户农民，方圆 60 多里，地势险要，是开展游击武装斗争的理想之地。在国民党反动统治下，所有田地和山林几乎为地主豪绅所占有，苛捐杂税多如牛毛，农民遭受层层残酷剥削和压迫，苦不堪言。由于社会风气败坏，花会赌博盛行，土匪盗贼四起，大刀会风行，贫苦农民生活在水深火热之中。1929 年 4 月下旬，中共崇安县委书记陈耿派遣张天送、伍弟奴等 6 人，以省亲之名，回松政边区，在路下桥一带，向农民宣传崇安暴动盛况，激起当地农民向往革命的激情。西溪村的杨振有等几位青年，听了宣传，主动上门向张天送、伍弟奴表示要“造反分田”的决心。

路下桥农民武装暴动主要领导人伍弟奴(1905—1931)

早在 1928 年秋，崇安县农民在打土豪、抗捐税的消息传到路下桥一带，那里农民受到很大鼓舞，希望在自己家乡也闹革命。这年9月，松溪籍青年伍弟奴(松溪官后村人，从小受尽苦难，当过艄排工，常年在外头漂泊，见过大世面)在崇安参加了第一次上梅农民暴动，走上革命道路后，当了民众队的班长。4月间，崇安县委派伍弟奴、潘交锡等人回到路下桥，秘密宣传革命道理，号召群众团结在民众会的旗帜下。一个月后，伍弟奴、张天送、杨振有等17位青年策划暴动。

1929年6月19日，伍弟奴率结义17人，手持土铳、大刀、长矛，摸黑闯进庆下村，捉拿税棍杨明理，连夜押送到崇安上梅乡，受到陈耿书记的表扬。几天后，崇安县委正式组建路下桥民众队为崇安民众队的1个排，任命伍弟奴为排长。此后路下桥民众队更加活跃，他们经常袭击各地反动民团，打击土豪劣绅，到处受到群众的欢迎和拥护，成为一支有组织、有领导的红色武装。

二、建松政边第一个苏维埃政权成立

1930年春，在农民武装日益发展形势下，有花桥乡民团团长刘兹荣带24名团丁向民众会投诚，随后又有5个地方民团共52人先后携械投归民众会。崇安红军团部指示将路下桥农民暴动武装改编为1个红军连(对外仍称民众队)，编入中国工农红军第55团，由伍弟奴任连长。之后，这支民众队在对敌斗争中，采取声东击西、避实就虚的战术，多次击败敌人的“围剿”，并在斗争中扩大队伍。3月，路下桥民众会员发展到1000多人，其中民众队队员300多人。

在党的领导与人民群众的支持下，路下桥“民众会”一边放手发动群众，一边不断袭击反动民团。两年来发生大小战斗30多次，活动区域涉及松溪、政和、水吉、浦城4县共48个乡村，形成红色割据局面。1931年5月下旬，在崇安县委的帮助下，在路下桥何森弟厝正式成立了建松政地区第一个苏维埃政权——路下桥苏维埃政府。下辖建、松、政、浦边区近50个村苏。伍弟奴任主席。路下桥苏维埃政府隶属闽北分区革命委员会(苏维埃政府)。同年9月，路下桥苏维埃政府主席伍弟奴在浦城石陂南岸被捕牺牲。此后，农民革命活动转入低潮。但他们所进行的英勇斗争却点燃了建松政地区的革命烈火，为建松政革命根据地和红色政权的创建与发展奠定了坚实的基础，提供了宝贵经验。

第七节　党领导下的建松政农民运动蓬勃开展

一、推动建松政边区革命斗争发展

1931年秋冬，根据中革军委"巩固闽西，向闽北发展与江西打成一片"的指示，方志敏率领的红十军和罗炳辉率领的中央红军第二十二军先后挺进闽北作战，给处于低潮中的建松政人民革命斗争以极大的鼓舞和支援。

1932年7月，中共建瓯县委升格为中心县委，下辖政和、松溪、建阳3个特支，并派黄可英、庄又陵到建瓯中心县委担任领导工作，以加强建松政地区革命斗争的领导力量。同月，中共闽北分区委为实现在建松政建立"新的根据地与崇安苏区打通"的战略设想，再次派出精干力量去政和、松溪做分化、改造土匪的工作，建立红军游击队。10月，建瓯中心县委决定在建松政农民自卫武装中挑选精干人员，组建"闽北工农游击队第一支队"，支队长张沭、政委黄可英，集中了数十人枪，开始游击活动，初步形成以政和县凤池村为中心，东至松溪的梅口，南到政和的护田，西抵水吉的樟墩，北达松溪的路桥和浦城的濠村等广大苏维埃革命区域，有力地推动了建松政边区革命斗争发展。如政和东平一带党组织已发展到3个支部，党员发展到100多人。1932年11月，政和特支培养了20多个工农青年加入共青团，在凤池村成立了共青团支部，杨则仕兼任团支部书记。同时号召25岁以上成年人参加农协会，25岁以下、18岁以上参加青年队，18岁以下的参加儿童团，当时儿童团团长是陈贵芳。党通过这些群众组织，大力宣传革命主张，使更多贫苦人民自觉地聚集在党的周围。

二、组成参观团赴闽北苏区学习

以政和东平为中心的建松政边区革命迅速发展的同时，1932年3月，闽北分区委先后派到凤池村协助政和特支开展工作的苏正良、老游（名不详），向支部的党员介绍了崇安苏区的革命斗争情况。为了更多地了解闽北苏区的革命斗争，8月，政和特支派王华兴、范生仔等农会骨干，组成首次赴闽北苏区参观团。他们从凤池经东游、建瓯、建阳、将口到达崇安，受到闽北苏区领导人黄道等的接见。黄道详细询问了政和边区开展革命斗争情况，并做了具体指示。参观人员在闽北苏区参观学习了一段时间后，9月，随带闽北分区委指示和苏区纸币、书刊及《红色闽北》报等返回凤池村。政和特支立即组织农协会员秘密集会，听取参观者介绍闽北苏区的革命形势和土地革命情况，在广大会员中引起极大反响，有力地揭穿了国民党反动派对闽北苏区和红军的造谣污蔑。为了让更多的农协会员亲睹闽北苏区情况，1932年冬，政和特支再次选派十几名农会骨干，组成第二次赴闽北苏区参观团。他们装扮成樵夫，从西表动身，日夜兼程，途经建阳至崇安的澄溪时，遇大刀会封锁阻击而被迫撤回。农协会员的两次赴闽北苏区参观，产生了巨大影响，促进了政和革命斗争的深入开展。1933年，政和特支领导的抗租分粮斗争继续发展，这一年在凤池村就发生了10多次抢粮斗争，波及面甚广，农协会员增加到八九百人，活动区域扩大到凤池周围20多个村庄。

政和特支两次选派农会骨干组成参观团赴闽北崇安苏区学习

三、政和农会武装游击队的诞生

1932年12月,“闽北工农游击队第一支队”在北洋墩暴动中失利,队伍跨散。1933年6月,中共建瓯中心县委正式改属中共闽北分区委领导,政和特支也一并改属。黄可英转赴政和东平一带与杨则仕一起继续从事革命斗争。随着斗争形势的发展,在政和特支领导下的农协会斗争更趋活跃,经过几年锻炼的农协会员也因此产生了建立自卫武装的要求,自黄可英转到政和工作之后,就更加注重武装斗争。1933年10月,黄可英、杨则仕在农协会中挑选了立场坚定、勇敢精悍的二十几个骨干,组成了政和县第一支半公开的农会武装游击队。1934年初,为加强武装斗争和筹集革命经费,黄可英、杨则仕亲自带领一支十几人的武装游击队,随带一支手枪和几条土铳,到水吉一带打土豪劣绅筹款。在返回途经政(和)(水)吉交界的茶筒岭时,遭水吉龙安反动民团与大刀会的伏击。因敌我力量悬殊,战斗中黄可英、杨则定壮烈牺牲,杨则仕被捕。事后,政和农协会与反动民团多方交涉,挟以武力才救出杨则仕。此次行动,虽然受挫,但它是政和党组织领导农协会的首次武装尝试,黄可英等先驱殷红的鲜血为以后武装斗争提供了宝贵的经验教训,预示着更大的武装风暴的到来。

中共建瓯县委书记黄可英
(1909—1934)

杨则仕回到凤池村后,毫不气馁。一方面积极积蓄力量,扩大党和农会组织;另一方面派员设法与闽北分区委取得进一步联系,以声援政和革命斗争的开展,使政和党和群众组织不断壮大。截至1934年7月红军抵达东平,政和特支党员已发展到100多人,农协会员增至1000多人,活动地区以凤池为中心,东到松溪的梅口,南抵东平的护田,西至水吉的樟墩,北接松溪的路下桥和浦城的水北,形成了一整块建松政农民运动区域,为建松政革命根据地的创建提供了坚实的地盘和群众基础。

第二章
建松政苏区的发展和各项建设

建松政革命根据地是闽北革命根据地的重要组成部分。从1933年6月建松政苏区划入中央苏区闽赣省到1935年3月苏区失陷,共历时1年又10个月,这是建松政土地革命斗争历程中最辉煌的一个阶段。政和苏区按照闽赣省委、省苏维埃政府的具体部署,积极开展政治、经济、军事、社会等各项建设,有力地推动了建松政苏区革命斗争的开展。此间,政和东平的凤池、西表等地是建松政苏区的核心区和大本营,政和苏区成为建松政苏区机关所在地和指挥中心。

第一节 建松政苏区划入中央苏区闽赣省

1930年7月,党中央决定将闽北、赣东北两块革命根据地合并,随后闽北根据地党的组织和红军,正式划归赣东北特委(1931年9月改为中共赣东北省委)领导,此间,赣东北领导人方志敏等先后两次率红十军入闽,并调黄道同志任闽北分区委书记,创建了横跨闽赣两省边界的闽北分区苏维埃政府,标志着闽北苏区的正式形成。1932年11月,中共中央又将赣东北省改为闽浙赣省,闽北根据地成为闽浙赣根据地的重要组成部分。

1933年初,鉴于中央苏区与闽北、赣东北苏区连成一片的战略目标已实现,4月26日,中华苏维埃中央人民委员会第四十次常会决定“将建、黎、泰、金、资、光、邵、闽北苏区,以致信抚两河间一带划为闽赣省，并立即成立闽赣省革命委员会”。时任中共闽赣省委委员、黎川县委书记的方志纯在《忆闽赣斗争五年》中说：“会议决定把以建宁为中心的建黎泰根据地，以资溪为中心的信抚根据地和以崇安为中心的闽北根据地（包括浦城、建瓯、建阳、上饶、广丰、铅山）合并起来，正式成立闽赣省。”时任闽赣省苏维埃政府主席邵式平在《闽赣省的一般状况》中也写道：“闽北苏维埃，以崇安为中心，包括浦城、建瓯、建阳、光泽、上饶、广丰、铅山。”而当时建瓯中心县委包括政和、松溪两个特支。同年 6 月，中共建瓯中心县委与闽北分区委的联络也正式打通，中央决定，将建瓯中心县委及所属的政和、松溪两个特支由福州中心市委属下划归闽北分区委领导，包括政和在内的建松政苏区也划归中共闽赣省闽北分区苏维埃政府领导，政和苏区正式进入中央苏区闽赣省组织序列，成为中央苏区鼎盛时期的组成部分之一。

中央人民委員會第四十次常會——

人民委員會於四月廿六日下午一時開第四十次常會，主要的討論及決議如下

一，由鄧式平同志報告信撫分區工作并審查紅十一軍來電，經詳細討論認為閩贛蘇區地方廣大，在政治軍事上均占重要地位，爭取這一廣大區域成為鞏固的蘇區，實為爭取撫州、進攻南昌的必要條件……

《红色中华》有关闽赣省革命委员会成立的报道

第二节　中央红军第十二军挺进政和

一、中央红军十二军挺进洞宫山

正当政和县西区松政边区农民运动开展得如火如荼之时，在政和县东乡政屏边的洞宫山区又烽烟四起。洞宫山方圆百里，位于政和、屏南、周宁3县交界之间，处于闽北通往闽东的咽喉之地，这里群山绵延起伏，山高洞多，岩陡壁峭，是红军游击健儿活动的好场所。1933年夏，根据中共苏区中央局战略部署，为了守住已在福建占领的土地，要在闽浙边区建立一个广阔的游击区域。这年7月，著名红军将领罗炳辉率领中央红军第十二军一部从江西进入福建，与国民党军第76师转战闽浙边区，而后挺进政和县洞宫山区，跟杨源乡坂头村陈师亮（又名陈家辙）的农民军会合。罗炳辉是中国工农红军著名将领，1927年7月在江西吉安起义入党，任红十二军军长，后来还升任中央红九军团军团长。这样一位红军高级将领，率部进入洞宫山区休整期间，改造绿林武装，帮助陈师亮扫清周边民团势力，镇压了一批罪大恶极的土豪劣绅；召开群众大会，宣传共产党的主张和政策，在政屏边区播下了革命火种。

中国工农红军著名将领
罗炳辉（1897—1946）

二、罗炳辉与陈师亮歃血为盟

中央红军第十二军挺进洞宫山期间，罗炳辉军长还与陈师亮歃血为盟，结为兄弟，赠送一批枪支弹药，鼓舞和改造了这支农民军。作为回报，陈师亮农民军一律在左臂上系红布带，表示自己属于红军领导的革命武装队伍，并发动群众为红十二军筹措粮食、布匹等军需。这些情况，在民国档案中也有明确记载，据民国二十二年（1933）八月政和县县长卢义声呈福建省政府孙厅长《政和县城被匪攻陷情形》电报中这样表述："……本年秋间，寻罗匪炳辉溃窜洞宫山，与寿宁土共联成一气，啸聚各地诸匪，数达四百余人，随时分股四出掳掠，四县治安均各受其威胁……”在另外一份告状信的档案中也有陈述：“秋间，寻罗匪炳辉窜境蹂躏之后，该著匪（陈师亮）即利用此机会，串通屏南驻军保安团之五、六两连讹变，共同在洞宫寨宣誓集合，公然宣布共产旗帜，煽惑无知愚民，盲从附和，宁德、屏南、政和、寿宁四县治安政局几为骚动鼎沸……”通过这两份民国档案的表述，可从反面见证红十二军到达洞宫山区与陈师亮农民军会合之真相。

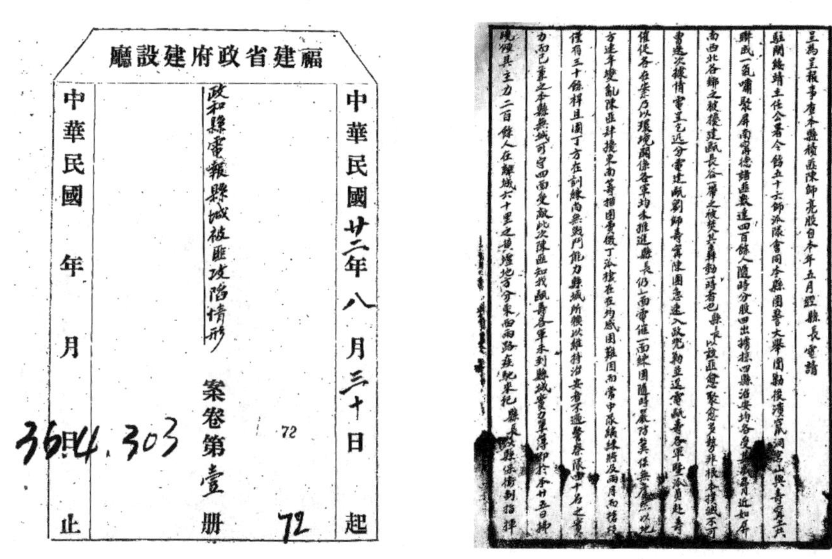
福建省政府建設廳

中華民國廿二年八月三十日起

政和縣電報縣城被匪攻陷情形

案卷第壹冊

中華民國 年 月 止

3614.303

72

《政和县城被匪攻陷情形》民国档案电文

三、红军游击队解放政和县城

不久，罗炳辉率部转移后，陈师亮根据罗军长的意见，加紧训练队伍，积极准备攻打政和县城。在建松政党组织的配合下，8 月 25 日拂晓，由 200 多人组成的红军游击队，在离政和县城 30 千米的岭头村黄坛集合，分东西两路，以迅雷不及掩耳之势解放了政和县城，在政和东南部开辟了新的苏维埃区域，有力地推动了建松政苏维埃革命斗争的发展。此举得到党中央的肯定，还受到共产国际的关注。1933 年 10 月，施特恩（时任苏俄红军驻中国总顾问）在《关于中国红军在 1933 年八九月间的军事行动进程给共产国际执委会的报告》中写道："福建在8月份经受的震荡，再次引发了农村的游击运动。有报告说，在政和发生了暴动。"因此，党史上定位政和是红军解放过的县城。新中国成立初期，由福建省老根据地建设委员会印制的《福建省老根据地略图》中，不仅将政和的版图纳入闽北基本苏区，而且将政和县城也纳入了红军解放过的城市。

第三节　中央红军58团开辟建松政革命根据地

一、中央红军58团挺进建松政

1934年初，中共闽北分区委根据建松政边区的革命形势，做出在"政和、松溪""成立新的根据地与崇安苏区打通"的决定，派黄立贵带领一支小部队到政和的洞宫山区活动，为建松政革命根据地的建立，扩大了政治影响。1934年7月，敌人加强了对闽北苏区的进攻。为缓和苏区的紧张局势，同时也为日后实行战略转移创造条件，闽北分区委抓住中国工农红军北上抗日先遣队经过闽东北的有利战机，决定派随闽北分区委行动的中央红军七军团20师58团，开辟很有革命基础的建（瓯）松（溪）政（和）革命根据地。

闽北红军独立师师长、中央红军第58团团长黄立贵(1905—1937)

7月13日，中央红军58团800多人（含随军工作团30人），在团长黄立贵、政委陈一的率领下，从崇安上梅出发，克建阳回潭，攻水吉，连下外屯、杭头、北坑，一路雄风，所向披靡。中共政和特支得悉红军即将到来，立即派农会骨干到牛岭头与红军取得联系，充当向导，沿途张贴标语，做好宣传，造成空前未有的声势。在农协会的配合下，红军胜利地挺进东平镇西表村，与长期坚持敌后领导农民运动的政和党组织领导人杨则仕会合。红军在不到10天的时间里，先后消灭了政和东平、护田、石屯，松溪的梅口、路桥、郑墩，水吉的樟墩、杭头、外屯，浦城的水北、濠村、石陂等地反动武装和区（镇）乡公所及保甲反动政权，扫清了建松政地区境内和外围的反动势力，建松政边区的革命斗争由秘密、半公开转为公开，迅速进入土地革命高潮。8月底，在黄立贵、陈一主持下，召开了建松政边区群众大会，宣布成立建松政革命委员会。

二、建松政苏区太平隘保卫战

9月初，在红58团及地方工作团和当地党组织的努力下，以东平为中心的建松政地区红色割据日益扩大，影响远及政和、松溪县城乃至建瓯、建阳的东北部和浦城南部。因此引起国民党反动当局的极大震惊，连忙纠集刘和鼎的第56师3个营，伙同建瓯、松溪、政和、水吉、浦城等县反动民团共2000多兵力，企图趁红军58团主力转到松浦之间的千仙岗一带开辟工作之机，从浦城、松溪等地远途赶来，趁机偷袭建松政苏区大本营东平镇。黄立贵闻讯后，立即组织、率领留在东平的红军58团1个营，同当地军民一道设伏于离东平1.5千米的太平隘，凭险与敌激战一天，毙伤敌200

建松政地区第一次大战斗——太平隘苏区保卫战战斗场景

多人，缴获机枪1挺、步枪百余支及部分军需，大获全胜。太平隘之战是发生在建松政地区的第一次大战斗，它的胜利保卫了红色新区的安全，稳定了建松政红色武装割据的局面，极大地鼓舞了当地军民。之后，红军继续挺进到政和的铁山、松溪的仙槎、建阳的回龙、浦城的临江等地发动武装斗争，创建了更为广阔的红色区域，使建松政与闽北老苏区连成一片。

三、红军游击队围攻松溪城

太平隘战斗胜利后，红58团团长黄立贵、政委陈一从东平率部兵分两路，一路开往路下桥，一路向松溪县城乘胜进军。9月5日，红军到松溪城外时见大小城门紧闭，城东、城南两面靠水（松溪河）不宜作战，便选择在西、北门进行围攻。后来，为了不伤害百姓，红军放弃攻城，采取"日隐夜出"以逸待劳的战术，不时放几枪，虚张声势，吓得城内国民党官吏龟缩不敢出动。守城士众惊恐万状，怕红军爬城墙入城，就用棉被沾煤油点燃火，抛出墙外照明，并强令百姓在西北城楼上发射土炮土铳助威，因火势蔓延而烧毁小北门外的西山桥一座。红军游击队围城五昼夜，打击了国民党反动当局的嚣张气焰，牵制了敌人向苏区进攻，扩大了红军政治影响。

四、建松政革命根据地诞生

9月底，建松政边区工农兵代表大会在东平凤池村召开，红军游击队及当地干部群众1000多人参加了大会。会上宣布成立建松政县苏维埃政府，张顺礼、杨则仕分别当选为正副主席。政府机关设在凤池村杨氏祠堂（后迁西表村魏氏祠堂）。苏维埃政府下设东平（包括政和东平、护田、西表和松溪新铺、青山、源头一带）、杭头（包括建阳杭头、樟墩一带）、外屯（包括建阳外屯、北孟坑、松溪路下桥、溪尾一带）区苏；辖区内有50个村庄9万多人口。至此，建松政革命根据地正式诞生，成为闽北苏区的重要组成部分，标志着党领导的闽北工农武装割据进入了一个新的发展阶段。

第四节　红军北上抗日先遣队过境政和

一、策应中央苏区的战略转移

1934年夏，国民党军对中央苏区实施第五次重兵“围剿”，为掩护红军主力突围，中共中央将红七军团（隶属于红一方面军）改编为红军北上抗日先遣队，从中央苏区转移到闽浙赣边区开展斗争，创造新区，以吸引国民党兵力，减轻中央苏区的压力，配合中央红军主力粉碎国民党军的第五次“围剿”。7月，红七军团正式组建，军团长寻淮洲，政委乐少华，政治部主任刘英，参谋长粟裕。

中央红军北上抗日先遣队进入建松政苏区，是党中央战略部署的重要一环。1934年7月，中共中央书记处《关于开辟浙皖闽赣边新苏区给七军团的政治训令》中指出，为“提高苏维埃与红军在全中国群众间的威信，与推进群众的反日反帝运动到新的阶段”，同时也为了做好防止日本帝国主义可能以福建为基地“直接武力干涉中国苏维埃的准备”，并鉴于“在福建的革命斗争首先是表现在农民斗争与游击战争方面更加活跃了起来，除了闽北旧有的一部分苏区及游击区之外，在闽中的安溪、德化一带，闽东之福、宁五县及松溪、政和一带的赤色游击队，在最近是有了新的活跃，部分的地方已经实行了分配土地与建立农村中的革命政权”。据此，党中央与军委决定派遣七军团为北上抗日先遣队，以闽北、赣东北、闽东等苏区为依托，到敌人最受威胁的浙皖赣边深远后方进行广大的游击活动，开辟新的苏维埃革命根据地，策应中央苏区的第五次反“围剿”。同时，中央政治书记处、中央政府人民委员会、中革军委会指示北上抗日先遣队渡过闽江后，“当经过古田、屏南、寿宁时，应与……政和游击队取得联络，并应巩固这一地区，尽可能与我闽北的部队而特别是建瓯河西之五十八团设法取得联络”。7月7日，红七军团从中央苏区首府瑞金出发，经转战闽中、闽东，此后进入建松政苏区，政和等建松政苏区党组织和武装的工作重点随之转入迎接和配合北上抗日先遣队转战闽浙边的革命斗争。

北上抗日先遣队在行军时沿途散发的宣传画

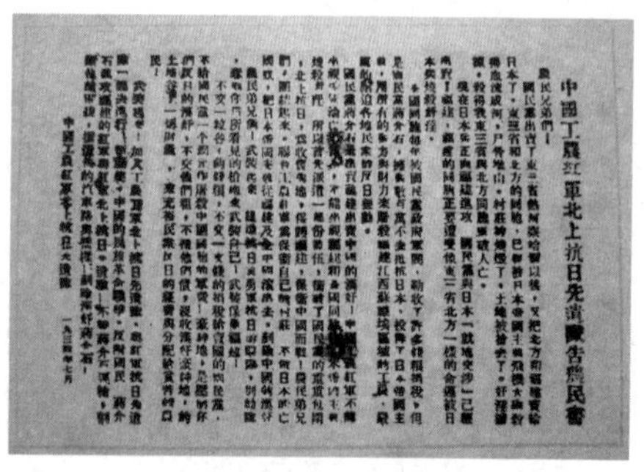

中國工農紅軍北上抗日先遣隊告農民書

中國工農紅軍北上抗日先遣隊

一九三四年七月

红军北上抗日先遣队告农民书宣传单

二、接应北上抗日先遣队行动

为了策应中央红军北上抗日先遣队的战略行动，7 月 18 日，中共闽北分区委、军分区就闽北敌情及红军调动情况致电朱德，并根据中革军委的指示，及时调整军事部署，命令红 58 团向松政地区推进，独立 1 团转向建瓯、建阳地区，广浦独立营和崇安独立营就地待命，以接应即将进入闽北的北上抗日先遣队的军事行动。7 月下旬，红 58 团袭击水吉，缴获 70 多担胜利品后，闽北分区委、军分区再次致电朱德，向中革军委报告红 58 团已转向松溪，希望与北上抗日先遣队取得联络。1934 年 8 月，为接应抗日先遣队，黄立贵率红 58 团和随军工作团 800 多人挺进建松政地区。红 58 团转向松溪、政和后，与当地党组织和红军、游击队配合，沿途扫荡反动武装，攻占政和东平及其周边 5 县 40 多个村庄，粉碎了国民党军第 56 师的“围剿”，不仅巩固和发展了建松政苏区，使建松政苏区与以崇安为中心的闽北老苏区连成一片，而且及时有效地策应了北上抗日先遣队。

三、推动建松政苏区各项建设

8 月下旬，红军北上抗日先遣队由闽东福安穆阳经寿宁县境，抵达政和苏区。在与中共建松政地方组织取得联系后，从政和县境内穿过洞宫山脉，数千人先遣队一路引着高山区的茶盐古道行军，并在澄源黄岭村、外屯黄坑村、岭腰锦屏和前溪村等地进行休整补充，积蓄了继续北上的力量。随后，先遣队进入浙江庆元县。抗日先遣队在建松政苏区休整期间，深入发动群众，宣传党的抗日主张，深刻揭露日本帝国主义的侵略罪行，揭露国民党反动派打内战对外奉行不抵抗主义的卖国行径。张贴、散发《中国工农红军北上抗日先遣队告农民书》《中国工农红军北上抗日宣言》等文告和宣传品。沿途书写“枪口对外，不打自己的同胞！”“共产党是抗日反帝的唯一领导者！”“白军士兵，你们是工农出身，不要替军阀来杀自己的工农！”等标语口号，进一步推动了建松政苏区的各项建设和抗日救亡运动的发展。

北上抗日先遣队在政和活动时间较短，但对政和苏区革命斗争的发展产生了积极影响。在北上抗日先遣队的鼓舞和推动下，建松政苏区青年踊跃参军参战，进一步加强了建松政红军独立营力量，仅 1934 年下半年就有 1000 多人参加红军游击队。建松政苏区还抓住北上抗日先遣队过境的有利契机，积极发动和组织群众打土豪、分田地，积极开展扩红、筹粮、筹款等工作，使建松政苏区一度进入鼎盛发展阶段，为巩固和发展苏维埃政权、保卫中央苏区做出了重要贡献。

第五节　建松政革命根据地创立和建设

1934 年 7 月中旬，为接应北上抗日先遣队，黄立贵率红 58 团挺进建松政地区，攻占政和的东平，摧毁了护田、石屯及其松溪的梅口、路桥，原建瓯县属水吉的樟墩、濠村等地反动政权。整个建松政苏区形成了以政和县东平镇为中心，包括政和东南部、松溪及建瓯苏区等广大红色区域，使建松政苏区与以崇安为中心的闽北老苏区连成一片。在红 58 团的协助和指导下，建松政苏区的组织、政权、军队建设等进一步健全完善，政和苏区成为建松政苏区革命斗争的大本营和指挥中心，苏区各项建设呈现出前所未有的发展局面。

一、党的组织建设进一步加强

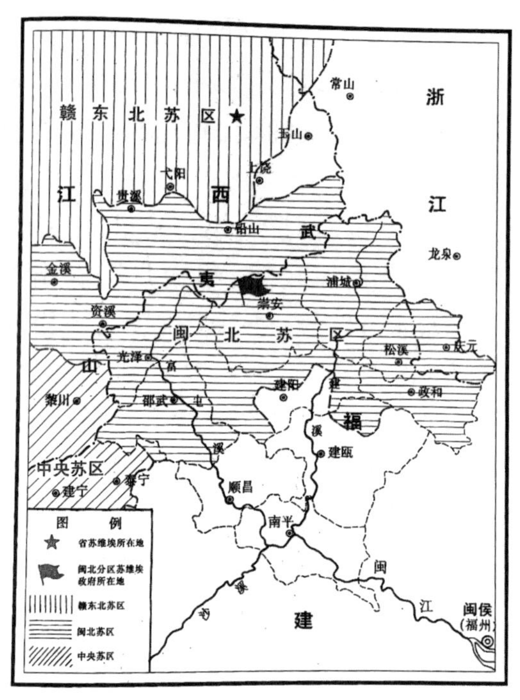

闽北苏区地图

1934年8月，中央红军58团及闽北随军工作团抵达政和东平后，政和苏区在建松政苏区的中心地位日益突出，党组织进一步发展壮大，党员由原来的100多人发展到200多人。9月，中共闽北分区委根据党组织的发展和斗争的需要，将中共政和特支改建为中共建松政中心区委。10月，又将中共建松政中心区委扩建为中共建松政县委，县委下辖有东平、松浦、松溪、杭头、外屯等区委，隶属中共闽赣省闽北分区委领导，共有党支部15个。由闽北随军工作团团长滕加礼(政和县东门人，早年流入崇安，在那里参加革命，入党；历任闽北分区委组织部长，闽北分区苏维埃政府裁判部部长、工农检查部部长、法院院长等职)任县委书记，杨则仕任县委副书记兼组织部长。10月下旬，建松政县委遵照闽北分区委关于“发动党团员和积极分子，组成参观团赴闽北苏区参加十月革命节”的指示，选派120多名党团员和积极分子，以军队的组织形式，组成建松政第三次赴崇安苏区参观团，到中央苏区参观学习。建松政县委机关设在东平凤池村，下辖的政和党组织东平区委，书记曾××。东平区委下辖的5个党支部分别是凤池、山溪、大洋、西表、苏地等直属支部。

建松政党组织在搞好自身建设的同时，还努力抓好共青团、农协会、青年队、妇女会、儿童团等群团组织的建设。到1934年10月，建松政各级都健全了团组织机构，具体领导少先队、儿童团。农协会是政和党支部组织和领导的农民运动的一支重要力量，县、区、乡、村各级组织也建立了农会，已有会员1000多人。妇女会建立以后，在革命形势的推动下，特别是在凤池、西表等地贯彻执行《婚姻法》，处理了一批婚姻纠纷案，妇女革命热情更为高涨，占半数人口的妇女纷纷参加到自己的组织。儿童团是共青团领导下9岁至15岁的儿童组织，主要的工作是站岗放哨、慰劳红军红属等，也是不可忽视的一支革命力量。由于党抓好上述群团组织的建设，从而把广大的劳苦大众团结在自己的周围，成为革命的强大力量。

二、苏维埃政权建设进一步完善

1934年8月，建松政中心区委在东平西表村召开边区群众大会，成立建松政革命委员会，杨则仕当选为建松政革委会主席。9月，由红军58团团长黄立贵主持，在凤池村召开声势浩大的建松政工农兵代表大会，宣布成立建松政县苏维埃政府，张顺礼、杨则仕分别当选为县苏维埃政府正副主席，杨贤仔为秘书长，政府机关设在政和县凤池村杨氏祠堂(11月迁至西表村魏氏祠堂)。建松政县苏维埃政府隶属闽赣省闽北分区苏维埃政府，县苏分设土地、经济、军事、教育、肃反、工农检查、政治、内务等部。各部职能与部长分别是：土地部，掌握土地的没收与分配、土地建设和山林水利、发展农业生产等，部长何德生；经济部，管理财政预算、决算、征集资财、流通金融、管理公产和红军及政府机关的给养等工作，部长叶文诚；军事部，负责工农红军、地方武装的指挥、管理地方武装编制、训练、教育、装备以及扩大武装力量等工作，部长王××(江西人)；教育部，管理学校教育、社会教育及文化艺术等，由杨则仕兼部长；肃反部，负责肃反与维持秩序等工作，部长王华兴；工农检查部，负责监督苏维埃政策和法令的执行，反对官僚主义、消极怠工、贪污腐化等现象的检查，接受工农控告等，部长严洲；政治部，负责政治思想教育和文件学习等工作，部长杨则益；内务部，管理优待红军家属、办理其他有关内务事宜等，部长魏大鳌。县苏下设政和（东平一带）、水吉（樟墩一带）、松溪（路桥一带）、浦城（濠村一带）区苏维埃，区苏下设村（街）苏。至此，以政和东平为中心的建松政苏区初具规模，它的区域包括原建瓯县属的水吉10多个乡、浦城水北4个乡、松溪路下桥等3个乡、政和县整个东平和石门、宝岱及湛庐山下等地，苏维埃政府管辖达50个村庄、9万多人口。建松政苏维埃政府的建立，标志着工农武装割据的建松政革命根据地的正式诞生，成为闽北苏区的重要组成部分。

三、红军游击武装不断发展壮大

政和苏区划入中央苏区后，在中央红军帮助下建立的地方革命武装有：1932年12月成立的由建松政贫苦农民组成的闽北工农游击第1支队；1933年秋罗炳辉率中央红军一部进驻政和洞宫山区，组建以陈师亮为首的农民武装，有400多人，曾一度攻占解放了政和县城；同年10月建立的政和凤池农会武装游击队。建松政苏维埃政权建立后，红军58团便抽调30多名红军骨干分赴各地，帮助建立各区苏游击队，各乡（村）苏赤卫队、少先队，并从中扩大红军力量。在扩红与建立地方武装的过程中，苏维埃政府采取一系列优军优属的政策，如提高军属的政治地位，解决军属的实际困难，经济上予以优惠，伤残病员给予定期抚恤、军属分好田等，有力地发动了苏区人民参军参战，广大青少年踊跃报名参军，苏区内80%的青壮年都加入各种武装组织。在很短的时间内，政和的东平、松溪的路桥、水吉的樟墩、浦城的濠村等区苏相继建立了游击队，各乡苏、村苏也均建立了赤卫队、少先队。到1934年10月初，仅东平区就有3个游击队、100多人，其他各区也有50到100人不等的游击队。这些游击队总数在400人以上，赤卫队、少先队更为普遍，从中红军也得到扩大。由于各区乡（村）群众武装组织的迅速发展，为建立正规的地方武装创造了条件。10月中旬，建松政县委接到闽北分区委的指示，其中一点是“以各地现有武装为基础成立独立营”。在红58团的帮助下，立即抽调各区乡游击队、赤卫队150多人枪，组成建松政工农红军独立营。调红 58 团 3 营营长×××(外号麻子)任独立营营长，池云亮为副营长，建松政县委宣传部长龚××为政委，独立营下设 3 个排，有 60 多支枪，独立营直属县委领导，接受红 58 团指挥和训练。它的主要任务是配合红军作战、保卫苏维埃政权，担负宣传思想、组织群众、协助土地革命的开展等工作。到 1934 年 11 月，独立营迅速扩大到 400 多人，成为闽北军分区的一支重要军事武装力量。

四、土地革命运动轰轰烈烈开展

1934 年 8 月，建松政苏维埃政府成立后，政和苏区根据《中华苏维埃政府土地法》开展土地革命运动，当时，红 58 团的干部、战士及随军工作团成员，分别深入到各地协助开展分田工作。土地分配以乡或村为单位，有劳力的农民、红军每人按 2～3 口人计算，老弱病残者按实际人口计算，工商业者原则上不分田，富农分差田，逃跑在外的地主豪绅不分田。9 月中旬，土地革命在建松政的广大区域内进行。据查实，已实行土地改革的有：政和的东平乡所属各村，松溪的路桥、黄屯、溪尾、锦田、梅口，水吉的妆地、龙安、杭头、樟墩、外屯、北孟坑，浦城的濠村、水北、山洋头等地。土地改革进展快的东平、西表、朱地、半岭、姜地、樟墩、濠村已分配结束。其他乡村有的正在分配，有的刚开始分配，有的尚未分配。政和的“一区”(辖今石屯镇、星溪乡)一部分分配了土地和青苗，铁山镇(辖今铁山镇和岭腰乡)也派了干部去工作。在政和东

分田分地真忙——当年建松政苏区土地革命的情景

南各区(辖今镇前、杨源、澄源等乡镇)也“公然宣布共产旗帜”“农村经济处其赤色淫威之下”。可见当时政和苏区土地斗争蓬勃发展的情况。整个建松政经土地改革的土地约有10万亩。10月下旬,由于敌情紧张,土地改革被迫停止。党中央对政和苏区的武装建设、土地革命、政权建设等给予充分肯定,指出“政和一带赤色游击队在最近是有了新的活跃,部分的地方已经实行了分配土地与建立农村中的革命政权”。建松政区域的土地革命,在经过土地改革的地方,基本上消灭了一切封建势力的剥削,砸烂了束缚农民的封建地租剥削的锁链,广大人民群众从政治上、经济上获得了解放,大大地提高了农民群众的生产积极性,为支援红军、保卫苏维埃政权及以后的革命斗争产生了极其深远的影响。

五、苏区经济文化建设初具规模

政和苏区按照闽赣省和闽北分区下达的筹款任务要求,通过改造和健全经济部门组织,建立财政系统和预算制度,开征营业税、烟叶、屠宰、酒业税、进出口税等,努力增加财政收入,以满足反“围剿”斗争和改善苏区人民生产生活需要。当时苏区经济建设有了很大的发展,市场流通苏维埃货币,发行中华苏维埃共和国经济建设公债券,商人自由贸易、农贸集市繁荣,特别是建松政党政机关所在地——政和的凤池、西表、东平村一带,成为建松政苏区的经济中心。建松政苏区政府先后在这里建立了红军“红星医院”,创办枪械修理厂、土炮炸药厂、被服厂,有效解决了部队医疗、军需等问题。苏区文化建设也有声有色,提倡男女平等,婚姻自由,反对包办和买卖婚姻;提倡学文化,办扫盲班,组织歌咏队,演文明戏。1934年10月11日,国民党松溪县长陈景元在给省政府主席密电中报告:“东坪股匪卅东两日,公然化装表演宣传,啸聚愈众,冬晨开进松辖青山(今郑墩镇青山村)。”当时建松政苏区流行一首歌谣:“黑暗社会,吃人世界,工农不能忍耐,把它来打开;东方升起一轮红日,变成一幅光明美丽的世界,看,分田又分地,不要交租与还债,生活自由自在,建立苏维埃,地主豪绅,封建势力齐崩溃。红旗飘飘,多么光彩,儿童团，活泼泼，谁也不能赛。继续来，奋勇来，不懈不怠，若全国都是苏维埃，那么更开怀。”这首歌谣唱出了苏区人民在党的领导下，推翻了地方封建阶级的反动统治，翻身做了主人，百业复苏，景象欣欣向荣，使建松政真正成为一块工农武装割据的红区，苏区人民过着幸福欢乐的生活。

第六节　建松政（政和）苏区对中央苏区的贡献

国民党56师师长刘和鼎纠集保安团、大刀会4000多人，分三路进攻建松政苏区指挥中心西表。

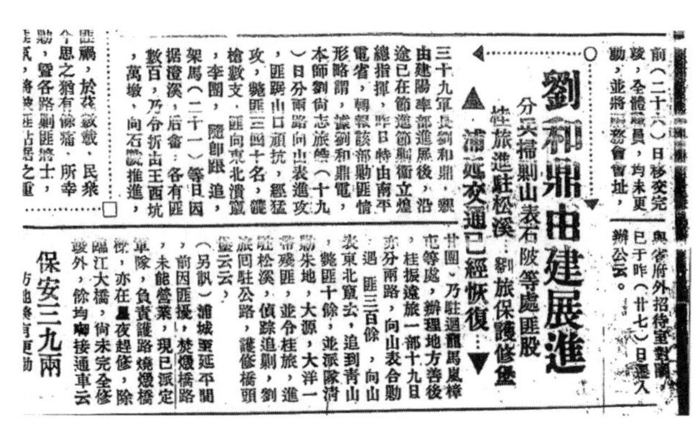

前（二十六）日移交完竣，全體職員，均未更動，並將[illegible]會會址，與省府外招待室對調，已于昨（廿七）日遷入辦公云。

劉和鼎由建展進

分兵掃剿山表石陂等處匪股

桂旅進駐松溪，劉旅保護修[illegible]

浦延交通已經恢復

三十九軍長劉和鼎，頃由建陽率部進剿後，沿途已在節節進剿，衛立煌總指揮，昨日特由南平電省，轉報該部剿匪情形略謂，據劉和鼎電，本師劉尚志旅於（十九）日分兩路向山表進攻，匪踞山口頑抗，經猛攻，斃匪三四十名，虜槍數支，匪向東北潰竄，李團，隨即跟追，架馬（二十一）等日因据澄溪，后畬，各有匪數百，乃令折由王西坑，萬墩，向石陂推進，廿圖，乃駐過龍馬嵐樟屯等處，辦理地方善後，桂振遠旅一部十九日亦分兩路，向山表合勦，遇匪三百餘，向山表東北竄去，追到青山，斃匪十餘，並派隊清勦朱地，大源，大洋一帶殘匪，並令桂旅，進駐松溪，偵踪追剿，劉旅回駐公路，護修橋頭[illegible]云云，

（另訊）浦城至延平間，前因匪擾，焚燬橋路，未能營業，現已派定軍隊，負責護路燒燬橋樑，亦在晝夜趕修，除臨江大橋，尚未完全修竣外，餘均銜接通車云

匪禍，於茲益烈，民衆今思之猶有餘痛，所幸[illegible]勦，暨各路剿匪將士，[illegible]

保安三九兩

1934年11月28日《福建民报》刊发
国民党56师师长刘和鼎纠集保安团、大刀会分路
进攻建松政苏区指挥中心西表的报道

中央红军主力转移后，政和苏区还运用灵活游击战术破坏敌人进攻的交通运输线。1934年9月，国民党驻浦城第十行政督察专员公署密电南昌行营委员长：“松溪政和间匪仍肆扰浦城南北两乡，近来匪势转甚……昨晚浦南石陂附近被匪三百余捣毁公路桥梁”，“松政赤匪似有大举攻浦与崇安联系之企图”。1935年4月16日，《福建民报》又报道：“赤匪黄立贵股，计有枪四百余枝，窜入政和铁山一带骚扰，松溪驻军汤营长闻讯，经先派部队赴政和城镇慑，五十六师并另派三三五团丁志贤部，前往兜剿云。”建松政苏区军民开展英勇的反“围剿”战事行动，牵制了国民党3个师和1个保安团，即56师、79师、49师和保安2团，他们用热血和身躯拱卫着中央苏区东北翼的安全。

二、策应中央主力红军长征

建松政苏区军民紧密协同红军58团接应北上抗日先遣队后，又配合红七军团在闽浙边境活动，攻占了浦城仙阳、古楼等重镇，消灭了“围剿”建松政之敌2000多人。此外，还抓住北上抗日先遣队过境的有利契机，积极开展扩红、筹粮、筹款等工作，加强苏区的政权、经济和军事建设，使建松政苏区一度进入鼎盛发展阶段。中央把建松政地区作为闽北苏区战略回旋的区域。1935年1月，中央在长征途中电示闽北分区委：“万一无法坚守崇安的话，可以用建松政地区作为战略机动的地方。”1月20日，项英关于闽北情况致电朱德、周恩来：“我五十八团仍在建松政创造新苏区。”1月22日国民党的《江声报》报道：“闽北赤匪五六百人为一股，仍出没于闽浙边境之政和、松溪、浦城……大肆骚扰，近经闽北绥靖司令刘和鼎派桂振远旅担任兜剿政和、松溪间之匪。”4月9日、16日，《福建民报》也连续报道中央红军仍在政和铁山一带活动：“伪独立第五团，枪约二百余，最近与方罗余众联合共枪八百余枝，人数千余，于上月三十日窜入政和辖江上(今铁山镇江上村)。”“赤匪黄立贵股，计有枪四百余枝，已由崇安窜入政和，现在铁山一带骚扰，松溪驻军汤营长闻讯，经先派部队赴政和城镇慑，五十六师并另派三三五团丁志贤部，前往兜剿云。”建松政苏区这一大发展局面的出现，是在特殊的革命斗争历史条件下形成的，后随着国民党军疯狂“围剿”和北上抗日先遣队在赣皖边的失败，政和苏区一直坚持斗争到1935年3月，成为最后陷落的中央苏区县之一。此后，以政和为中心的建松政苏区转入了艰苦卓绝的三年游击战争时期。

三、全力扩红充实反“围剿”队伍

根据中央苏区闽赣省的经济工作安排，1933年9月，闽北分区苏一次就筹集1.5万担稻谷供给红军。1934年7月18日，闽北分区关于扩红等情况致电朱德：“六七两月扩大红军八百三十余名，三分之二补充五十八团，三分之一补充独立(一)团，其它都是补充独立二团及各县独立营。现计划八、九、十三个月扩大红军一千名，完全集中到五十八团，独立(一)团去。”其中 58 团大多是建松政苏区入伍的红军战士。10 月，在红 58 团帮助下创建的建松政红军独立营扩大到 400 多人，成为闽赣省闽北军分区的一支重要军事力量。1935 年 1 月，建松政县委副书记兼县苏维埃政府副主席杨则仕根据闽北分区委指示，带领政和苏区骨干 100 多人随红军 58 团到崇安闽北苏区，被编入闽北红军正规部队。12 月 19 日，国民党松溪县政府在给省政府的“匪情”电文中报告：“由县东窜入股匪人约千余，枪四百枝，马两匹，侵入北乡花桥，经洋墩坪西窜，有仍返山表(东平西表)故巢模样……，且多松政边乡口音。”可见当年建松政苏区青年踊跃参军参战的情况。在 1952 年 9 月 26 日《福建省老根据地情况介绍》之“全省烈军属数字统计表”中，政和县烈军属合计数达 989 户。据史料记载，政和苏区共有 3100 多人为支援革命而被杀或因饥饿、疾病死亡，2100 多人被捕或被迫逃亡，灭绝户 720 户，103 个村庄被毁灭，苏区人民为革命事业做出了巨大牺牲。中央主力红军长征后，政和苏区红旗不倒，斗争不息，成为三年游击战争时期闽东北的重要游击根据地。

第七节　建松政苏区的失陷

1934 年 10 月，由于王明“左”倾冒险主义的错误，第五次反“围剿”失利，中央主力红军被迫长征。国民党调集了新编第 11 师、12 师、56 师、76 师、独立团 45 旅、河南总队和福建、江西两省保安团共 10 多万兵力，从四面八方向闽北进行疯狂的“围剿”，闽北大片苏区失守。1935 年 1 月 5 日，闽北分区委党政军实行战略转移，撤离闽北首府大安街。

随着闽北中心苏区崇安紧张局面的出现，建松政苏区也面临着危机。1934 年 10 月底，建松政县委接到闽北分区委关于“发动党团员和积极分子组成参观团，赴闽北苏区参加庆祝十月革命节”的指示，县委立即从各机关、团体、独立营中选派党团员、积极分子 120 多人，以军队的组织形式组成建松政赴闽北苏区参观团，由杨则仕担任团长，陈贵芳为警卫班班长。参观团组建后从东平西表出发，经水吉外屯、濠村到浦城前溪时，遇到 2000 多反动大刀会徒阻击，陷入重围。黄立贵团长闻讯后，立即率红 58 团主力赶往解围，击溃大刀会后，黄立贵率部亲送参观团直抵闽北崇安苏区。建松政境内仅留红 58 团两个连和建松政独立营的一部分武装，敌人乘此蠢蠢欲动，建松政苏区危机四伏。为防不测，11 月，建松政县委将县委和县苏机关由凤池杨氏祠堂迁往西表村魏氏祠堂。11 月底，国民党军 56 师刘和鼎率 4000 多兵众，乘红军 58 团主力护送建松政参观团赴崇安之机，从建瓯、水吉、松溪三路进犯苏区。由于敌我力量悬殊，东平、凤池等地相继失守，陈一率部退守西表村，在此召开紧急会议，号召苏区军民为保卫红色政权而战。此时，闽北崇安苏区形势更为紧张，闽北分区委急调陈一回崇安。临行，陈一对建松政斗争做了具体部署，决定留下独立营及部分红军武装由建松政县委领导，转入游击活动，陈一率大部红军回援崇安苏区。

红军主力撤走后，敌人加紧对建松政大本营凤池、西表等地的进攻。12 月中旬，在敌大兵压境之际，建松政县委与红军独立营领导内部在开展游击战问题上发生意见分歧，独立营龚政委主张部队撤回崇安，县委书记滕加礼主张就地打游击。双方坚持不下，独立营政委即擅自率部转向崇安，只留独立营副营长池云亮带领百余人跟随县委行动。领导意见分歧导致武装力量分散，加剧了建松政苏区的危机。不久，国民党军凭借优势兵力攻占西表。由于敌强我弱，在西表半岭阻击战中，杨则镐、魏大鳌、陈机有、陈机盛等 20 多位苏区骨干壮烈牺牲。副营长池云亮率领少数人投靠水吉外屯反动民团，县苏维埃政府主席张顺礼也潜逃建瓯(后失踪)。剩下县委书记滕加礼带领独立营陈茂堂一个小分队 10 多人，转移到石屯乡石门村山庙。此时，陈茂堂见大势已去，持枪胁迫部下投敌，滕加礼见状也只身隐避而去(1935 年 1 月脱离革命)。留下的苏区少数党员与游击队则在极为艰苦困难的环境下，转移深山坚持斗争。

建松政苏维埃政府驻地
东平镇西表村半岭保卫战纪念碑

敌人占领建松政大本营东平后，对苏区进行了大肆的摧残。他们一面纵容匪兵、民团大肆烧杀抢掠，一面勾结卷土重来的豪绅地主组织“清乡委员会”，进行反攻倒算，疯狂屠杀迫害苏区人民。东平一带苏区时期的党员干部、革命群众就有300多人被残杀，受迫害的不计其数。迁移柴山九节垅深山七井潭“红星医院”的28位红军伤病员和医务人员，也全部惨死在敌人的屠刀之下。基点村有千余间房屋被烧毁，仅西表村被焚烧的房屋就达100多间，数百户群众妻离子散，背井离乡，整个建松政苏区遭到一场空前的浩劫，人民付出了惨重的代价，损失巨大。

第三章 三年游击战争时期政和县的革命斗争

建松政苏区沦陷后，随即转变为游击区。在艰难困苦的三年游击战争中，建松政党组织和游击武装紧密依靠群众，保持了党在闽东北的革命战略支点地位与作用。其不仅是闽北游击区的一座活跃而又重要的堡垒，成为沟通闽北、闽东、浙西南三块游击区的重要枢纽，而且较好地保持了革命有生力量，成为新四军初创时有生力量的来源地之一，并为后来的革命斗争奠定了重要基础。

第一节 建松政苏区游击战争的开展

一、黄立贵率部再次挺进建松政

中央主力红军长征后，国民党调集 10 万重兵，从四面八方围攻闽北苏区，闽北红色区域日渐缩小。1935 年 1 月上旬，闽北首府大安街被敌军占领。面对敌人的重兵合围，中共闽北分区委召开了紧急会议，会上，根据中央电示“闽北红军在原地坚持游击战，等待（或争取）主力红军总反攻的胜利”精神，主张保存实力，实行战略退却。于是，红 58 团再次转战建松政开展游击战争，跟敌人进行长期的周旋。1 月底，黄立贵、陈一率部护送建松政地区赴闽北参观团回建松政。队伍转战松溪攻下花桥，回师东平西表，找到一些坚持斗争的同志。由黄立贵主持，在西表召开了建松政党员干部会议。会议决定，把在地方上暴露身份的红军干部、战士及参观团的大部分共

100多人，由杨则仕带领编入红军正规队伍，留陈贵芳、杨则益、杨贤仔等10多人就地坚持隐蔽斗争。在回师途经水吉焦坑时，黄立贵率部打垮了2000多大刀会人员的堵截，生俘会徒80多人，狠狠打击了大刀会气焰后，紧张形势有所好转，但红58团政委陈一光荣牺牲了。

1935年2月，闽北独立师在长涧源整编成立，黄立贵为师长。3月，为广泛开展闽北游击战争，扭转建松政的紧张局面，黄立贵师长再次率部挺进建松政，又一次攻克东平镇和西表村，随之在西表召开了党员干部扩大会议。会上听取陈贵芳前段坚持游击战争工作的汇报，传达了闽北分区委关于开展游击战争的方针与政策，讨论了恢复建松政苏区、开展游击战争的具体任务。会议决定继续设法寻找坚持隐蔽斗争的同志，发动群众，尽快整顿和恢复地方党组织和苏维埃，粉碎敌人的“清剿”，扩大游击战争，并决定留下洪坤元等一批骨干，在建松政帮助开展恢复工作，进行游击战争。会后，黄立贵在西表等地镇压了一批反动派，然后率红军主力挺进敌后，返回闽北。洪坤元等留下的骨干，发动群众，开展游击战争，迅速扭转了建松政濒临解体的局面。

二、杨则仕于建瓯朝天门英勇就义

建松政苏区领导人杨则仕随黄立贵率部返回东平之时，正值建松政白色恐怖，敌人对杨则仕的家庭进行了惨无人道的摧残，家里也被洗劫一空，其堂兄杨则镐被国民党匪兵乱棍打死，母亲也因逃躲深山饥病交加，含恨而死，妻子被迫带着幼子逃避他乡。眼见亲人遭难，苏区备受摧残，杨则仕更加义愤填膺，带着复仇的泪花，随之加入红58团，与黄立贵等率部转战崇安一带。

敌人在占领闽北首府大安街后，加紧对红军的封锁围困，转入崇山峻岭之中的红军给养匮缺，处境愈加危险。在此情况下，一直随主力红军战斗的杨则仕主动向上级要求下山筹集粮盐，以解决部队的给养。1935年3月，当他带领一个班的战士到崇安大安乡附近筹粮时，遭敌围困被捕，随即被解往建瓯监狱关押。在狱中，杨则仕受尽了各种酷刑，遭到惨无人道的摧残，但他始终坚持革命气节，表现了一个共产党员无私无畏的革命坚定意志。同年 9 月，敌人在他身上一无所得的情况下，恼羞成怒，最终举起了屠刀，政和人民的优秀儿子、建松政革命根据地的创始人杨则仕在建瓯朝天门外英勇就义，时年 26 岁。

三、中共建松政中心县委恢复重组

1935 年 3 月西表会议后，建松政进入恢复地区、整顿党组织，开展深入的游击战争时期。留下的洪坤元等都是闽北精干和富有斗争经验的红军干部。洪坤元，1926 年入党，参加过方志敏的弋横起义，1930 年就是中共赣东北省委执委，历任弋阳县苏维埃政府主席，上饶、铅山和广（丰）浦（城）3 个县的县委书记，闽北分区委拥苏反帝大同盟主任，是一位经验丰富的苏区党的领导人。这次黄道书记调他来，足见对建松政根据地的重视。洪坤元带领陈贵芳游击队，改变斗争策略，不与敌正面硬拼，而是巧妙地与敌周旋于崇山峻岭之中，有效地保存了革命力量，又能出其不意地偷袭还乡团，镇压反革命，反抗苛捐杂税，所以工作进展得很快。1935 年 5 月，鉴于建松政县委被破坏，重组了中共建松政中心县委，由洪坤元任书记，中心县委下设政和区委，书记江焕才；松溪区委、书记廖章元；浦城区委，书记阙林标；水吉区委，书记程春林。同时，以政和东平为中心的一部分游击区也得到恢复，重新恢复了建松政苏维埃政府，由洪坤元兼任主席。还恢复了部分地区的共青团组织，团政和东平区委书记由陈贵芳担任。建松政党和苏维埃政府的恢复，给游击区人民带来新的希望，建松政

建松政中心县委书记兼县苏维埃政府主席洪坤元（1896—1935）

中心县委和苏维埃政府，紧紧依靠群众，开展了更加深入的游击战争，使建松政的革命斗争又趋活跃。

同年6月，洪坤元在带领群众反击大刀会的进攻中，于东平西表村不幸牺牲。洪坤元牺牲的噩耗传到闽北分区委时，黄道书记深感悲痛，他对开辟闽东北游击区的战略没有丝毫动摇。7月，立即派红军老干部翁立义接任建松政中心县委书记，同时成立建松政革命委员会，翁立义兼任主席。以后，建松政党组织又有了很大发展，到1936年3月，中心县委下辖9个区委，即中共杭头区委，书记程春林；濠村区委，书记×××；路桥区委，书记廖章元；渡头区委，书记阙林标；际岭区委，书记张麒麟；东平区委，书记陈贵芳；西表区委，书记周策祥；松东区委，书记伊远金；郑墩区委，书记张鼎良。县委和县苏机关由政和西表迁往松（溪）浦（城）边界仙山岗一带。到年底，建松政区域已扩展到南浦溪上游的仙山岗、松溪的古衙、政和西津河对岸的广大地区。

第二节　中央红军挺进师转战闽浙边

在三年游击战争中，地处闽浙边界的松溪、政和也是中国工农红军挺进师转战闽浙边的重要活动区域之一。

一、挺进师转战闽浙边区

1935年1月，红军北上抗日先遣队在闽浙赣遭受国民党军队围攻而失败，根据中共中央电令，以先遣队先头部队和怀玉山突围部队为基础，于2月组建了以粟裕为师长，刘英为政委的中国工农红军挺进师。挺进师到达闽浙边区时，中共中央东南分局指示“根据各地具体情况，首先建立松溪、政和、庆元、泰顺等县某些地区党的组织，并迅速打通闽东北的联系”。挺进师背靠闽北，面向浙江，由集中行动打运动战向分散开展广泛游击战转变。3月上旬，红军挺进师师长粟裕、政委刘英率部1、2、3纵队和1个直属支队向浙南挺进，抵达闽北时与闽北红军会合。3 月 27 日，挺进师在龙泉与庆元边境的小梅镇，歼灭国民党浙保基干队 1 个分队，缴枪几十支。4 月 8 日，红军挺进师在粟裕、刘英率领下，由浙江庆元进军松溪渭田镇，歼灭福建保安团 1 个中队和一部分基干队，俘敌 100 多人，缴获长短枪 100 多支，机枪 1 挺。4 月 28 日，红军挺进师在庆元斋郎村，以 500 多人的兵力击溃浙江、福建两省保安团和地方武装大刀会共 3000 多人的进攻。此役，歼敌 100 多人，俘敌 100 多人，缴获长短枪 150 多支，轻重机枪 5 挺，子弹上万发，取得了“斋郎大捷”，迫使敌保安团在以后的一段时间里转为退守，为挺进师在浙西南开辟游击根据地奠定了基础。

中国工农红军挺进师政委刘英（1905—1942）　中国工农红军挺进师师长粟裕（1907—1984）

从 1935 年 3 月至 4 月，红军挺进师迂回转战于闽浙两省交界的松溪及周边的庆元、浦城、政和、寿宁等地，发生大小战斗十几次，击溃两省保安团和地方反动武装大刀会的堵截。其间利用活动地区处于福建、浙江边境交界地带、统治势力较为薄弱的特点，在闽浙边境迂回、辗转、穿插。

二、刘英率部攻打遂应场

红军挺进师取得斋郎大捷后，红军由五六百人增加到 2000 多人。粟裕、刘英率部开启创建浙西南游击革命根据地的斗争。1935 年 5 月上旬，由王裔三、李凡林率领的挺进师第 4 纵队直抵浙闽边境地区活动。他们根据师政委会（挺进师曾在政和一带召开有主要领导干部参加的政治委员会议)赋予的任务需要和部队的实际情况确定,坚持在龙泉溪以南的庆(元)景(宁)泰(顺)和福建的寿(宁)政(和)松(溪)等浙闽边地区活动,尽快争取与闽北分区委、闽东特委取得联系,以便挺进师与闽北独立师、闽东独立师三方面红军的配合行动,在地域上形成"三角"态势,相互依托,巩固和发展革命根据地,达到牵制敌人的目的。

1935年8月初,刘英率部直属队从龙泉小梅进入庆元三济,沿途破袭敌人用于调兵遣将的通讯电话线,而后转战松溪,再次巧袭渭田镇,接着又消灭庆元举水反动民团。当天,红军就撤离举水来到该乡的龙井面村宿营。龙井面与闽北根据地政和县山水相连,到闽东根据地寿宁也只有10千米,是庆元与闽北、闽东的连接点。刘英政委在这里了解到距龙井面村5千米处的遂应场(现岭腰乡锦屏村),是一个有2000多人口的大村庄,村里有土豪富户30多家,组织了以叶某为首的武装民团,共有100多人枪,修筑4座碉堡,粮弹充足。遂应场的土豪和民团依靠碉堡群死守顽抗。红军经侦察获悉,敌人听见风声后全部躲进碉堡,红军白天不宜作战,选择夜间出击,围而不攻,以防民团逃跑。红军连续攻打3个晚上,杀伤一批敌人,但未能攻克敌碉堡。刘英等领导人认为,虽未端掉敌碉堡,但对敌打击很大,不必再在此地与民团恋战,于是率部撤出战斗。红军作战勇敢,纪律严明,处处为百姓考虑,给当地群众留下深刻的印象,而龙井面群众在战斗前后都积极配合红军,帮助转移伤病员和做好后勤工作。

刘英率部在庆寿政边境的澄源乡赤溪一带活动期间,还与闽东特委领导人范式人进行会面。双方互通情况并商讨今后的工作。8月底,刘英又带回一部分原先留在闽东养伤已伤愈的红军指战员,加强4纵队力量。王裔三、李凡林率队继续活动在庆元、松溪、政和等闽浙边区。直至1935年10月转移到闽北为止,前后历时5个多月,有力地推动了建松政地区游击战争的开展。

第三节　政屏边地区革命斗争的开展

一、中央红军转战洞宫山

政(和)屏(南)边位于洞宫山中心地带,是连接闽北、闽东、浙南的交通要冲,战略位置十分重要,闽北、闽东党组织在开展革命斗争时都积极向这一地区发展。1933年开始,中央红军十二军、中央红军58团等相继转战建松政苏区,帮助开辟闽东北新苏区。1933年初,中共闽北分区委就派工作组到政和县杨源乡一带活动。同时也从仰头、西坑村来到屏南的岩后村一带活动,给政屏边区播下了革命火种。1933年8月,著名红军将领罗炳辉率领中央红军十二军一部转战闽浙边,深入到政和洞宫山一带,发动农民暴动,组建农民武装,开展土地革命斗争,并一度解放政和县城,引起中共中央和共产国际的高度关注。1933年10月,为了打出外线,扭转闽北苏区反"围剿"斗争的紧张形势,黄立贵率中央红军58团精悍小部队突入政和洞宫山的政屏边区,召开群众大会,宣传党的政治主张,在政屏边建立了地下通信站。

中共闽东特委地下交通员
吴华禄(1892—1943)

二、政屏边党组织的创建

1935年3月,中共闽东特委派特委地下交通员吴华禄(又名张和禄,曾任安德县南区区委书记、中共周墩县委书记)到政和仰头、屏南岩后一带开展秘密革命活动,发展张家镇、张发祯等参加贫农团,建立贫农团组织,传播革命思想。贫农团是贫苦农民的群众性秘密组织，是党在政屏地区发动群众的主要组织形式，仰头、岩后先后建立了贫农团小组。这年5月，吴华禄在贫农团中首批吸收张家镇、张发祯加入中国共产党，在岩后成立了中共政屏支部，张家镇为书记。政屏地区随着群众运动的深入开展，党组织也在壮大。政屏党支部十分重视经过斗争考验、表现积极、意志坚定者，把他们及时吸收到党组织，扩大党的队伍。到1935年夏，政屏党支部已有党员20多人。为了进一步领导政屏边人民开展深入的革命斗争，7月，政屏党支部在岩后召开会议，总结革命斗争开展以来的经验，布置新的任务。吴华禄介绍了闽东革命的新形势，讨论了今后开展革命斗争的方向，决定将政屏支部扩大为政屏中心区委，区委书记张家镇，下辖仰头、岩后等支部，仰头支部书记张发祯，岩后支部书记张发达。

三、政屏边“五抗”斗争开展

中共政屏党支部建立后，张家镇、张发祯等积极深入政屏边区各村，秘密串联，宣传革命，使贫农团组织迅速扩大。党支部及时提出“抗租、抗粮、抗债、抗捐、抗税”的“五抗”斗争口号，并根据斗争形势，春天抗捐，夏天抗债，秋天抗租、抗粮，冬天抗税。贫农团势力弱的村庄采取拖欠租税的办法，贫农团势力强的村庄则采取强硬办法，对阻挠“五抗”斗争的反动分子坚决予以惩处。随着政屏中心区委的建立，政屏贫农团斗争又前进了一步。当时，在创建贫农团中选择了一批立场坚定、勇于斗争的成员组成抗租团，由抗租团负责与各村联络，加强联系，解决斗争中遇到的实际问题，构成了村村互为联通的贫农团总体组织，把政屏边的“五抗”革命斗争进一步引向深入。

经过“五抗”斗争，许多强加在人民头上的债务给抗掉了，群众得到实际利益，斗争情绪更为高涨。到1935年底，政和的仰头、西岩、里西岩、坂头、翠溪、洞宫、楼下，屏南的岩后、文山、下潭头等二三十个村庄都组建了贫农团，“五抗”斗争在这些地区广泛开展。

第四节　闽东红军向政和东路发展

一、松政庆地区革命斗争的开展

1935 年，闽东红军按照特委的“波浪式向外发展新区，同时对内恢复老苏区”的总方针，逐渐向闽东北发展新区，其势力逐渐抵达政和境内的新坑口（现澄源乡新康村）、铁山（含现岭腰乡）一带。新坑口、铁山等地位于政（和）寿（宁）庆（元）交界处，地势险峻，山高林密，具有开展游击战争的优越地理条件。

早在 1934 年 1 月，闽东掀起全区性的武装起义，2 月成立了闽东苏维埃政府。在闽东革命形势的影响下，1935 年夏，政和县黄坑地区（现外屯乡黄坑一带）的贫苦农民范仁满（也有史料称范缺嘴皮，另指他人）不堪忍受土豪劣绅的压迫，赴闽东投奔革命，在寿宁东区找到闽东特委领导人范式人，受派遣回到当地发展七八人入党，在政和东路一带建立了党组织，开展了一些隐蔽斗争。同年 8 月，闽东特委领导人范式人派闽东红军第 2 纵队 200 多人，由队长吕方豹、特派员许齐篡、政委龚恒余率领抵达铁山张天一带，协助范仁满开展革命斗争，计划将这里发展成稳固的游击区，以便与寿宁、庆元、泰顺等游击区连成一片。

闽东红军到达铁山张天、张地后，在当地党组织的积极配合下，迅速扩展地区，向西坑、桃坑、大坪及黄坑、新坑口等地发展，还攻打了铁山乡公所，在张地、桃坑、新坑口等地镇压了一批土豪劣绅，破仓分粮赈济百姓，并在一些群众基础好的地区组织农会。如铁山大坪村在李式春等骨干的积极配合下，很快建立了农会组织，李式春任农协会长。1936 年 1 月，在闽东红军第 2 纵队的帮助下成立中共松（溪）政（和）庆（元）中心县委，书记范仁满，委员龚恒余、吕方豹、许齐篡，县委随军活动。

正当闽东红军在铁山、黄坑、新坑口一带开展如火如荼革命斗

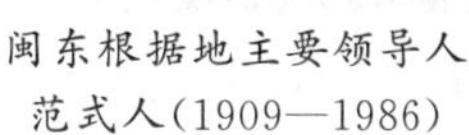

闽东根据地主要领导人
范式人(1909—1986)

中共闽东特委组织部长
阮英平(1913—1948)

争的时候，闽东开展错误的肃清“AB团”的斗争，地方党组织主要负责人被错杀，肃反波及第2纵队，结果纵队长吕方豹、特派员许齐篡深恐株连到自己，脱身隐遁，刚建立的松政庆中心县委因此溃散。余部由参谋长龚复生、龚恒余率领的队伍又在桃坑受挫，龚恒余也只身隐遁，只剩下少量的队伍由龚复生带领，其辗转回到寿宁县平溪上党，后加入叶飞、陈挺领导的闽东红军游击队，刚掀起的政和铁山一带的革命斗争也因此夭折。

二、闽东红军在政和东路游击活动

1936年初冬，闽东特委领导人范式人与范振辉率小股部队到政和东路的新坑口、大坪等地试探虚实。此次行动，他们在政和、庆元边境方村与反动民团遭遇，范式人在战斗中左腕负伤，辗转铁山大坪村(现岭腰乡大坪村)李式春家养伤半个多月。范式人伤愈回队不久，闽东特委组织部长阮英平又率100多人的闽东红军转至澄源乡的上榅洋、牛途、新坑口等地活动，在当地群众中产生很大的影响。同年12月，叶飞亲率闽东红军从周宁辗转游击迂回到上榅洋，斗争了地主豪绅周陈江、周扬求，破其仓廒，分掉他们的不义之财，赈济贫苦百姓，然后队伍返回闽东。闽东红军在铁山一带及澄源新坑口、上榅洋等地的游击活动，在当地群众中产生很大影响，为以后在这些地区继续开展革命斗争奠定了群众基础。

第五节　政屏边根据地的创建与发展

一、中共政屏县委与苏维埃建立

三年游击战争时期，在政（和）屏（南）地区先后建立了政屏县委、政屏苏维埃政府，组建了游击队，发展了贫农团组织，展开了两次反“围剿”斗争等，有力地配合了其他地区游击战争的开展。政屏地区在转入游击战争初期，由于闽东、闽北红军在这一地区频繁活动，有力地推动了它的发展。1935 年初，闽东红军第 1、2 纵队先后由范义生、陈挺率领转入这里活动。同年 3 月间，阮英平又率闽东红军 100 多人进驻洞宫山的大窠、仰头等地，在仰头村外与敌 300 多人发生激战，经两天两夜的鏖战，毙伤敌近百人，声威大震。不久，闽北红军在开辟闽东北新游击区时，也曾转战这一地区。政屏中心区委乘此机遇，掀起规模更大的斗争，在各地广泛建立贫农团，开展“五抗”斗争，把革命斗争推向新的高潮。

随着政屏斗争形势的发展，为更好地领导政屏人民的革命斗争，1936 年 6 月，闽东特委组织部长阮英平亲到政屏地区，在岩后召开政屏边党员会议。会议决定，进一步健全党的组织，将政屏中心区委扩大为政屏县委，成立政屏苏维埃政府，迅速建立武装游击队，继续开展“五抗”斗争等。会后，即着手组建县委和苏维埃政府，政屏县委书记由张家镇担任，委员有张发祯、张步云等，下辖第一、二两个区。第一区委书记张发祯（政和仰头一带）；第二区委书记张步云（屏南岩后一带）。政屏苏维埃政府主席由张发祯担任，副主席张郑才，下设组织、宣传、交通、财政、肃反等部。组织部长张发达、宣传部长张达文、交通部长张伏岭、财政部长张敬祥、肃反部长张发朝。随着机构的健全，政屏县委立即开始组建游击队，从各村贫农团骨干中抽调十几个骨干，组成了政屏游击队，队长张达炳，指导员张发朝。从此，政屏地区走上武装斗争的道路。这年夏，张家镇亲

中共政屏县委书记张家镇（1902—1938）

政屏苏维埃政府主席张发祯（1913—1943）

率武装游击队到北村、西坑打土豪筹款，收缴了天井洋地主黄赞交、深洋反动民团张崇训的枪支，解决了革命经费，武装了自己。

经过一系列斗争，群众在经济上获得利益，更积极地投入革命运动。到1936年下半年，在政和仰头、洞宫、坂头、楼下一带和屏南的岩后地区都发展了党员或建立了支部。游击队也发展到20多人、十几支枪，贫农团组织则扩大到政屏所属的六七十个村庄，形成了以政和仰头、屏南岩后为中心的政屏游击根据地。

二、政屏游击根据地发展与壮大

1936年春，政屏地区革命形势的迅速发展，引起敌人极大恐慌，连忙调集国民党80师、保安队及地方民团疯狂地发动了第一次军事围攻。他们运用碉堡政策，步步为营，层层封锁，在主要村庄设立据点，修筑碉堡，强迫群众"移民并村"，编制保甲。政屏地区革命中心地带仰头、岩后等村，成为敌人军事围攻的重点。

在敌人疯狂的进攻面前，政屏游击队和党员干部在张家镇等的领导下，迅速转入崇山峻岭之中，开展游击战。同时采取"白皮红心"政策，派一些有斗争经验的同志打入敌人内部，充当保甲长，以掩护革命斗争的开展。游击队转入深山老林后，革命群众仍想方设法为游击队送军需、送情报，使游击队度过了最困难的时期。不久，闽北、闽东红军先后转战政和洞宫山区，两块根据地红军胜利会师于禾坪村，后又在仰头村召开洞宫山联席会议。给艰难困苦中保存下来的政屏党组织、游击队和贫农团以极大的鼓舞，他们积极配合红军的行动，担负向导、站岗放哨、提供军饷、动员扩红，使闽北、闽东红军得以顺利完成这一历史性的行动。

红军的到来也援助了政屏地区革命斗争的开展，使敌 80 师望风而逃，乘此大好时机，政屏游击队运用"白皮红心"干部做内应，先后攻下了深洋、坂头等地的联保队兵，取得了第一次反"围剿"斗争的胜利。为了稳定政屏地区的形势，做好反击敌人卷土重来的准备，闽东特委从闽东红军第 2 纵队抽调 20 多人军事骨干与政屏地方游击队会合，在政屏交界天坑垅组建成了一支有 50 多人的政屏游击支队，由曾阿缪任支队长、张恒喜任指导员，隶属政屏县委领导。为了解决部队的医疗问题，闽东特委指示张发祯，在仰头村西山创办了一所简陋的红军医院。1936 至 1937 年，先后接收闽东闽北红军游击队伤员 60 人，在张发祯、张常女等的精心治疗下，这些伤员先后返回前方。

1937 年夏，国民党 80 师和地方保安队 4000 多兵力，向政屏地区发动了第二次军事围攻。敌人这次围攻比上次更为毒辣和残酷，遍筑碉堡，移民并村，叫嚣"剿匪所过之地，鸡狗过刀，寸草不留"。岩后村在 18 天之内就遭敌摧残 13 次，仰头、大窠附近 7 个村庄再次被敌烧毁，被杀群众达几百人，政屏地区到处是一片废墟，苏区人民受到一次空前的浩劫。

为了有效地反击敌人，扭转紧张被动局面，6 月下旬，阮英平赶赴政屏地区，在仰头、岩后之间的山林里召开紧急会议，讨论了"打与不打"、牵制敌人、安置蒙难群众等问题，确定了"继续隐蔽，依靠山地，相机打击敌人"的策略。会后，县委派一部分熟悉当地情况的游击队员下山，安置蒙难群众，大部分游击队由张家镇、张发祯、曾阿缪带领转入深山，坚持隐蔽，相机消灭敌人，争取形势的好转。游击队凭借政屏山高林密的有利条件，运用机动灵活的游击战术，时而东、时而西，牵制敌人。不久，七七事变爆发，驻政屏地区"剿匪"的国民党 80 师不得不撤走，政屏地区形势开始好转。游击队乘此袭击了屏南旧城双溪，攻打了杨源天井洋反动乡队兵等，以战斗的姿态迎来了抗日战争的新时期。

第六节　闽北红军与大刀会宝岱结盟

一、闽北红军挺进闽东北地区

闽北红军在撤出大安开展游击战争以来，一直处于敌人围追堵截的重重围困之中。为了尽快摆脱困境，走出被动挨打的局面，1935年8月，中共闽北分区委书记黄道在崇安岚谷的黄龙岩主持召开分区委扩大会议，在总结开展游击战争经验教训的基础上，做出了“打出外线，开展新区”的决定，并在斗争策略上开始了战略性的转变。闽北红军分三路打出外线，扩大资(溪)光(泽)贵(溪)、邵(武)顺(昌)建(瓯)和建松政三块新游击区。为了适应斗争的变化，会议决定设立相应的军分区。其以建松政游击根据地为主体，建立起闽东北游击区，成立闽东北军分区，饶守坤任司令员，王助任政委，以“挺进建松政，开辟闽东北游击区”作为主要战略方向。

闽东北军分区司令员饶守坤(1915—2006)

中共闽东北特委书记王助(1914—1941)

建松政地处闽北、闽东、浙西南三角的中心地带，以此为主体的闽东北游击新区的开辟，将有利于三块游击区之间的沟通与应援，为共同打破敌人的军事“清剿”提供回旋地盘，尤其对于连接闽北和闽东红军游击区更具重要的战略地位。黄龙岩会议之后，闽北红军独立师第2、3团六七百人在饶守坤、王助的率领下，于9月离开崇安游击区，插过崇安、浦城间的严密封锁线，挺进建松政。敌人发现红军向外线挺出，急忙纠集兵力沿途阻击，红军在进军途中，尽量避免与敌进行大的交战。但由于敌人封锁严密，部队仍然花了一个多月的时间，绕道行军七八百里，打了二三十仗，才抵达古田西北边界的建松政地区。部队在经松溪、政和时，留下周汝春、叶全兴带领的3团协助翁立义继续恢复和发展建松政游击区；2团由饶守坤、王助率领继续向建瓯、屏南、古田、周宁边区渗透挺进。

闽东北地区方圆百里，境内山高岭峻，关隘险要，易守难攻，守敌势弱，有利于红军开辟新区。但红军初来乍到也遇到许多困难，主要是无群众基础，尤其是大刀会反动势力较多。饶守坤、王助根据闽北分区委扩大会议政策策略转变，决定首先争取群众支持，宣传党的政策，站稳脚跟后，再采取第二步措施，争取团结大刀会。

二、饶守坤与大刀会宝岱结盟

建松政等地的大刀会由来已久，它大多源于北方的红枪会，因其具有迷信欺骗色彩，迎合了部分落后地区群众的心理要求，于是逐渐在建松政等地发展起来。大刀会迷信“符咒”“刀枪不入”，开始是以“抗丁抗税”面目出现的，参加者也大多是贫苦群众，后来形形色色的人混入大刀会，其组织才蜕变为反动社会势力集团。

饶守坤到闽东北后了解到，在众多股刀会中，势力最大的便是在建松政的林熙明（又名林乃导）。此人原是寿宁县的一个贫苦柴夫，曾在旧军队当过兵，后参加青洪帮。他略通文字，为人狡诈，专用卜卦算命、作法降妖等伎俩招摇撞骗，有时还玩弄一些小把戏骗人。如他在睡觉时，把包有红绸的手电筒悄悄放在薄被下拧亮，周身放射红光，造成神光罩体的假象，或睡时把舌头伸得老长，犹如蛇形龙态，故意让会徒们看见，说他是蛇龙现身，真龙天子降世。在迷信愚昧的乡民中，这些骗术使他声名大噪。他有会徒达万人，武装会徒300多人。自誉“顺天救民军”，群众则称其为“林营”，驻扎于政和县前宝岱村。为了生存，他有奶便是娘，在国民党资助和唆使下，捣毁我地方政权，残害红军战士，专门与红军作对，成为开辟闽东北新游击区的心腹之患。

饶守坤、王助等领导人在深入调查后分析，大刀会虽受国民党反动派的操纵和利用，经常做反对红军的事，但大部分会徒是受欺骗、被愚弄的贫苦农民，如能做细致的宣传工作，改造这支力量，转化对立态势，又能建立统一战线，增强红军对敌力量，将极大地减轻对开展新区工作的压力。于是，他们决定缩小打击面，以打击和争取相结合的策略对付大刀会。饶守坤从大刀会的上层和下层两方面着手开展工作，对上层人物，通过书信陈述利害，晓以大义，阐明主张，敦促猛醒；对下层会徒，做好他们父母及亲友的工作，规劝其弃暗投明。同时，考虑到大刀会自恃实力强大，不会轻易就范，适时适度地给予了必要的军事压力。1935 年初冬，在建阳、建瓯、政和三县接合部坞地村山头附近，大刀会徒 500 多人向红军进攻。饶守坤率部打了个漂亮的伏击战，活捉会徒 100 多人，并从俘虏中查出林熙明的舅舅，对他进行教育后，以这 100 多俘虏为人质，令其送信给林熙明。而此时的林熙明，虽居建松政大刀会组织之首，但也遇到许多棘手之事，一方面是由于他与政和地方势力派“五大头”（系指政和二五区的汤德崇、薛绍涛、薛志浩、李祖愿、李祖侗各霸一方，号称“五大头”势力）发生利益冲突，矛盾加剧，另一方面是红军几次出击使他尝到厉害，正处于进退维谷的态势。林熙明接到红军停战言好、敦促谈判的信件，自然表示同意。可他知道大刀会手上沾满了共产党人的鲜血，不

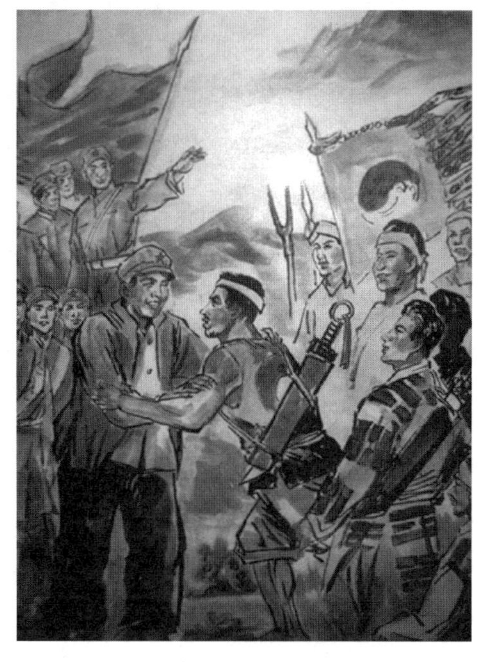

闽北红军与建松政大刀会和谈结盟图画

敢贸然亲往红军驻地，便要求红军派员前去谈判。

为了尽早争取大刀会，闽东北军分区司令员饶守坤决定亲赴“林营”谈判。1935年冬，饶守坤在与王助商定了具体策略之后，以共产党人无所畏惧的气概，带领红军一个连来到林熙明大刀会“圣地”——政和大风山前宝岱村，与林熙明谈判。饶守坤深入“林营”，以大将风度，临危不乱，使林熙明为之折服。在谈判桌上，饶守坤义正词严地阐明了我党的政治主张，晓之以大义，陈之以利害，终于促使林熙明屈服，与红军结盟。接着，林熙明利用他在大刀会中的威信，派人晓谕各村大刀会，使建松政一带上万大刀会会众不再袭击红军，为红军开辟新区解除了后顾之忧。此后，林熙明又亲到红军驻地，商谈了具体相关事宜，建立了相对稳定的联盟关系。

三、闽东北游击区走廊的开辟

红军在开辟闽东北新游击区的斗争中，巧妙地利用建松政大刀会与国民党军、土匪、地方势力之间错综复杂的矛盾，采取以斗争求联合的统战政策，终于把曾经被反动派利用来与红军为敌、屠杀共产党人和革命群众的大刀会争取过来，变敌为友，联合抗击国民党的军事“围剿”。这是取得三年游击战争胜利的一条成功经验，也是统一战线政策在建松政的一大体现。

闽北红军与建松政大刀会结盟后，红军能够集中力量对付国民党的“围剿”。这年暮冬，国民党一个团从政和县城出动进袭新游击区，红军便和大刀会联合作战，歼敌两个营，缴获武器100多件。这次战斗，进一步巩固了与大刀会的结盟。之后，闽东北军分区经过各方面的艰苦斗争，终于开辟出了以迪口为中心的政和、松溪、建瓯、古田、屏南一大片新的游击区。

在开辟闽东北新游击区的同时，留在政和、松溪的闽北红军3团也在建松政中心县委的积极配合下，频频出击，扩展游击区，使以政和东平为中心的建松政老游击区不断扩大。1936年3月，中共闽东北特委在建瓯富地村正式成立，建松政中心县委划归闽东北特委领导，闽东北特委书记由军分区政委王助担任，副书记由建松政中心县委书记翁立义担任，使建松政中心县委活动的原有区域与新开辟的闽东北游击区结为一体，从而形成巩固的建松政新游击区。

以建松政为主体的闽东北新游击区的开辟，牵制了大量的敌军，减轻了崇安老游击区的压力，对于扭转整个闽北游击战争的被动局面，起到重要的作用，也为后来闽北、闽东、浙西南三块游击区的打通，提供了战略桥梁，创造了极为有利的条件。

第七节　闽北闽东红军洞宫山会师

一、闽北红军向洞宫山区挺进

闽北红军游击队自 1935 年 8 月，挺出外线，先后开辟出建松政、邵顺建、资光贵等三大块游击区，使红军游击队完全跳出了敌人的包围圈，闽北游击战争局势开始出现明显的好转。与此同时，闽东地区在叶飞、阮英平、范式人等领导下，也积极开展广泛的游击战争，游击区扩大到闽东北的周宁、寿宁、政和、庆元、泰顺边界的广大地区，并建立了中共闽东特委，由叶飞任书记。而以粟裕师长、刘英政委率领的中央红军挺进师，也越过闽浙交界的铜拔山，进入浙西南开展游击战争，建立游击根据地，使闽北、闽东、浙西南游击战争形成三足鼎立之势，遥相呼应。对此，国民党反动派极为震惊，1936 年 1 月，张发奎接替卫立煌任闽浙皖赣边区“剿匪”总指挥，统率罗卓英十八军、刘和鼎三十九军、张钫二十路军及闽、浙、皖、赣的地方民团，重新部署对闽北、闽东、浙西南等游击区的“总会剿”，我游击根据地又面临着敌人的新威胁。

为了对付国民党反动派的“总会剿”，闽北、闽东、浙西南都在积极寻找互相间的配合，逐步向闽东北的政和一带靠近。1935 年 1 月，挺进师在粟裕、刘英的率领下多次突入政和县境内，并召开了有主要领导干部参加的政治委员会议。同年 10 月，刘英、粟裕率部突破龙泉封锁线，经庆元、政和县境到寿宁郑家坑与闽东红军会师，刘英、粟裕、叶飞共同商议成立了闽浙边临时省委。但闽浙边临时省委成立后，面对敌人的新“围剿”和失去同党中央联系的复杂斗争环境，临时省委领导对开展游击战争策略方面发生意见分歧，直至发生不幸的“南阳事件”。因而，闽浙边临时省委主要领导人都有与闽北方面领导人黄道共同商议加强配合，开展游击战争的愿望。三方彼此有过多次信函往来，计划成立一个三方都能接受的协调机构——闽浙赣省委，闽东、浙西南方面责成叶飞负责与闽北打通关系。

在闽北方面，由于建松政游击根据地的新辟，形势有所好转后，为执行中央在开始长征时给闽北的“闽北红军注意和闽东叶飞同志的部队取得联系”电报指示，也在积极争取与闽东打通联系。1935年冬，黄道派黄立贵、曾镜冰率领闽北独立师1团主力向闽东北挺进。

二、闽北闽东红军会师洞宫山

黄立贵率部向闽东北挺进，连克玉山、东峰、迪口、临川等重镇，在建瓯后坪与活动在建松政的闽北红军独立师3团会合，将3团战斗力最强的5连编入1团加强力量，3团仍留在建松政拖住敌人，1团继续向屏南、政和、周宁方向的洞宫山一带挺进。沿途横扫敌乡镇公所，袭击反动民团，打得敌人晕头转向。11月7日，敌人在闽北红军的沉重打击下，惊慌失措，竟然造谣惑众，在《福建民报》上炮制了“黄立贵就擒”的新闻。两天后，《江声报》又报道黄立贵率部到政和、周宁活动的消息，谣言不攻自破。接着，黄立贵率部东出古田，击败土匪张春光1个团，使其接受红军的改编。继而红军又击溃李惠民反动民团的堵截，生俘李惠民，又在屏南上楼村，以少胜多，冲破敌79师的包围，歼敌1个营又2个连，声威大震。然后队伍从屏南折转周宁红桃洋、政和花桥、坂头等村，于1936年1月底进驻政和洞宫山的禾坪村。

红军进驻禾坪村，恰逢这年的新春佳节，当地群众尽管生活困难，但仍想方设法拿出食品慰问红军战士，使闽北红军战士在艰苦的游击年代里与当地群众度过了一个有意义的传统节日。黄立贵在与贫苦农民交谈中，了解到这一带农民深受周宁楼坪反动土豪劣绅、民团的欺压，于是正月初三便挥师拔除了楼坪乡公所，缴获大量战利品返回禾坪分给群众。而后，红军分路外出寻找闽东红军。

闽北红军沿途的一系列军事行动，造成很大的声势，使闽东红军很快与闽北红军接上关系。1月30日，叶飞率部50多人前来禾坪村与闽北红军胜利会合。闽北、闽东红军首次相聚，欢呼雀跃，手拉手、肩并肩地共叙了游击战争的甘苦，表达了两地红军战士之间的崇高情谊。当日，黄立贵传达了黄道的诚挚问候和具体意见，叶飞也传达了粟裕等人的意见。双方在极其融洽的气氛中，表达了联合统一、相互支持的共同愿望，商议了两地召开联席会议的具体地点为政和县的洞宫山，同时还商议了会谈的时间，为洞宫山会议的正式召开，举行了一次预备会。次日，叶飞率部返回闽东，黄立贵率部返回建松政。

三、闽北红军袭击政和县城

黄立贵率部转到建瓯后坪，引来国民党新编11师周志群部的尾追。为引开敌人，黄立贵一面派活动在建松政的红3团一部袭击政和城；一面派曾镜冰迅即赶回闽北分区委，向黄道汇报与叶飞会师情况。自己则率主力牵着周志群主力打圈子，相机消灭敌人。红3团接受袭击政和城任务后，由韩奏三率领100多红军赶赴离城20多里的东岳庙，稍事休息，于当日天黑之前抵达政和城外。

这天正值正月十五元宵节，国民党政和县地方政府，为了粉饰太平，在城门及沿街挂满花灯，城中搭起戏台，四周也放松了警戒，正是红军下手的好机会。红军为了完成袭扰敌人任务，队伍做了分工，由1个分队隐蔽在城西担任掩护，其他主力为主攻。天黑之后，红军自西门直驱而入，占领大段主街，鸣枪虚张声势，吓得敌人乱作一团。红军开枪打死一些民团警丁，捉到1个号兵后，迅速撤出。对这个号兵经教育后，放回报信“红军大部队过境浙南方向”。等敌人清醒过来，纠集队伍追赶时，我红军部队已从另一方向抛开敌人，转回建瓯后坪了。这次行动，吸引了大量敌兵防守城镇，牵制了“围剿”敌人力量，从而减轻了红军主力的军事活动压力。红军夜袭政和城，在群众中也产生了极大影响。

四、闽北闽东党委召开洞宫山会议

为尽快打通闽北、闽东、浙西南三块根据地的联系，商讨反“会剿”等有关问题。1936 年 4 月，闽北分区委书记黄道在闽北军分区司令员吴先喜和政治部主任曾镜冰等护送下，从崇安动身，经建阳、浦城进入政和县西表村，在此召开了建松政党员干部会议，黄道生动地阐述了游击战争的方针政策，给建松政人民以极大的鼓舞。

会后，黄道等继续前进，在建瓯荷岭与黄立贵队伍会合后，途遇从建瓯来的敌军两个团，黄立贵立即率部占领五背山制高点，吸引敌人，吴先喜则率部保卫黄道安全撤出，经屏南柯坑到达政和洞宫山仰头村，与先期一天到达这里的叶飞队伍会合。会师当晚，闽北、闽东两块根据地的主要领导人黄道、黄立贵、吴先喜、曾镜冰和叶飞等在仰头村召开了著名的洞宫山联席会议。会议在仰头、大窠、宝丰岩举行了三天三夜，主要讨论研究了以下几个问题：(1)研究分析了当前的政治形势；(2)讨论确定当前的工作方针任务；(3)研究了闽北、闽东、浙西南三块根据地互相配合问题。会上商议了闽北、闽东联合成立闽赣省委并搭了架子，由于历史原因，后来闽北、闽东党组织没有实现组织上的统一领导。

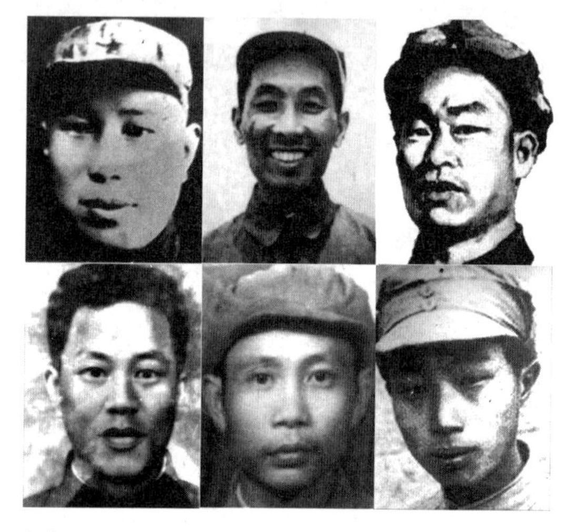

出席洞宫山联席会的重要历史人物(上左至下右)：黄道、叶飞、黄立贵、吴先喜、曾镜冰和黄知真

洞宫山会议召开期间，黄道随带的闽北红军文工团还在洞宫的仰头、大窠、西门等地进行了文艺演出，对群众进行了广泛的宣传发

动，吸收了一批热血青年加入红军队伍，给当地群众以巨大的鼓舞。会后，叶飞率部回闽东，黄道等经建松政返回闽北崇安。同年6月，在崇安岚谷成立了“以闽北分区委为基础”的中共闽赣省委。闽赣省委下设闽北、闽东北、闽东3个特委和福寿、古屏宁、霞鼎、抚东、闽西北、闽东北、闽北7个军分区，并按洞宫山会议原有商议调闽北独立师政委卢文卿任闽东独立师师长，闽东也调缪英的1个支队归闽东北特委领导和指挥，以加强闽北、闽东双方间的配合。洞宫山红军会师与两地党委联席会议召开，是闽北、闽东三年游击战争中重大的历史事件，两块革命根据地的打通与配合，标志着三年游击战争的重大转折，对于扩大游击根据地，对于政和革命斗争所产生的影响都有着极其重大的战略意义和历史作用。

第八节　建松政革命根据地恢复和发展

一、建松政游击根据地扩大发展

闽北红军开辟闽东北时，留在建松政的闽北独立师3团，一直坚持在建松政帮助恢复地区，开展斗争。1936年6月，闽北独立师改团为纵队建制，红3团即更名为红3纵队，纵队长周汝春，政委叶全兴(叶全兴牺牲后由叶子兴继任)，政治处主任方春发，下辖3个支队，共350多人。红3纵队在建松政受闽东北军分区的直接领导和指挥，配合建松政中心县委活动。中心县委经常与红3纵队一起活动，领导政和、松溪、浦城、水吉4个中心区委开展游击战争，不断扩大和发展游击根据地。

1936年夏，在红3纵队的帮助下，以建松政游击队为基础重组了建松政红军独立营，营长张麒麟兼政委，全营有60多人。红3纵队和建松政独立营在游击战中分路活动，由红3纵队队长周汝春带领红7支队，主要活动于松浦龙庆一带；由政委叶子兴带领红9支队，主要活动在政建水一带；红8支队随建松政中心县委活动；独立营绝大多数在松浦边界活动。他们有合有分,灵活机动,在建松政的广大地域与敌周旋。1936 年深秋,张麒麟调往浙西南工作,建松政独立营营长由政委阙林标兼任。不久,阙林标在“肃反”扩大化中被错杀,独立营战士被编入红 3 纵队。红 3 纵队成为建松政的主要武装力量,一直密切配合建松政中心县委活动,直至取得三年游击战争的胜利。1936 年底,建松政党团组织、革命武装都有了新的发展,共有党员 500 多人,团员 200 多人,红 3 纵队也扩大到 400 多人,活动在以政和西表为中心的广大区域。

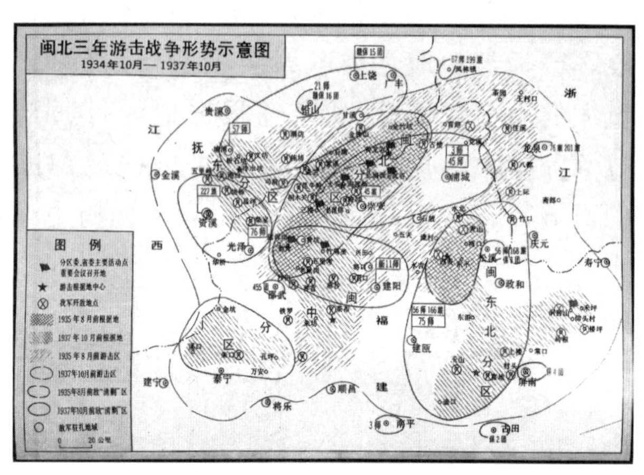

闽北三年游击战争形势示意图

为了总结建松政转入游击战争以来的经验,部署新的斗争任务,同年 12 月,建松政中心县委在政和西表召开扩大会议,会上总结了两年来开展游击战争的经验,提出了 1937 年的工作任务。会议决定健全中心县委组织,设立组织部、宣传部,县委委员增加了游火明、江焕才、黄有贵、程春林、夏润珍、张鼎良等人。扩建党的地方组织,原水吉区委分设杭头、濠村区委;原浦城区委分设渡头、际岭区委;原松溪区委分设松东、路桥、郑墩区委;原政和区委分设东平、西表区委。东平区委书记陈贵芳、西表区委书记周策祥。这次会议对争取建松政三年游击战争的胜利具有重要的意义。

二、建松政赢得三年游击战争胜利

1937 年 1 月,西安事变后,蒋介石玩“北和南剿”的政治伎俩,重新集结部队对南方各游击区进攻,国民党第二十五集团军总司令刘建绪接替张发奎任闽浙皖赣“清剿”四省边区总指挥后,在浙江衢州召开了四省边区驻防部队长官会议，部署新的“清剿”计划，采取军事政治双管齐下的反动策略，并扬言要在两三个月内消灭红军，派敌75师223旅旅长许文英任政和、松溪、屏南“清剿”指挥官，开始对建松政等地进行新的“清剿”，使建松政损失干部、红军50多人。建松政中心县委吸取血的教训，为对付敌新的“清剿”阴谋，有效地领导建松政人民粉碎敌人的进攻，根据中心县委的部署，红3纵队和党员干部迅速转入隐蔽斗争，采取了“集中兵力”“分散游击”“化整为零”等策略，有合有分，灵活机动，隐蔽在群众之中，活跃在敌人眼皮底下，同时伺机打击敌人，保存了党和武装力量，有效地粉碎了敌人新的“清剿”。1937年春末，在避过敌人进攻锋芒后，红军游击队又趋活跃，频频出击。先后在浦城山路下击溃敌1个连的进攻；在建瓯迪口附近又伏击敌1个排，缴枪五六十支；在政和西表还歼灭敌赖长生的1个特工队，缴得长短枪20多支。

在军事上取得一连串胜利的同时，党团组织在建松政又有新的发展。1937年11月，原各县区委改组为中心区委，领导班子成员如下：政和中心区委书记陈贵芳，水吉中心区委书记周策祥，浦城中心区委书记黄有贵，松溪中心区委书记张鼎良。建松政根据地党员达500多人，共青团员发展到600多人，一些地区还恢复和建立了群众组织农协会等，游击根据地扩大到10万人口的闽浙边地区，赢得了艰苦卓绝的建松政三年游击战争的胜利。

第四章
抗日战争时期政和县的革命斗争

1937年7月7日，日本帝国主义悍然挑起卢沟桥事变，发动全面侵华战争。在此中华民族面临生死存亡的关键时刻，中国共产党以民族利益为重，提出了“停止内战，合作抗日”的口号，全国的抗日民族统一战线初步形成，共产党取得了抗日合法地位。11月28日，中共建松政中心县委以闽东北军政委员会的名义与国民党当局举行“国共合作抗日”谈判达成协议，建松政、政屏、寿政庆三块根据地红军游击队奉命整编新四军北上。在抗日后方的国民党统治区，游击区党组织坚持党的统一战线，更好地执行了我党独立自主原则，坚决反击了国民党顽固派军事围攻的斗争。

第一节　艰难曲折的建松政国共和谈

一、建松政国共和谈局面初步形成

1937年7月7日，日本侵略者制造卢沟桥事变，发动了蓄谋已久的全面侵华战争。寇氛日积，狼烟弥漫，山河破碎，国运日危。在此中华民族面临生死存亡的关键时刻，8月22日至25日，中国共产党在陕北洛川召开中央政治局扩大会议，通过《抗日救国十大纲领》，进一步提出抗日救国的正确主张，促成了国共两党合作抗日，建立起抗日民族统一战线。但是，蒋介石集团从其统治的私利出发，继续实行“北和南剿”的政策，内战的阴云仍然笼罩在福建上空。

中共闽赣省委在极为艰难困苦的游击斗争岁月中，尽管与党中央还未取得联系，但黄道等领导人从报刊中捕捉到的信息和中共中央抗日政策的变化，主动开始了由国内战争向民族抗日战争的战略转变，并于 1937 年 10 月初，跨省与国民党江西当局在光泽（当时划属江西）大洲进行合作抗日谈判，签订了停止内战的协议。可是，国民党福建当局仍一意孤行，拒不撤退封锁闽北游击区的驻军，并寻衅滋事，内战又将重启。

在此关键时刻，项英、陈毅领导的赣粤边党组织与国民党江西省政府的合作抗日谈判已顺利达成协议。项英急忙写信给浙西南游击区领导人刘英，要求尽速与当地驻军谈判，改编队伍向南昌集中。刘英收到信件时，浙西南游击区已先于此在八路军南京办事处的指导下，完成了当地的国共谈判，于是，派政治交通员程朝茂、卢立山等前往建松政地区寻找黄道，转达项英有关国共合作谈判与游击队改编的指示。10 月，程朝茂率 1 个班战士越过浦城富岭来到建松政地区，以张贴抗日标语和布告的办法与建松政中心县委接上联系。

建松政游击队长期被围困在山区活动，对外界的信息几乎断绝，且处于国民党军队的重兵“围剿”之中，对党中央“联蒋抗日”“合作抗日”等方针的转变闻所未闻。建松政中心县委书记翁立义无法接受这突如其来的变化，认为程朝茂一定是国民党派来的侦探，欲行处决。在场的周汝春与程朝茂原本都是挺进师红 3 团的战友，他见状向翁立义进言，认为程此行是奉刘英之命向黄道传递信件，待面见黄道后，再处置不迟。就这样，游击队拘禁程朝茂，另派人往崇安向黄道转送刘英的来信。翁立义险铸大错这个事件，典型反映了从国内战争到抗日战争转变，即便是在共产党内也是一个曲折而艰难的历史过程。

二、艰难曲折的建松政国共和谈

闽赣省委书记黄道接到刘英转来的项英催促游击队改编的信件，十分兴奋，从此，闽北党组织与党中央开始接上联系。黄道一面派曾昭铭、曾镜冰赶赴南昌，接受陈毅的面示；一面写信给翁立义，指示建松政中心县委要适应抗日形势的变化，按照党中央的新精神，实行国共合作，保存力量，防止敌人进攻，准备和国民党谈判。随后，闽北开始了自上而下的国共和谈。10 月，黄道又先后两次致信翁立义，指示中心县委"运用建松政军政委员会名义，给本地区范围内的国民党松溪县政府、政和县政府、浦城县政府、水吉县政府写信约定谈判时间和地点，以中国共产党《抗日救国十大纲领》为原则，派出代表同国民党派来的代表进行联合抗日谈判"。11 月，闽东北特委书记王助从省委开会回到建松政，在水吉濠村召开有 20 多位县、区主要领导参加的干部会议，传达国共合作、一致抗日的指示和有关方针任务。会议决定对过去一些斗争策略做相应的改变，停止游击，组织"抗日救国会"，扩大抗日救国统一战线。这次会议统一了思想，提高了干部对"合作抗日"的认识。

濠村会议后，闽东北特委书记王助亲自拟好给国民党各县县长的谈判信件，由中共建松政中心县委以闽东北军政委员会的名义，分别发给国民党政和、松溪、浦城、水吉等县政府，并提出双方共同协商和谈时间与地点、派代表参加谈判的建议。为争取能在主要问题上早日与国民党达成合作抗日协议，还草拟好谈判要点。1937

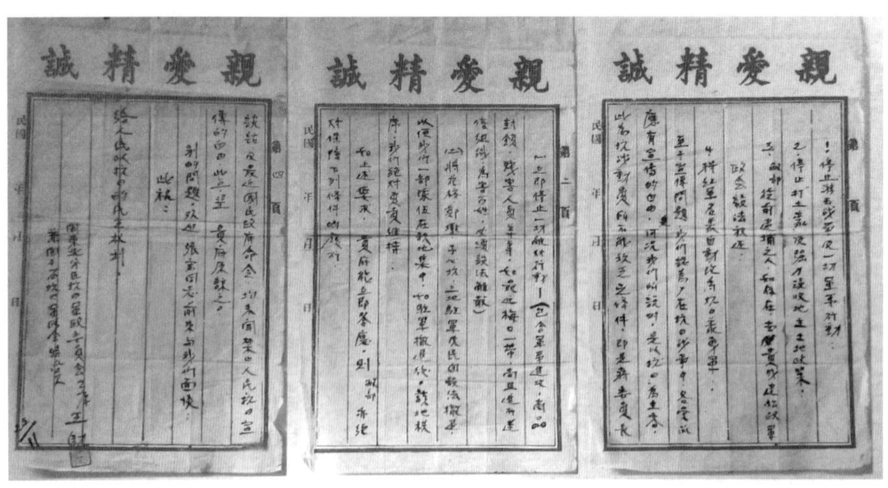
親愛精誠
親愛精誠
親愛精誠

闽东北抗日军政委员会主席王助给国民党建松政各县政府发出"国共合作"谈判信函手稿

年11月下旬，建松政地区国民党当局囿于民众抗日浪潮，被迫同意举行谈判。团建松政中心县委书记游火明到松溪县花桥区源尾乡甲墙村，政和中心区委书记陈贵芳到东平镇，浦城中心区委书记黄有贵到水北乡，团浦城中心区委书记郭三妹到桥亭乡分别与国民党地方当局代表进行谈判。游火明在甲墙村与松溪国民党当局谈判后，又到水吉濠村与国民党建瓯县政府代表谈判。陈贵芳到东平后，先派一位"白皮红心"保长给国民党政和县谈判代表东平区长宋正才送信，提出"团结抗日，精诚合作"的主张，宋正才迫于形势，不得不表示同意谈判，地点约定在东平镇西街宋厝。为防不测，游击队事先做了周密的部署，陈贵芳到宋厝谈判，魏得高负责打听对方的动静，李得标担任与部队联络。安排妥当后，由送信的保长带路，陈贵芳亲赴宋厝与区长宋正才、区队副叶儒隔进行谈判。

谈判一开始，国民党方面就缺乏诚意，对我方提出的条件不予理睬，却提出许多苛刻的要求，借口进行谈判要红军游击队停止活动，禁止筹款，又不发军饷，企图迫使游击队断绝经济来源，无法生存，进而达到收编红军游击队的险恶目的。谈判陷入僵局，经过我方据理力争，才在一些主要问题上初步达成口头协定，但没有具体文字协议。

三、建松政国共合作谈判达成协议

建松政党组织为早日实现抗日民族统一战线，一方面同国民党顽固派的各种阴谋进行有理有利有节的斗争，争取谈判机会；另一方面进一步开展抗日救亡的爱国运动，通过写公开信、发表谈话等形式进行广泛宣传，造成强大舆论，使共产党合作抗日的主张深入人心，唤起民众的抗日热情，孤立了顽固派。经过建松政中心县委的不断努力，在各阶层人民抗日高潮的压力下，迫使国民党地方当局恢复了谈判。在谈判中，建松政中心县委代表重申：(1)立即停止内战，实行国共合作；(2)发出"国共合作宣言"，释放政治犯，实行民主抗日，让人民有集会、言论、出版自由；(3)不得向穷苦百姓随意抽捐派款，改善百姓生活，抗战经费应主要向财主们筹集，真正做到

“有钱出钱，有力出力”；(4)划定东平、花桥等地为红区，不得驻扎国民党军队；(5)允许游击队到集镇进行抗日救国的宣传工作；(6)建松政地区的红军游击队改编成闽浙边抗日义勇军，干部由共产党委派，按照国军的供给标准发给给养。国民党当局方面代表提出：(1)立即停止打土豪、打乡镇公所；(2)下乡抓丁的队兵和收税人员要予以帮助；(3)革命根据地人民必须出丁、纳税、交粮；(4)改编红军游击队为国民党军队。

在谈判中，国民党代表玩弄花招，企图把红军改编成国军，达到“吞并”消灭红军游击队的目的，建松政中心县委代表义正词严地指出对方做法不是精诚团结的表现，并进行有理、有利、有节的斗争，既坚持原则的坚定性，又讲究策略的灵活性，在其他一些问题上做必要的让步。国民党代表理屈词穷，只得同意“建松政红军游击队改为闽浙边区抗日义勇军，由共产党领导，按国军待遇发给给养”，双方终于达成协议。建松政抗日民族统一战线形成后，建松政中心县委以建松政军政委员会的名义发表“告民众书”，号召工农商学兵联合起来，组织抗日救国会和人民武装，并从各区委和部队中抽调人员组成抗日宣传队，深入各地宣传党的抗日救国十大纲领，发动群众参加抗日队伍，建立各种群众性的抗日组织，掀起全民抗战的热潮。

第二节　中共寿政庆中心县委的建立

1937 年 4 月，为适应形势的发展，中共闽东特委决定在寿宁、泰顺、景宁、庆元、政和 5 县边境成立中共寿(宁)泰(顺)景(宁)庆(元)中心县委。中心县委成立后，发动群众开展游击战争，提出“枪口对外，抗丁、抗租、抗税、抗日”口号，组织贫农团，打土豪分粮食、分财物，成为闽东一块重要的游击区。不久，蒋介石为扑灭闽浙革命烈火，调刘建绪任“闽浙皖赣”四省绥靖指挥部总指挥，纠集 10 万兵力向浙西南和闽东北地区大举进攻，寿泰景庆地区被敌重兵包围，地下党组织和武装斗争都难以继续活动，革命遭受严重摧残。为了扭转被动局面，闽东特委指示寿泰景庆中心县委书记范振辉，将工作和活动中心由寿宁西区逐步往政和县新康一带转移，相机开辟新区。

中共寿政庆中心县委书记
范振辉(1911—1938)

范振辉，又名范岩寿，寿宁城关人，1931年参加革命，1932年入党，历任红军连长、营政委、寿(宁)景(宁)泰(顺)县委书记、闽东游击纵队副司令，是中共闽东特委八大主干之一。1936年1月，范式人、范振辉率红军到政和县黄坑、新康一带活动，创建了松(溪)政(和)庆(元)中心县委，书记范仁满，后因王明在党内错误地开展所谓反"AB团"肃反运动，范被错杀，松政庆中心县委因此溃散。1937年夏，闽东红军将活动中心转移到政寿边界。

新康地处政和、寿宁、庆元三县边界，地势险峻，山深林密，回旋余地广阔，敌人守备力量薄弱，有利于革命力量的发展。1937年8月，闽东特委决定取消寿泰景庆中心县委，范振辉与范江富(闽东独立师9连连长)奉命率部在新康成立中共寿(宁)政(和)庆(元)中心县委，范振辉任书记，县委机关设在新康村。同时，建立一支100多人枪的寿政庆红军独立营，由范江富任营长。从此，寿政庆地区成为闽东主要革命根据地之一。寿政庆中心县委成立后，广泛发动群众开展"五抗"斗争，并根据闽东特委的指示，深入宣传闽东特委在《告民众书》中提出的"全中国全民族不分党派，不分阶级，一致的联合团结起来，结成坚固的、宏伟的民族阵线，去对付我们的民族的公敌——日本帝国主义"主张，积极争取一切愿意抗日的势力和人士，统一战线工作迅速展开，群众爱国抗日热情高涨。

在政和东南面的政(和)屏(南)地区，抗日民族统一战线建立后，中共政屏县委正确执行党的政策，大力宣传抗日救亡运动，开展减租减息斗争，组织贫农团，发展党员，党组织发展很快，先后在政和的仰头、坂头、大寨、翠溪、禾坪、洞宫、花桥，屏南的岩后、文山、潭头、广坑、南哨、东坑、天坑垅等村发展了 73 名党员，建立了 14 个支部。至 1941 年 5 月，中共政屏县委改名为中共周政屏县委，县委下辖 7 个区委、63 个支部。

第三节　红军游击队整编新四军北上抗日

1937 年 8 月，国共和谈达成合作抗日协定。10 月，蒋介石电令湘、赣、闽、粤、浙、鄂、豫、皖 8 省的红军游击队（除广东琼崖地区游击队外）改编为国民革命军陆军新编第四军，军长叶挺。新四军下辖 4 个支队，全军共 1.03 万人。1938 年 1 月，闽浙赣地区的红军游击队受命改编为新四军第 3 支队，其中，闽北红军游击队 1300 多人被整编为新四军第 3 支队第 5 团，团长饶守坤；闽东红军游击队 1300 多人被整编为新四军第 3 支队第 6 团，团长叶飞。

一、红军游击队奉令整编新四军北上

建松政地区谈判成功后，根据协议，双方停止了军事行动，建松政游击健儿会同闽东北各地红军 600 多人开赴松溪县路下桥休整。经过三年艰苦的游击战争，共产党和红军不但没有被“剿尽灭绝”，反而发展壮大了，路下桥这个建松政地区革命老根据地沸腾起来了。人民群众兴高采烈地迎接自己的队伍，历尽艰难困苦，在枪林弹雨中坚持下来的战友们会聚一堂，大家激动得紧紧地握手、拥抱，互相祝贺终于迎来新的历史转折。

1938 年 2 月，闽东北地区红军游击队奉命分两批开往江西省铅山县石塘镇集中整编，第一批 500 多人，第二批 70 多人，从路下桥出发，经渡头、布墩、石白村，过崇安长涧源村到达石塘镇。其中建松政地区 370 多名游击健儿先后由周汝春、翁立义率领到石塘编入

新四军第3支队第5团第3营，营长周汝春，副营长阙中一。2月25日，新四军5团胜利完成整编任务，由饶守坤团长、曾昭铭副团长率领离开石塘，同南方八省游击健儿汇成铁流，奔赴抗日前线。

新四军第3支队5团团长饶守坤(左)、副团长曾昭铭(右)

3月，活动在外的闽东北游击队约160人，在钟大湖率领下赶赴崇安。此时5团已开拔，这支后续部队改乘大车前往皖南军部参加整编。建松政红军主力整编北上抗日后，留下一个武装班和工作人员20多人坚持敌后斗争，在中心县委领导下，投入了新的战斗历程。

1937年12月，闽东特委与国民党当局达成协议，寿政庆中心县委书记范振辉奉命率120多名红军独立营战士，从县委驻地新康出发，经黄岭、黄坑，过岭腰、张屯，抵铁山江上集训，迎接整编。战士们在寒冬腊月的冰天雪地里摸爬滚打，苦练杀敌本领，经过20多天艰苦严格的训练，部队军政素质有了很大的提高。1938年1月，范振辉根据特委指示，从集训队里整编出60人，开赴宁德桃花溪整训，编入新四军第3支队第6团。余下60多名武装战士由范振辉带领，返回新康县委驻地，继续发动群众参加抗日救亡活动。

抗日民族统一战线建立后，政屏党组织正确执行党的政策，大力宣传抗日救国道理，群众的抗日热情迅速高涨，出现了“参军打东洋”的热潮，抗日武装游击队很快扩大到近百人。1938年1月，政屏游击队90多人奉命由曾阿缪带到宁德桃花溪集训，编入新四军第3支队第6团1营3连。根据特委的指示，政屏党组织又动员四五十人组成一支游击队，由张恒喜任队长。不久，也奉调编入新四军3支队6团2营6连。政屏地区红军游击队主力编入新四军北上抗日后，留下张家镇、张发祯、张发达等地方干部和少量武装坚持敌后抗日游击战争，发动群众开展抗日救亡运动。

二、叶飞率新四军第3支队6团北上途经政和

1938年1月下旬，新四军政治部组织部部长李子芳和中共闽东特委书记叶飞从江西南昌回到宁德，奉命率部到屏南县棠口集中，向部队传达了东南分局和新四军军部关于改编队伍北上抗日的决定。2月14日，政屏、寿政庆红军与闽东各路红军游击健儿1300多人集中棠口，改编为新四军第3支队第6团，在叶飞团长、阮英平副团长率领下经政和，过松溪，越浦城挥师北上抗日。

新四军第3支队6团团长叶飞（左）、副团长阮英平（右）

北上部队途经政和县时，遇到国民党军队的刁难。政和县是闽北一个小县，却驻着国民党一个保安团的兵力，当北上部队派前站人员去联系时，国民党县政府借口县城狭小，无地方驻扎部队，不让其进城。6团将士对国民党这种破坏合作抗日的行径，极为愤慨，迅速做好应付意外情况的准备，第1营作为前卫营一律刺刀出鞘，挺枪向城门开进。1营营长陈挺率队飞速直奔县城，只见国民党保安团荷枪实弹，戒备森严，城墙的女墙人影幢幢，杀气腾腾。有个带队的保安团连长神气十足地说："任何部队都不准通过。"陈挺火气直冒，传令："准备战斗！"前卫排立即端着上好刺刀的步枪，跑步前进，直逼城门口。保安团的值班军官见势慌张起来，上前解说。陈挺严正申明："我们是北上抗日的部队，谁敢阻挡就是汉

奸!”前卫营全副武装,以临战状态雄赳赳地跨过城门,叶飞团长骑着枣红马率领大队人马开进县城。保安团站岗士兵见状慌忙立正,向叶飞团长行了个持枪礼。黄昏时分,北上部队开到城南,分别驻在赞化宫(又称大庙)、福主庙、城隍庙3个寺庙里,互为犄角,以备战姿态宿营。鉴于白天发生的情况,为防不测,叶飞团长下令部队提高警惕,严密戒备,任何人一律不准外出,不管发生什么情况,必须沉着应对,做好随时投入战斗的准备。

政和县国民党当局白天阻挠不成,又生一计,当夜幕降临时,悄悄地派保安团偷偷潜伏在北上抗日部队宿营地四周。夜深人静之际,6团驻地的四面山上枪声大作,到处响起“抓土匪,救人……”的喊叫声,指战员闻风不乱,加强警戒,按兵不动。保安团见无动静,又用机枪朝6团宿营的寺庙上空狂扫乱射,直闹到天亮。新四军依旧岿然不动。保安团见无懈可击,不敢轻举妄动,演了一个晚上的闹剧,只好收场。

第二天,叶飞团长派人进城对保安团阻挠新四军北上抗日的卑劣行径,向国民党县长提出义正词严的抗议。县长做贼心虚,忙办酒设宴派人邀请6团连以上军官赴宴,遭叶飞团长拒绝后,又把宴席送到驻地,也被拒之门外,不得不亲自出马,递上名片,声称要“拜谒团座”,叶团长严词拒见,县长讨了个没趣。第三天,6团1300多人浩浩荡荡向松溪开进,继续北上。

第四节　抗日救亡运动在政和的掀起

抗日战争全面爆发后,日军很快占领了华北广大地区,接着又发动了八一三淞沪战役,以图控制沪宁杭地区,威胁国民党的统治中心。与此同时,日军以台湾为军事基地对中国中部、南部的海域实行封锁。1937年8月25日,日军封锁吴淞至汕头的海岸线,福建沿海地带成为其封锁和钳制的区域。10月26日,金门陷于日军之手。翌年5月又攻占厦门。福建沿海的局势急遽紧张起来。

一、开展多形式抗日救亡运动

日军的入侵严重威胁到福建的安宁，国民党当局开始对沿海防线做防御性部署，破坏福厦公路，加强闽江口封锁，疏散了沿线城市的居民。1938年4月下旬开始，把省会迁移到永安，省属政治、经济、文化机构搬迁到闽西北、闽北、闽西各地。国民党当局组织了“福建抗敌后援会”，各县也纷纷成立了后援分会，抗日救亡运动形成了一定的声势。偏居闽东北一隅的政和县，抗日救亡运动也开始掀起。政和党组织以农会、抗日救国协会、青抗会、妇抗会等名义，派党员和进步青年进入各民众抗日团体，开展了多种形式的抗日救亡宣传，起到“发起人、宣传者与组织者”的骨干作用，唤起民心，共同抗日。

建松政抗日救亡宣传团体在城乡公演的抗日演出剧照

建松政中心县委发表了《告民众书》，号召工农商学兵联合起来，组织抗日救国会和人民抗日武装；呼吁各界人士团结起来，一致抗日，保卫后方。党领导的抗日武装也利用各种形式，通过各种渠道，大力宣传党的抗日救国十大纲领，印发《告民众书》，散发抗日传单，刷写抗日标语，动员广大群众“有钱出钱，有力出力，有知识出知识”，支援抗日。群众抗日团体创办抗日剧社，在各地宣讲抗日，公演、义演《放下你的鞭子》《义勇军进行曲》《大刀进行曲》等抗日戏曲，激发人民的抗日热情，特别是由30多位有文艺才能的小学教员组成的建松政抗日救亡话剧团，在城乡公演的方言话剧《守财奴》《为国牺牲》，引起了群众强烈的反响。

寿政庆中心县委也在边区领导广大群众，利用国民党政府颁布的“二五”减租法令，合法地开展了减租减息、反饥饿斗争，帮助人民群众解决“民以食为天”问题，调动了贫苦农民的抗日积极性，掀起了参军参战热潮。在党的大力宣传推动下，群众爱国热情空前高涨，全县抗日救亡运动出现了新的高潮。

二、“厦青团”辗转政和宣传抗日

厦门沦陷之际，中共厦门工委从各进步文艺团体中抽调 108 人，组成“厦门青年战时服务团”（简称“厦青团”），下设 9 个分队，分赴全省各地城镇、乡村开展抗日救亡宣传活动。1939 年 1 月，一支十几人的“厦青团”小分队，肩负党的重托，不辞艰难困苦，千里迢迢辗转来到政和宣传抗日。这些热血青年宣传抗日的壮举震动了国民党政和县当局，县长韦淡明急忙抽调政和中学音乐教员组织十几个学生配合行动。当地学生和“厦青团”小分队联合排练了以宣传抗日为题材的街头剧、话剧、活报剧、歌剧等，在政和城乡公演后，对各阶层影响很大。

5 月下旬，“厦青团”小分队从县城出发，到政和各乡镇开展抗日宣传活动。县长韦淡明为装潢门面，带着保安队、警察局大批人马，前呼后拥，也跟随“厦青团”下乡。“厦青团”小分队一路上高唱《厦门青年战时服务团团歌》：“我们是钢铁的一群，担起救亡的使命前进！武装不愿做奴隶的人们，把战斗的火力，冲向敌人的阵地。不怕艰苦、不怕牺牲，为着祖国的解放，为着领土的完整，誓把宝贵的生命，去跟敌人死拼！”他们跋山涉水，经东峰、过外屯、到澄源、转镇前、抵里洋，每到一地就利用乡村的空坪、庙宇、学校、街头、巷尾，露天或搭台演唱，开展抗日宣传活动。他们表演的《放下你的鞭子》活报剧、《一家人》话剧、《送郎出征》歌剧情真意切，催人泪下；演唱的《救亡进行曲》《大刀进行曲》等歌曲，催人奋进，极大地激起了人民群众的爱国热情。

“厦青团”小分队在巡回演出的同时，还在每个乡镇、村庄创办墙报、刷写“打倒日本侵略者”“抗日保国保家乡”等标语，宣讲《抗日救国十大纲领》，在偏僻的山乡处处点燃抗日救亡的火苗。“厦青团”小分队在镇前里洋演出结束后取道闽东开辟新的宣传阵地。

第五节　国民党接连制造反共流血事件

红军游击队改编为新四军北上抗日后，国民党当局认为共产党在游击区的武装十分薄弱，且“调虎离山”目的已经达到，于是悍然破坏国共和谈协议，蓄意制造一系列的反共事件。1938 年 1 月 14 日，蒋介石电告各省“令各地长官勒令取消各地私自组织的游击队”。3 月上旬，福建省当局下令各县“痛剿土共”。随后，制造了包围扣押闽中游击队的“泉州事件”，包围新四军 6 团设于宁德城关留守处的“宁德事件”，又在建松政策划、制造了多起反共摩擦事件。

一、国民党制造“新康流血事件”

建松政大刀会是一股很有影响的社会武装势力，在共产党统战政策感召下，曾于三年游击战争时期与闽北红军结盟，共同对付国民党的军事围攻，起到了一些积极作用。闽北红军整编北上抗日后，大刀会失去了红军在政治和军事上对它的督教和约束，逐渐暴露出其摇摆性。国民党顽固派乘机离间大刀会与红军游击队的关系，派遣特务打入大刀会内部，从中拉拢挑拨。始终在做皇帝梦的大刀会头子林熙明以为时机已到，一头栽进了国民党顽固派的怀抱，脱离了红军结盟的轨道，放肆地蚕食、侵占中共领导的寿政庆和政屏游击根据区，派兵到处派款抓丁。贫苦群众受不了林熙明大刀会欺压勒索，纷纷向游击队诉苦，要求制止大刀会蛮横无理的行径。寿政庆中心县委为顾全大局，先后写信、派人奉劝林熙明以抗日大局为重，不要损害百姓。但此时的林熙明认为红军主力已北上远去，又有国民党当局作靠山，便有恃无恐，一意孤行，竟无理提出要寿政庆中心县委给他枪支弹药，作为不向群众派款的条件，最后遭到了中心县委理所当然的拒绝。于是互相间中断联系，矛盾加深。不久，因一封有关制止大刀会胡作非为的内部信件在途中被敌搜获。国民党特务便趁机挑拨林熙明：“共产党游击队正在联合来对付你，何不杀个回马枪，消灭游击队，投奔国军！到那时包你有享不尽的荣华富贵！”林熙明认为有国民党撑腰，利令智昏，悍然于1938年3月20日（农历二月十九日）深夜，率领300多武装会徒，突然袭击寿政庆中心县委驻地政和新康村。寿政庆中心县委书记范振辉没想到林熙明大刀会反叛得如此之快，猝不及防，与游击队负责人范江富率领60多人扼守通向村子的要道新康桥，英勇反击会徒的猖狂进攻，激战到天亮，终因众寡悬殊，除十几人突围外，范振辉、范江富及在新康联系工作的政屏县委书记张家镇等49人壮烈牺牲，寿政庆中心县委因此跨散。

“新康流血事件”战斗地点——澄源乡新坑口古廊桥旧景

二、建松政“塘边事件”的发生

建松政地区红军游击队整编新四军北上抗日，留下1个自卫武装班驻扎在松溪县路下桥塘边村，保卫建松政中心县委机关。而国民党松溪当局背信弃义，1938年5月成立“松溪县清乡委员会”，实行“联保连坐切结”，继续搜捕共产党员和抗日民众。同年10月，松溪当局指使花桥区队兵20多人，借口抓壮丁，袭击设在塘边村的中共建松政中心县委机关，抢夺我哨兵枪支，绑架县委机关干部，制造了“塘边事件”。我游击武装被迫自卫还击，当场击毙队兵班长1人，缴枪1支，打退了顽军袭击。事后，松溪县当局迫于社会舆论，派花桥区区长张宏前来“道歉”，诡称“误会”。为了团结抗战，我方把枪支交还对方，并提出了严正警告，对方理亏，只好认错。

三、国民党制造“天坑垅事件”

红军游击队主力整编北上抗日后，“和谈协议”墨汁未干，政屏地区国民党顽固派就撕下了“合作抗日”假面具，露出了反共的狰狞面目，先是调陈永生反动武装，“驻剿”政屏县委抗日游击区内杨源坂头、大窠等村。不久，又派国民党省保安旅陈佩玉部再次大规模围攻政屏地区，捕杀共产党干部和革命群众，强行解散贫农团组织。在双溪，一次就集体枪杀共产党干部、战士 7 人，仰头、岩后村再次被烧毁。国民党顽固派还唆使大刀会蚕食根据地，掠夺百姓资财，政屏地区陷入白色恐怖之中。为反击国民党顽固派的猖狂进攻，保护革命力量，政屏县委决定迅速将军事武装化整为零，隐蔽精干，争取寿政庆游击队支援。1938 年 3 月中旬，张家镇亲往政和新康村与寿政庆中心县委书记范振辉联系，协商共同反击顽固势力。不幸的是，张家镇刚到寿政庆中心县委驻地的当晚就发生了“新康事件”，张家镇与范振辉等同时遇难。政屏地区求不到外援，形势更为严重。县委委员张发祯等决定把政屏县委机关转移到地理条件、群众基础都比较好的天坑垅，继续进行隐蔽斗争。1939 年 2 月，国民党顽固派加紧了反共军事活动，派兵偷袭天坑垅，焚毁村舍，滥杀无辜，屠杀共产党员，县委组织部长张发达等主要干部惨遭杀害，党组织受到严重摧残，政屏地区的革命进而转入低潮。

第六节　建松政党组织为生存而斗争

红军游击队整编为新四军北上抗日后，中共中央指示南方国统区党组织担当起“保持南方战略支点”的战略任务。为适应抗战形势发展，将中共闽赣省委改设中共闽浙赣特委（1938 年又改为中共福建省委），由曾镜冰任书记，党的工作由公开、半公开迅速转入秘密状态。闽北党组织坚决贯彻中共中央“独立自主靠山扎”的方针，把工作的立足点放在老苏区、老游击区，依靠群众转入隐蔽斗争，并把恢复整顿党组织和发展壮大党的队伍作为首要工作来抓。

一、建松政首次党代会的召开

1938 年 3 月至翌年 2 月，国民党顽固派在建松政地区连续制造了新康、塘边、天坑垅等反共摩擦事件，形势日趋紧张。建松政一些同志对国共合作的认识，由原来右的倾向转向“左”的偏向，造成一时的思想混乱。为了防范国民党顽固派制造的突然事变，整顿内部思想，巩固游击区，并选举省首届党代会代表，1939 年 5 月，建松政特委在松溪路下桥长前垄召开建松政首届党员代表大会，会期 3 天。出席会议的有左丰美、陈贵芳、宣金堂、张鼎良、黄生有、郭三妹、夏润珍、马细妹、程宗波、叶风顺、周策祥、黄理生以及各地党支部书记共 20 多人，代表建松政地区 1500 多名党员。

根据省委的指示，特委书记左丰美在会上做《目前形势和任务》的报告，总结经验，分析形势，批判了动摇逃跑主义和某些人腐化堕落的思想，提出整顿发展党的组织，搞好统一战线，加强游击队思想建设，防止突然事变的发生。会议民主选举陈贵芳、郭三妹为建松政地区党代表，出席在崇安召开的福建省首届党代会。这次党代会，对于建松政党组织和游击队巩固发展，战胜恶劣环境，稳定干部思想，为后来反国顽三次军事围攻斗争打下了思想和政治基础。

1940 年 2 月，建松政特委还根据省委的指示，在松浦水三县边界的仙山岗举办了训练流动班，参加学习的有特委机关干部和基层党支部干部，特委领导在训练班上做了革命基本原理和抗日战争时期的方针政策报告。训练班历时一个多月，广大干部通过轮训学习，从思想上提高了正确执行“隐蔽精干，武装自卫”原则的认识和应付突然事变的能力，党组织的战斗力也相应增强。

二、建松政地区党组织的发展

1938 年 4 月，为适应斗争的需要，根据闽浙赣特委的指示，健全了中共建松政中心县委，书记翁立义。政和、松溪中心区委升格为县委，浦城、水吉中心区委改为特区委。政和县委书记陈贵芳，委员魏得高、叶挺芳，县委机关设在仙山岗。5 月，建松政中心县委书记翁立义调任崇安中心县委书记(赴任途中逃跑)。而后,民运部长江焕才又开小差,上级指定游火明继任中心县委书记。1938 年 6 月,根据中共中央东南分局的指示精神,以行政区划省设立党的组织,中共闽浙赣特委和中共闽东特委为基础成立了中共福建省委。省委书记曾镜冰,组织部长范式人,宣传部长王助,军事部长左丰美,青年部长王文波,妇女部长何素娟,职工部长俞雅鹿。省委下辖闽北、闽东、建松政三个特委,莆田、福清、泉州三个中心县委和福州工委。8 月,福建省委指派省委军事部长左丰美到建松政地区协助工作。10 月,省委指示将建松政中心县委改为特委,书记游火明;特委下辖政和县委、松溪县委、浦城特区委、水吉特区委。政和县委书记陈贵芳、组织部长叶河丁、宣传部长魏得高、军事部长李得标、民运部长叶挺芳。

1938 年 4 月,陈贵芳担任第一任中共政和县委书记

1939 年 3 月,特委书记游火明与组织部长黄有贵先后逃跑,脱离革命队伍,特委进行了改组,省委指定左丰美接任建松政特委书记,陈贵芳增补为特委委员。此后,建松政地区在新的特委领导下,党组织和武装力量迅速发展。6 月,党员人数达 1500 多人。这时期,政和县委建立了东平、凤池、西表、山溪、苏地、界溪等 15 个党支部,党员发展到 350 多人,各项工作突出,在 1939 年 8 月省委扩大会上,被评为“模范县”,政和县委书记陈贵芳获得银质奖章。同年 8 月,左丰美奉命赴闽东传达福建省党员代表大会精神,省委派王文波接任建松政特委书记。1940 年 11 月,省委宣布张鼎良继任特委书记,又从城市抽调文化水平较高、革命意志坚强的地下党员庄征、陈珠钦、陈仇及王金娟等到建松政工作。庄征任共青团建松政特委

书记、陈仇任特委宣传部长、陈珠钦任特委妇女部长，建松政党组织得到了加强。

三、建松政特委自卫武装的扩大

1939 年 7 月下旬，中共福建省委在崇安坑口召开了福建省党员代表大会。这次会议，产生了新的中共福建省委，曾镜冰、范式人、王助、汪林兴、左丰美 5 人为常委。民主选举了参加党的七大的代表 7 人：范式人（代表团主任）、聂显书、毛彪、陈振芳（程序）、方子明、彭莲玉、郭伊克（后 2 人因故未去）；后增补徐莲娇、许威。会议“号召全党准备斗争，应付突然事变”，制定了三条反顽自卫斗争原则，大胆提出了走“靠山、靠枪、靠群众”的反顽自卫的道路，对于有力遏制顽固派的进攻起到了重要的作用。根据省党代会的精神，建松政开始了重建和壮大自己武装的斗争实践。

新四军在闽北整编期间，建松政地区秘密留下两个武装班 20 多人，随建松政中心县委活动，坚持当地游击斗争。由于斗争环境十分恶劣，游击队只得常年蹲山头，党的各项工作受到影响，自卫武装也发展缓慢，到 1939 年 6 月才发展到 40 多人。省党代会提出重建武装，实行武装自卫的斗争策略，为建松政的武装发展指明了方向，建松政特委深入各地发动群众，吸收斗争中的骨干参加游击队。

1940 年 7 月，中共政和县委书记陈贵芳根据特委的指示，在松溪李岭召开会议，会议针对国民党投降反共政策，制定了“武装自卫，反对顽固派破坏抗日”的策略，首先对反动气焰嚣张的东平镇开展自卫反击。9 月 16 日，政和县委经过周密的部署，从东平范屯、前蓬等村的农民中挑选 20 多个苦大仇深、武功好的青年，组成“壮丁队”，配合游击队行动。当天夜晚，陈贵芳率领游击队与壮丁队，通过在镇公所做事的地下党员和乡队兵一位陈班长为内应，奇袭东平镇，缴获长短枪 13 支和一批军需。一个小时后，游击队发扬连续作战精神，换上缴来的军装，化装成地方保安部队，又趁势端掉距东平 5 千米的护田乡公所，解救了一批在押壮丁，收缴了一些军需，火速转移到游击根据地的基点村休整。乡队兵陈班长携枪投奔抗日队伍,“壮丁队”郑生老等20多位青年参加了游击队。

建松政特委为了加强武装力量的领导,于1940年9月成立了建松政军事委员会,特委书记王文波兼任军事委员会主席,建松政游击队迅速发展到4个班60多人,武器装备也有很大的改善。10月,王文波、陈贵芳、程朝茂、夏润珍等特委负责人,奉省委命令率40多名建松政武装人员到省委学习和保卫省委机关,仅留1个班10多人在建松政坚持活动。这时,国民党顽固派乘机向建松政地区发动大规模的军事围攻,建松政党组织、武装力量遭受严重摧残。1941年5月,陈贵芳受命回建松政恢复工作,经过艰苦的努力,到9月间,游击队扩展到5个班70多人。10月底,闽浙赣边游击1纵队成立,建松政游击队4个班被编入1纵队第2支队,只留1个班坚持地方斗争。

第七节　党领导的政和农民反饥饿与抗暴斗争

抗日战争初期,政和农村灾疫频繁,满目疮痍,随处可见“闾阎不见炊烟,田野但闻鬼哭”的凄凉景象;而国民党当局置百姓生死于不顾,依然巧取豪夺,催租逼债,抓丁派夫,弄得民不聊生。饥寒交迫的贫苦农民纷纷自发起来斗争,建松政特委根据党中央“争取全国人民的政治经济权利”的指示,一方面领导人民开展抗日救亡运动,一方面发动和组织群众进行“反饥饿、反暴政”“抗捐税、抗抓丁”的斗争。

一、东平民众“反饥饿”斗争

1939年,在稻禾吐穗扬花时节,闽北发生了历史上罕见的蝗虫灾害。这年7月,政和东平地区遭受蝗灾,正处青黄不接时节。许多灾民揭不开锅,吃糠咽菜,而国民党地方当局不顾人民死活,在加紧征收苛捐杂税的同时,还勾结奸商囤粮不卖,漫天要价,大发灾难财。自古道:“民以食为天。”灾民买不到平价粮,怨声载道,怒气冲天，哄抢粮店的事常有发生，但都被保安兵给弹压下去了。在此情况下，政和县委书记陈贵芳根据特委的指示，到东平、凤池一带秘密召开党员会议，串联农会骨干，组织发动灾民，做好反饥饿斗争工作。7月的一天，陈贵芳带领一批灾民，气度轩昂地走进了东平镇公所，向国民党区长宋正才揭发了奸商乱涨粮价、盘剥灾民的罪行，并提出由镇公所出面平抑粮价，开放公仓赈灾。在遭到国民党镇公所的蛮横拒绝后，陈贵芳带着做通思想工作的保安队陈班长，打开粮仓锁匙，随后振臂高呼："乡亲们，快装快运粮食呀！"早已集聚在镇公所附近的上千灾民，挑箩提袋，拥进粮库。大家装的装、扛的扛、挑的挑，很快就把八九个积谷仓的稻谷搬运一空。国民党当局慌忙将其他谷仓的积谷运往建阳县城。水吉的灾民闻讯后，集中了近百人，他们手持菜刀、柴刀，堵住道路，10多名人员组成的护送积谷的保安队被灾民击散，灾民劫获了稻谷。同时，愤怒的灾民还占领了乡公所，破开谷仓，分光粮食。

建松政特委发动和组织农民开展反饥饿与抗暴斗争画像

党领导东平一带农民反饥饿斗争的胜利，极大地鼓舞了各地饥民，很快波及政和的西表、凤池、山溪、界溪和松溪的梅口、新铺等地。这场斗争共破仓借粮1万多担，使许多饥民顺利度过了粮荒。

二、宝岩薛遇祖"农联"暴动

宝岩，位于政和县鹫峰山西北坡，是个穷乡僻壤之地。这里的农民不仅深受重租高利的盘剥，而且时常遭受兵灾匪患的蹂躏。1939年秋，东平农民"反饥饿"斗争的消息传到了宝岩地区，宝岩人受到了很大的启示和鼓舞。就在此时，地方上土霸勾结官府，肆意派捐征款抓丁，威逼乡民买枪献械。贫苦农民饭都吃不上，哪有钱去买枪，群情愤慨至极。佃农出身的薛遇祖，宝岩连山人，为人正直，办事公道，在群众中很有威信。前不久，闽东北红军有支队伍在宝岩寺宣传革命道理使他受到很大启发。于是他通过秘密串联后，从外地请来一个“黄带会”师傅，组织村民“学法保身，为民除害”，在连山、坑里等村拉起了一支反抗官府欺压的农民武装组织——“农联”。而后，宝岩以外的角坂、际头、前村、富垅等地也纷纷仿效组织起自己的武装。

宝岩“农联”使国民党政和当局非常震惊，急忙指示镇前乡公所派人暗杀薛遇祖，使“农联军”群龙无首，然后再向澄源乡公所借兵进行围剿。但这个阴谋被正在澄源一带做农运工作的建松政游击队骨干杨荣堂获悉，他急忙给薛遇祖送信，要他先发制人攻打澄源乡公所。

1939 年 11 月的一天，薛遇祖率连山、坑里、下村、山后等村“农联”三四百人，开赴离澄源 5 里路的八角殿集合点，其他各村“农联”也陆续赶到。薛遇祖召集各村“农联”布置战斗任务，号角一响，队伍潮水般向澄源乡公所拥去。乡保安队兵紧闭大门，凭借墙高弹足负隅抵抗，战斗打得很激烈。薛遇祖下令用火攻，顿时乡公所浓烟滚滚，乡队兵见势不妙，仓皇逃走。

澄源乡公所被捣毁后，国民党当局惊恐万状。1940 年 2 月，国民党政和县长韦淡明亲率 100 多名保安队兵“清剿”宝岩“农联”，薛遇祖率领“农联军”英勇抗击。狡猾的敌人在暗地里武力进攻的同时，又放出与“农联”和谈的烟幕，指使梨洋村保长前来诱骗薛遇祖谈判。耿直的薛遇祖轻信了敌人的谎言，亲自带两个人前往宝岩寺谈判，随即被扣作人质，威逼他们去招降“农联军”，薛遇祖因严词拒绝而被杀害。消息传来，“农联军”群情激愤，千余会众高喊“为薛遇祖报仇”的口号勇猛冲向敌阵，保安队兵被杀得败退 30 多里才收住阵脚，逃回县城。县长韦淡明败退县城即被上峰撤职。不久，地方反动势力暗通官府，发动突然袭击，“农联军”群龙无首，仓促应战，终因寡不敌众，惨遭失败。但山后等村“农联”余部，一直坚持斗争到1941年。轰动闽东北的宝岩地区“农联”暴动虽然失败了，但沉重打击了国民党地方反动势力，其影响为后来党在宝岩地区领导革命斗争，创建游击根据地奠定了群众基础。

三、角坂“刀子会”抗丁反暴

继宝岩“农联”暴动后，1940年5月，在政和县镇前角坂村又爆发了“刀子会”抗丁反暴斗争。

1939年3月，角坂农民不堪官府苛捐杂税、抓丁派夫的盘剥与压榨，在当地贫苦农民马仁峰、马仁秋、马元堂等人的发动下，组织近百人成立“刀子会”农民自卫武装，跟官府进行“抗丁、抗税、抗捐”的斗争。他们以“保乡卫民”为宗旨，提出“有福同享，有难同担”的口号，用以凝聚力量，维系人心。

1940年春，政和县国民党当局大举抓丁拉夫，罪恶魔爪也伸进了角坂这个只有七八十户人家的山村。5月初的一天，“刀子会”会员马义国等到田间拾粪时，被保安兵绑架充丁。随即马义车等20多名壮丁被保安队秘密押往县城。“刀子会”获悉后，立刻派马仁秋、马元堂率领10多名会员火速驰救，在镇前和外屯交界的稠岭太平垅与交差返回的乡保安兵相遇。“刀子会”队员趁敌不备，一阵冲击，当即打死保安兵1人，缴获步枪2支，其余的人吓得落荒而逃。马仁秋、马元堂率队继续追击，在外屯救出了马义车等30多名被押壮丁。

角坂村“刀子会”武力营救壮丁的事件，震惊了国民党政和当局，新上任的县长张文成怒不可遏，扬言要“血洗角坂”。于是，他亲自带了县保安队及当地乡队兵200多人，强势围攻角坂村。“刀子会”在马仁峰的领导下严阵以待，凭借有利地势，顽强抗击。保安队先后进行十几次轮番强攻，均未得逞。张文成撑着太阳伞在山岗上指挥，被一枪击中伞柄，险些丧命。战斗到傍晚进入了巷战，在夜幕的掩护下，“刀子会”队员凭借熟悉的地形和高强的武功，杀得敌人鬼哭狼嚎。此战大获全胜，打死打伤保安队兵四五十人，缴获机枪1

挺,步枪 1 支,子弹千发及其他军用物品等。

张文成败退回城,加紧策划镇压“刀子会”的新阴谋。5 月中旬,张文成偷偷带了两个连的县保安队出城,一路上偃旗息鼓,直扑角坂。“刀子会”猝不及防,穷凶极恶的保安队砸开村子栅门,蜂拥而入,疯狂抢掠烧杀。整个村庄淹没在火海硝烟之中,村民被屠杀 10 多人,被捕 6 人,全村被洗劫一空。保安队用被捕的村民为人质,要挟交出缴获的枪支,“刀子会”在兵临城下的困境中,被迫交枪换人,解散队伍,四处逃难。这次震动全县的角坂“刀子会”抗丁反暴斗争,虽然被国民党当局血腥镇压了,但贫苦农民为争取政治、经济权力不畏强暴,敢于斗争的精神永垂史册。

四、暖溪隘口伏敌救壮丁

在风起云涌的反饥饿与抗暴农民斗争浪潮推动下,1941 年初,政和县东北部的澄源乡新坑头、双木坑、牛途等村,又爆发了以张义顺、范仁喜为首的贫苦农民暴动。他们在建松政特委派出的游击队骨干杨荣堂、叶风顺、林宜昌的帮助和指导下,组建了一支四五十人的武装队伍。对外假以“大刀会”名义,暗中则直接受我游击队的领导和指挥,开展抗税抗丁、打击地主土豪、破仓济民等活动,矛头直指官府。因为这一带是政寿边界,国民党寿宁县保安队时不时会越界到政和县抓走一些壮丁,因此,张义顺派出侦察人员去寿宁打探被抓壮丁的情况。

6 月的一天,侦察人员回报,国民党寿宁县县长杨绍意奉调沙县,近期将押解大批壮丁经过澄源乡新康暖溪到兵营交差,然后走马上任。机会终于来了,杨荣堂和张义顺、范仁喜当即设计布阵,挑选了 18 名精明强悍、武功娴熟的骨干队员,埋伏在下暖溪平坑颜公殿等候,其余人守在暖溪隘口的山上。6 月 22 日,杨绍意携眷裹财,分乘几顶大轿,带着一个中队保安兵,押解 100 多名壮丁,从寿宁起程向澄源暖溪方向开来。上午 9 时许,杨绍意率队一字长蛇地缓缓走进暖溪隘口伏击地。当走在最前面的壮丁队越过伏击圈后,只听“轰隆”一声巨响,一发土炮弹正击中第一顶轿子,18 名勇士齐声跃出，挥舞大刀、长矛、土铳，一个个像下山的猛虎直扑敌群，杀得保安兵哭爹叫娘，抱头鼠窜。这时隘口山上的队员火速加入解救壮丁，壮丁们挣断身上的绳索，拾起石头，也呐喊助威，参加战斗。保安队溃不成军，护着杨绍意落荒而逃。战斗不到两个小时，共消灭保安队兵三四十人，缴获机枪 1 挺，长短枪 8 支，解救壮丁近百人，还缴获杨绍意携带的许多不义之财。

澄源乡下暖溪颜公殿战斗胜利记(纪)念碑

下暖溪颜公殿隘口伏击国民党县长，解救百名壮丁的战斗，震惊了国民党当局，其火速调遣寿宁保安队前来“清剿”，声言要“踏平新坑头”。张义顺、范仁喜连忙向杨荣堂告急。适时，闽东特委书记左丰美带领一支三四十人的武装寻找省委经过政寿边，在大岭遇到杨荣堂、叶风顺，获悉新坑头的情况后，左丰美立即率队驰援。这时，国民党保安兵 100 多人已开进山来了。游击队在张义顺队伍配合下，决定利用险要地形，在保安兵必经的路口埋下伏兵。这天午后 3 时，保安兵一个个喘着粗气，趔趔趄趄进入山谷。游击队居高临下，一阵猛打，顿时机枪、步枪、土铳声及手榴弹的爆炸声响成一片，打得保安兵弃甲丢尸，连夜溃逃。

第二天，保安队兵力增至 1 个营，进行猖狂反扑。敌我力量悬殊，左丰美决定将游击队与张义顺队伍兵合一处，向建松政游击区的中心地带转移。一路上保安队倚仗优势兵力紧追不放。游击队施展擅长山地作战的本领，凭借密林壑谷，时合时分，忽东忽西，打打停停，拖得保安队疲于奔命。途中，在稠岭、湛庐山两地突然杀个回马枪，打得保安队兵狼奔豕突，伤亡累累。队伍胜利转至东平朱地，与建松政特委书记陈贵芳的游击队会合。张义顺、范仁喜和他的“大刀会”队伍正式编入建松政游击队，成为一支新生革命武装力量。

第八节　三次反国民党顽固派军事围攻的斗争

1941—1944 年，是建松政革命斗争最艰难的岁月。国民党顽固派不顾民族利益，破坏抗日统一战线，继续在闽北地区掀起反共高潮，调集重兵对游击区进行三次军事围攻，我党组织针锋相对，组织了三次反围攻的斗争，建松政人民付出了巨大的代价和牺牲。

一、第一次反围攻(1941 年 2 月—1942 年 1 月)

1941 年 1 月，国民党顽固派弃团结抗日之义，肇国共分裂之端，制造了震惊中外的“皖南事变”，在全国范围内掀起第二次反共高潮。国民党军事委员会密令第三战区司令长官对闽浙赣三省边区进行全面“清剿”，在建阳成立了所谓“闽浙赣三省边区绥靖指挥部”，以国民党军中将陈式正任指挥官，将闽浙赣三省边区划分为五个绥靖分区，闽北的浦城、崇安、建阳、邵武、松溪、政和、建瓯、水吉、屏南、古田 10 县被划为第一绥靖分区，重点进攻福建省委驻地崇安和建松政游击区。

2 月初，国民党军纠集 3 个正规团兵力，配以大批地方民团，以第三战区(建阳)专员陈世鸿为总指挥，向闽北和建松政发动了第一次军事围攻。敌旅长赖金标带一个团的兵力猖狂进攻建松政地区，并在松溪路下桥设立“剿匪指挥部”。2 月下旬，敌攻占东平，所到之处，烧杀抢掠，无恶不作。此时，由于王文波、程朝茂、夏润珍、陈贵芳等军事骨干早先奉调省委学习，大敌当前，特委主要领导对严重局势认识不足，曲解了党的隐蔽精干政策，擅自做出“埋枪分散隐蔽”的错误决定。在大敌压境之际，特委书记张鼎良于突围中将公文包丢失，地方党员花名册（除政和外）落入敌手。张鼎良脱险后途经建瓯东游时被国民党抓去当壮丁，建松政特委与省委一时失去联系。敌军进入建松政游击根据地后，按照党员花名册四处搜捕党员干部和游击队，导致建松政（除政和外）地下党员被迫按支部集体向国民党自新。特委民运部长兼浦城特区委书记郭三妹、水吉特区委书记周策祥、特委妇女部长陈珠钦、游击队分队长李九春等一批干部先后被捕牺牲。是年底，陈机水在掩护游击队转移中遇难。建松政游击根据地遭受重大损失，党组织由鼎盛时期的100多个支部、1500多名党员锐减到十几个支部、100多名党员。

4月，省委为恢复建松政地区党组织和自卫武装，派宣金堂、罗天喜回建松政寻找特委人员。不久，张翼、程朝茂也奉命来到建松政与宣金堂、罗天喜等会合。鉴于特委被破坏，上级决定成立一个临时小组，由程朝茂任组长，宣金堂任副组长，负责非常时期的工作，并取出埋藏的十几支枪，重新武装起来，在仙山岗一带开展活动。5月，陈贵芳奉命带一个武装班回建松政恢复工作，重建特委，由陈贵芳代理特委书记，程朝茂代理组织部长，张翼代理宣传部长，并在水吉金竹坑召开全体干部会议，左丰美、王一平由省委赴闽东经建松政，也参加了会议。会后，特委把干部和武装力量分成三路，开展反顽自卫斗争。其先后在政和的西表、前山，松溪的青山、黄西坑，浦城的碗窑等地镇压了一批作恶多端、血债累累的反动分子，同时加紧统战工作，争取了政寿边大刀会，接着，又改造了一股在建瓯当洋一带活动的土匪，巩固了游击根据地的后方。6月，相继恢复了政和、松溪县委和浦南、水吉特区委。政和县委书记张德胜，组织部长叶河丁（叶不久牺牲，后由杨荣堂负责），宣传部长魏得高，军事部长李得标，民运部长叶挺芳；松溪县委书记董生有；水吉特区委书记何德生；浦南特区委书记黄理生。各县区级党组织也相应恢复和建立，政和县委下辖东平、界溪等区委。建松政地区党的基层组织又继续恢复活动，为开展反围攻斗争做好了组织准备。

6月以后，游击队加强了反顽斗争，采取“声东击西”“诱敌深入”的战术，机动灵活打击敌人，连克水吉的下土乾、樟墩、杭头乡公所，又在水吉外屯消灭顽固派1个班，缴枪9支，然后转回浦城马坑消灭孤军深入的顽军1个中队20多人。不久，杨荣堂又率部在政和稠岭伏击了一支由福州到闽北的敌运输车队，缴获洋布100多匹。游击队越战越强，队伍发展到4个班，50多人。为了打破敌经济封锁，建松政特委根据上级指示精神，先派夏润珍到东平一带武装筹款，又布置宣金堂在松溪抓捕一个大地主，筹得现款50万元。8月，王文波、陈贵芳、程朝茂也分别往水吉、松溪等地筹款，解决了游击队的生存给养问题。国民党顽固派在游击队灵活战术打击下，顾此失彼，损失惨重，最后只得草草收兵，建松政游击根据地军民取得了第一次反围攻斗争的胜利。

为了总结第一次反围攻斗争经验，进一步贯彻中央的隐蔽精干政策，更好地开展抗日反顽斗争，1941年10月，省委在建阳牛栏村召开干部会议。参加会议的有曾镜冰、左丰美、王一平、陈贵芳、汪林兴、庄征等。会议讨论了全省武装斗争的形势问题，决定将闽北、建松政、闽东三支武装合编为“省委游击1纵队”，下设3个支队。建松政武装力量编入省委游击1纵队第2支队，由叶风顺任支队长，建松政武装成为省委主力部队一部分。会议期间，省军委副主席、省委宣传部长王助不幸牺牲。为纪念王助，省委决定将建松政特委命名为“王助特委”（不久又恢复建松政特委）。

二、第二次反围攻（1942年2月—1942年12月）

1942年2月，国民党当局调80师师长李良荣为“闽浙赣边三省剿匪指挥部”总指挥，向闽北根据地发起了第二次军事围攻。重点进攻省委机关驻地邵武、光泽一带，并对建松政地区进行猖狂的“清剿”。其采取“重兵围剿，小股骚扰”的战术，在游击根据地密布特务暗探，封锁关隘要道，对根据地人民动辄以“通匪”“行为不轨”论处，企图阻止群众与游击队的联系，进而“困死游击队”。

在严峻的局势面前，建松政特委吸取第一次反围攻的经验教训，正确执行省委“隐蔽精干”的指示，采取内线隐蔽、外线袭击的斗争原则，根据地党员干部坚持隐蔽斗争，武装力量突出外线，寻机打击敌人。顽固派在建松政"围剿"了数月毫无进展,国民党第三战区司令长官顾祝同又借调江西省两个调防师到闽北各根据地"游剿",加紧对建松政地区的围攻。

5 月 25 日,在"皖南事变"中被国民党顽固派囚禁在上饶集中营里的新四军战士爆发了"茅家岭暴动";6 月 17 日,又在崇安举行震惊全国的"赤石暴动",两次暴动冲出牢笼的 46 位新四军战士活动于武夷山麓,但人地生疏,处境艰险。为使这些逃出虎口的抗日同志摆脱困境,及早与他们取得联系,省委指示左丰美和陈贵芳率部回师建松政寻找接应。9 月,左、陈奉命率领 60 多人武装,越过仙山岗直插政和西表,与建松政游击队合兵一处,共 100 多人,并在西表召开干部会议,决定一方面发动群众寻找暴动出来的新四军,一方面采取军事行动打击顽军,开展反顽斗争,同时进行武装筹款,有意暴露目标,让新四军便于找到游击队。根据分工,左丰美、陈贵芳兵分两路行动。后在陈贵芳率部接应下,这些新四军同志陆续集中到上饶外茶园香菇厂组成一支抗日游击队,活动于闽赣边山区。

左丰美率 60 多人的队伍在龙浦公路上设伏,截击了国民党宁波银行的汽车,消灭 1 个宪兵班,活捉了银行经理毛炳文(蒋介石的表舅子),得款 20 多万元。继而,陈贵芳带领 30 多人的武装队伍采用声东击西的方法,在奔袭建瓯墩阳得手后,佯向建阳方向退却,然后虚晃一枪,化装国民党接兵部队,一夜之间急行 100 多里,奇袭了政和县城,活抓一个区长,缴获现款十几万元。这两次军事行动,让敌人晕头转向,胆战心惊。

10 月,由于国民党顽固派重重围困,建松政特委与省委失去了联系。在极端艰难的斗争环境里,陈贵芳以特有的胆略、坚忍的意志,独立自主地领导建松政人民进行反顽斗争(直到 1945 年 5 月才与省委接上关系)。11 月,陈贵芳率 60 多人的武装力量转至建瓯、政和、水吉 3 县边界隐蔽开会,将队伍编为 1 个支队,按省委指示,为纪念王助同志,命名为"王助支队"(不久仍复原名),由杨荣堂任支队长,宣金堂任政治指导员,下设两个分队。11 月底,国民党顽固派的"游剿"加剧。陈贵芳率部采取"分散以发动群众,集中以打击敌人”的游击战原则和“敌驻我扰，敌疲我打”的游击战术，集中兵力，先后袭击了松溪路下桥、水吉外屯等乡公所；改造了为虎作伥，肆虐于政和大源、水吉北坑、松溪锦田一带的五股土匪，镇压了一批地方上的反动乡保长。在游击队灵活机动的战术打击下，顽军疲于奔命，士气低落，驻扎在松溪竹贤“游剿”的顽军1个排发生兵变，携带机枪倒戈投向游击队。国民党顽固派军心涣散，在内外交困下只得垂头丧气撤出建松政，第二次军事围攻宣告破产。

在击退了国民党顽固派第二次军事围攻后，群众纷纷要求游击队惩办那些在发动军事围攻中猖狂迫害人民群众的地头蛇，为民除害。陈贵芳率部转至松溪，派宣金堂、罗天喜攻打郑墩乡公所，缴获9支步枪，镇压了反动敌乡长陈方有。之后陈贵芳带领游击队移师水吉北孟坑开会，又在龙浦线的浦城山路下伏击了国民党第二十五集团军参谋长陈达，缴获了一批卡宾枪、短枪和2万元现洋。这一仗震惊国民党朝野。国民党报纸连登三天，狂呼“非消灭此股匪徒不可”，到处张贴赏榜“活捉陈牯老，赏金三千两”，陈贵芳成为闽浙赣边威震敌胆的神奇人物。国民党顽固派军心涣散，游击队士气更加高昂，队伍发展到100多人。

国民党政府当局发出通缉陈贵芳的存档文件

为了加强部队政治思想教育，提高新战士的军事素养，1943年1月，建松政特委在政和西表车盘庙举办政治军事训练班，100多名游击队员集中学习整训，还吸收与国民党有私仇、接受游击队改编的土匪汤德超部30多人参加学习改造。训练学习内容有党的基本知识、三大纪律八项注意、游击知识、抗日十大纲领，着重强调服从命令听指挥、切实维护群众利益等，也进行一些军事动作要领及基本知识训练，全队掀起一股学习和练兵热潮，指战员政治军事素质得到了普遍提高。

1943 年 2 月，政和县国民党当局按上峰的部署在东平镇召开建松政地区各县县长、区乡长和保长会议，秘密策划更大规模的军事围攻。建松政特委获悉情报，停办训练班，就地召开了车盘紧急干部会议，针对顽固派的阴谋，建松政特委领导根据地军民进行紧张的反围攻准备工作。其先把在地方上已暴露身份的党员干部全部转移到部队，然后选择最反动的驻松溪路下桥的县保安队为打击对象。游击队采用“调虎离山计”，派少数兵力去西溪捕杀一个反动保长，引蛇出洞。路下桥保安队中队长“黄狼”果然率队倾巢而出，落入我在莫上岭下的三面埋伏。游击队抓住战机，在西溪大龙山歼敌 28 人，“黄狼”当场丧命，并缴获机枪 1 挺，步枪 20 多支，子弹 2000 多发，增强了游击根据地军民反顽斗争的信心。

西溪大龙山获胜后，游击队迅速兵分三路进行隐蔽斗争。一路由宣金堂、杨荣堂、叶风顺率 30 多人，到松溪、政和、庆元边境地区，与松溪后涧区委书记叶风训配合行动，转湛庐山，直插松溪县城仅 5 里的东埪山里隐蔽；一路由浦城特委书记黄理生带 20 多人，到浦城、松溪、水吉边境地区隐蔽；一路由陈贵芳带领董生有、张德胜、罗天喜等机关干部和战士 50 多人，前往政和、建瓯、水吉边境地区隐蔽。三路分散隐蔽的游击队在根据地人民群众的支持帮助下，经过两个多月的隐蔽、整训及筹集给养，为后期反围攻做好了准备。

三、第三次反围攻(1943 年 4 月—1944 年 6 月)

1943 年，是世界反法西斯战争胜利发展的转折年头，也是解放区各战场开始局部反攻，并取得很大战果的时候，日本军国主义已陷入日暮途穷的境况，国民党当局为维护其长远的反动统治，并为抢夺抗战胜利果实准备条件，于当年夏季发起了全国性第三次反共高潮。国民党第三战区及闽浙赣的军政头目们，秉承蒋介石的“二年决定命运”的反共意旨，于4月初就迫不及待地发动了对闽北第三次军事围攻。投入第40、43、44师及闽保6、7、8团，赣保2团配合各县保安队，共有兵力达20个团、2万多人，对我实行“搜剿”“堵剿”“进剿”。

柴参谋长涂炭生灵 国民党顽固派这次军事围攻，不仅投入的兵力多，机构组建规模大，且手段毒辣。在闽浙赣三省边区设置内外两线3个“清剿区”，抽调3名中、少将的头目负责。在其围攻的中心设立“闽北绥靖指挥部”，由建（阳）崇（安）浦（城）警备司令部中将司令钱东亮任总指挥，国民党福建省政府主席刘建绪亲自坐镇建阳“督剿”。在政和东平镇设立“建松政（含庆元县）剿匪指挥部”，钱东亮派出他的参谋长柴毅任指挥，顽固派叫嚣要“斩尽杀绝共产党”。

4月中旬，柴毅率1个团的正规军和省保6团1500多人压向建松政。军事上采用“连续作战”“分进合击”并用的战术，凡重要的山头、路口、渡口均构筑碉堡，设立巡查哨、瞭望台，险要隘口还堵路毁桥。强迫群众组织成千上万人的“搜山队”，配合敌军几个区，甚至几个县大范围联合搜山，疯狂地“追”“堵”“搜”“围”游击队。对游击队活动重点驻扎的政和东平一带的西表、凤头、营前、苏地、界溪等地的大山小坑反复“搜剿”。敌军残暴地放火烧山烧房，致使大片的山林化为灰烬，大批的房屋成为瓦砾，妄图使我游击队无存身之地，还强制推行“移民并村”“计口售粮授盐”，封锁集市，严禁粮盐贸易，碰毁水碓，妄图饿死游击队。

更为凶狠的是，国民党顽固派颁布各种格杀令，企图切断游击队与群众的联系，扬言“宁愿枉杀三千，也不放走一个”，妄图斩尽杀绝。东平阉猪师傅魏马顺，走村入户阉猪，被说成是游击队的探子，遭受香火烧身，也死不招认，惨遭枪杀。寡妇李兰妹靠乞讨要饭度日，被栽上“为游击队送饭”的罪名，打断了双腿，弃之荒野。庆元香菇客潘老三住在西表村岭头庵，被认定是“游击队联络员”，抓起来用辣椒酒活活灌死。在1943年的几个月内，东平观音桥曝布坪每天都有成批的无辜群众被杀害，其中一次被屠杀的革命群众就达

218人。柴毅狂妄地叫嚣:“不用三个月,就可杀绝共产党,荡平游击队!”

柴毅不仅杀人如麻,而且手段极其残忍。他杀人时,先朝被害者肚子打一枪,慢慢折磨至死,然后砍下头颅示众,剖开胸膛取心下酒,刽子手还用馒头蘸血吃,并公然标价上市出卖人心,惨绝人寰。不仅如此,他还设置了夹棍、梭指、钻指、吊打、坐老虎凳等酷刑,甚至施行铁蛇烫身、香火烧肉、浓烟呛鼻、灌辣椒酒等怪刑。东平百姓愤慨地说:生人落入柴毅魔掌,不死也要脱去几层皮,叫你肢体残缺不全。为了寻找陈贵芳率领的游击队,柴毅抓捕了陈贵芳母亲叶彩菊,动用各种重刑,逼迫她说出游击队的下落,叶彩菊在狱中宁死不招供。柴毅又采取“放长线钓大鱼”的毒计,放出叶彩菊,并严令四乡不准收留她,违者诛灭九族。就因柴匪想利用这张“王牌”作诱饵,叶彩菊老妈妈才幸免于难。

东平镇东平村虎山顶建松政革命根据地纪念碑

建松政游击区人民在敌军事围攻中付出了巨大的牺牲,共有100多个村庄被夷为平地,5000多亩山林被烧毁,1000多人被杀戮。仅东平一带被拆毁烧尽的村庄就有50多个,房屋460多栋,致使上千人流离失所,逃往他乡异地。此外,被掠劫的耕牛、家禽、粮食、衣物等更是难以计数。陈贵芳、宣金堂愤而用《松溪河》歌谣一首,控诉国民党顽固派残酷迫害人民的罪形。

松溪河水滚滚流，
流不尽的眼泪，一肚子的仇。
房屋被那反动派来烧掉，
人被活活拿去砍了头。
我们吃尽苦中苦啊，
这仇不报誓不休！

反围攻经受考验 面对敌人猖狂“围剿”，建松政特委从1942年10月起就因形势紧张，与省委失去联系，但他们依靠共产党人的赤胆忠心和坚贞不屈的英雄气概，依靠人民群众，采取灵活的战略战术独立自主与敌人周旋，决心“在绝望中闯出希望来”。

在反围攻斗争中，为达到“保存组织，保存干部，保存武装”的目的，特委要求全体党员和游击队员，人人都要掌握“会躲、会冲、会变、会做群众工作”的对敌斗争本领。当顽军大规模搜山、烧山时，游击队采取了“敌搜山岗，我走水坑；敌搜山坑，我转山岗；敌烧大山，我驻小山；敌寻迹追踪，我倒穿草鞋行军；敌以山涧芦尾倒向查行踪，我把芦尾反拨来应对”等游击斗争战术，使敌捉摸不到游击队的踪影。在艰难困苦的形势下，建松政特委一再向大家提出“要想群众把我们当作儿子来爱护，首先应当将群众当作父母来孝敬”的要求，在行动中要想方设法保护群众，减少群众的损失，粉碎国民党顽固派竭泽而渔的阴谋。因而在“计口授粮，计口授盐”的困苦日子里，许多群众把自己赖以充饥的几斤米、几粒盐集中起来，冒着杀身之祸，千方百计送给游击队。金竹坑一位群众在山上遇见游击队，听说部队已断粮数天，他立即带人摸回村子，把9户人家菜地里剩余的蔬菜，全部割来送给游击队。北孟坑的群众见游击队缺粮，便把仅有的几十斤谷种舂成大米送到山上给游击队。大洋村农民张耿老被顽军吊打残废，从监狱里出来，无家可归，住在一间破败的茅厕里，当他见到游击队时，不是向游击队诉苦，而是拉着亲人们的手，硬把卖子鬻妻换来的半个南瓜塞给游击队。天堂村群众老林见游击队没有粮食，就把家里所有粮食、盐及干菜等全部拿出来，还利用与保长有点亲戚的关系，天天装病去问保长："明天到哪里去搜山？近的地方还可以去，远的我不能去。"当他打听到情况后，深夜就上山带游击队到安全的地方。

1943年4月底，分三路隐蔽的游击队，按照特委"避敌主力，打击其虚弱""集中优势兵力，突出外线作战"的作战方针，进入外线反击。5月底，陈贵芳率部冲出敌包围圈，在水吉上杉溪活动时，被敌人发觉。国民党顽固派急调1000多正规军、上万人搜山队，采取大包围的战术，向上杉溪猛扑过来。陈贵芳指挥若定，利用有利地形诱敌深入，命令游击队集中火力向南面佯攻，当两翼之敌慌忙向南围攻过来时，果断地率部调头迅速向北面山麓撤去，飞速隐入茂密的丛林里。待两翼敌军赶到时，游击队已上山头制高点，处于虎踞龙盘之势，机枪、步枪、手榴弹齐发，当场击毙追敌几十人。游击队根据敌情，避实就虚，半个月里转战5个县。敌军跟在游击队屁股后面"追"了一圈，伤亡五六百人，等到辨明游击队去向时，游击队已在群众的支持和掩护下，筹足了粮秣，争取到了时间。

建松政特委游击队优秀指挥员杨荣堂(1913—1943)

在艰苦残酷的反围攻斗争中，游击队虽然英勇善战，打得敌军死伤惨重，士气低落，但也付出很大的代价。建松政党和游击队的优秀干部杨荣堂、黄理生、叶风训、魏得高、陈贵权等十几人相继牺牲，游击武装力量受到一定程度损失，党员群众被杀害700多人。建松政游击队长杨荣堂，在敌军大举进攻时，率部转战深山峻岭之中，游击队给养极端困难，以草根树根充饥。5月，杨荣堂带两个游击队潜回湖屯村筹粮，因当地保长告密，遭受100多敌军袭击，在反击中身负重伤被俘，6月，被秘密杀害于政和城关东门。区干部张德权在刑场上，大义凛然，坚贞不屈，高呼"共产党万岁！"英勇就义。警卫班长阙东生为掩护战友转移，不幸负伤被捕，在刑场上临死不跪，怒斥敌人，牺牲得英勇悲壮。他们坚强不屈、视死如归的英雄气概，深深地感动了群众，激起了人民更加憎恨国民党积极反共、消极抗日的行径。为纪念死难烈士，陈贵芳、张翼作《纪念死难同志歌》："一想起来哟，死难的同志，好不伤心咿！离别两相送，归来不见你，只见你功绩咿。你的精神，还在为革命，光荣的名字，万古扬名。全体同志哟，记起你历史，有泪难流咿，流血这回事，恨敌太残酷。同志要知道咿，这笔仇不报，等到那时候，敌溃我胜利，仇恨才能消。"

在严酷艰难的斗争环境中，一些革命意志不坚定分子，经不起考验，有的动摇脱离革命，有的甚至成了可耻的叛徒，给革命带来严重后果和不良影响。鉴于这种情况，建松政特委决定加强部队革命坚定性教育和反叛徒教育，陈贵芳等特委领导采用当地民歌的形式，先后创作了《四骂叛徒鬼》和《八劝建松政同志们歌》，让干部、战士演唱，通过政治思想教育和反叛徒教育，坚定了指战员革命到底的信心，加强了荣辱感，增强了革命气节，队伍变得更加坚强和纯洁。

顽固派损兵折将 1943 年 10 月，游击队甩掉敌军围追堵截回师北孟坑，但形势仍很紧张，敌人还在继续进攻，游击队给养困难，经费严重不足。为迅速扭转困难局面，建松政特委在北孟坑召开会议，讨论和确定了斗争任务，游击队采取集中与分散相结合的战术，四面出击。11 月，先后攻打政和的大源，水吉的水尾、樟墩，松溪的洋墩坪、古衕、溪东等反动据点，镇压了一批罪大恶极反动分子。游击队连战皆捷，鼓舞了军民反敌斗争。年底，在各级党组织和游击队的努力下，建松政地区的形势开始好转。

为了认真总结一年来反对国民党顽固派军事围攻的经验和教训，继续坚持反敌斗争，1944 年 1 月，建松政特委在松溪铁栏召开干部会议，决定首先发展和巩固闽浙边游击区，然后全面恢复各地工作。铁栏会议以后，游击队加强军事活动，在群众的掩护下灵活机动地打击顽固派，先在政和西表、松溪后洲、浦城水尾丘、水吉候坑等地镇压反动派。2 月，宣金堂等率 20 多名游击队员封锁松溪县城北门，火力袭扰后，向柴毅和松溪国民党县长发出通牒文告，在顽固派一片喧哗声中，迅速挥戈攻下梅口乡公所，严惩了一些助纣为虐的极恶分子。此后，游击队一举攻克了顽固势力猖獗的水吉外屯乡，击毙反动乡长，歼灭敌军1个班，缴获20多支枪。5月，又以一部兵力在仙山岗游击区牵制敌军，主力则依靠群众封锁消息，神速从建瓯大岭、小岭直奔松溪花桥，伏击柴毅手下得力干将张发财部，歼敌大部，张发财当场丧命。敌军吓得龟缩在据点里，再也不敢轻易出来。

柴毅疯狂反共反人民，民心丧尽，军事上节节败退，损兵折将，政治上民怨沸腾，完全陷入孤立境地，却向上属吹嘘："剿共成功，赤匪已平。"建松政特委深入群众，调查收集柴毅及其爪牙在"清剿"期间所犯下的罪行，提供给当地的开明绅士政和护田的杨颂南、凤池杨成筒、杨成烈等，联名上告柴毅"剿匪不力，杀民有余"。于是，国民党福建省政府派一巡视专员到建松政视察防务。柴毅慌了手脚，连忙暗中派出心腹、军统特务马立威带一队人马在前面"开路"，自己一路伺候陪同。游击队得到情报，埋伏在他们必经之路，歼灭了这伙开路敌军。巡视专员后脚赶到，见路上横七竖八躺着的尸体，不禁吓出一身冷汗。走进路边凉亭，抬头望见墙上贴着一副对联："专员大驾光临，苦煞柴毅手忙脚乱；游击小队坐等，笑看你们胆战心惊。"巡视专员气得七孔冒烟，连声大骂柴毅："饭桶，还胆敢耍花招欺骗长官。混账，混账！"6月，柴毅落了个"剿匪不力，诓报军情"的罪名，携带两个营的残兵败将，滚出了建松政地区。建松政军民在特委的坚强领导下，历时1年7个月的艰苦斗争，彻底击退了国民党顽固派发动的最残酷的第三次军事围攻。

第九节　夺取抗日反顽反特斗争的胜利

一、粉碎顽固派特务进攻阴谋

国民党顽固派在对闽北连续发动的三次军事围攻失败后，又根据国民党十一中全会提出的"政治解决"方针，转向以"政治进攻为主，军事进攻为辅”，采用军事、政治、特务三结合的策略。在闽北地区，国民党建立特务指挥中心，开办特务训练班，豢养大批特务打入社会各界，大肆进行各种破坏活动，妄图以所谓的“攻心战术”来瓦解和消灭革命队伍。

在建松政地区，国民党顽固派的特务遍布各地，每个甲都有一个秘密情报员，每个保里设情报组，区乡设情报站，专事对建松政游击区的军民进行欺骗收买、造谣离间、侦探暗杀等罪恶勾当。起初，由于未曾识破顽固派的这一阴谋，松溪县委书记董生有率部在松溪西溪后门垅陷入特务和叛徒的圈套，除一个班长逃出外，其余全部牺牲。董生有负重伤被捕，临刑不屈，英勇就义。这样，国民党顽固派更加迷信特务策略有效。坐镇水吉的建松政三县特务头子陈学达，为此扬扬得意地吹嘘：“国军三番五次围剿，反倒越剿越多，而我三个月内定叫陈牯老下山，将游击队一举消灭。”

为粉碎国民党顽固派的阴谋及其特务政策，福建省委于 1944 年 3 月就发出《关于反特务斗争的指示》，部署开展反特斗争。闽北党组织根据当时形势和省委关于反特务斗争的指示，吸取惨重的教训，及时开展了一场以反特为中心的斗争。根据“擒贼必先擒王”的道理，建松政特委设下巧计，诱引特务头子陈学达上钩。游击队到水吉梨坪捉捕了一家与陈学达有渊源关系的恶霸父子，然后故意放回一个，限他 5 天内拿款来赎人。这个老家伙回去后，果然找上了陈学达，一五一十地告诉了游击队的“情况”。正苦于找不到游击队踪迹的陈学达如获至宝。第二天，陈学达马上派人送一封信给特委书记陈贵芳，信中谎称自己对国民党有诸多不满，肉麻地对陈贵芳吹捧一番后说：“假若君能与愚弟合作，下山治理地方，则君之大才可展，壮志可酬！”可见他妄图诱捕陈贵芳等游击队领导人。

特委见陈学达已上钩，当即又设下“以虚代实”的空城计，并回信要他“屈驾亲临，共商大计”，约定 6 月 7 日下午 6 时，在建瓯龙井后门垅山会面。陈学达接信后，利令智昏，以为消灭游击队在此一举，果然按时带水吉军事科长及一个姓吴的叛徒，加上 4 个保镖，一行7人上山来了。陈贵芳当即设下圈套，采取调虎离山之计，分别擒拿了陈学达等人。为了保命，陈学达不得不招供出其全部罪恶阴谋，还供出密布在建松政各地的特务组织名单。随后建松政特委游击队以迅雷不及掩耳之势，按图索骥，将顽固派部署在建松政地区的特务一网打尽。

建松政特委采取调虎离山之计
擒拿了特务头子陈学达等人

在反顽反特斗争中，建松政特委根据抗战时期中共中央制定的"假自新"特殊政策，运用到这场斗争中来，"利用他的东西来保护干部，利用他的东西来破坏他们的企图"。建松政地下工作人员吴金仔被敌秘密逮捕，顽固派把他吊打昏迷后，趁机强行抓住他的手在"自新书"上按上手印。吴金仔苏醒后见事已至此，就假意答应"自新"，领受"任务"返回游击队后，立即向特委做详细汇报。特委经过审查，认定吴未曾背叛革命，决定将计就计，利用吴与敌分队长结盟的有利条件，去做这分队长的工作，使他为我所用。接着又按游击队的指令，把驻在建瓯墩阳的一个反动顽固派分队派往川石"领米"。游击队埋伏在川石下宅山洼，一举歼敌30多人，缴获机枪1挺，长短枪十几支，并获得一份国民党顽固派近期"剿共"计划和驻防兵力与进攻路线图。游击队掌握敌人的军事动向，粉碎了顽固派的阴谋，游击区的革命武装得到了扩充，开辟出政庆边和政水边两块新区。建松政特委在特定历史时期的这一反特务斗争经验，曾作为抗战时期福建党组织"三大创造"之一的典型事例，得到了党中央的充分肯定。

二、抗日反顽斗争迎来胜利

为总结反顽自卫斗争的经验,研究制定新情况下的斗争方针,1944 年 1 月,建松政特委在松溪铁栏村召开干部会议。会议认为,建松政地区形势好转,是贯彻了北孟坑会议精神,坚持了合法斗争与武装斗争相结合的结果。会议决定,在发展工作上,当前首先应巩固已有的地区和队伍,然后在这个基础上全面恢复工作。会议还针对当时干部队伍中存在的问题,制定了《干部守则》十三条,强调要服从上级的决议及指示,要遵守党的纪律,要有不怕艰苦、不怕困难、不怕牺牲的精神等。这次干部会议以后,建松政游击队的活动更为活跃。2—5 月,游击队先后在松溪的后洲、浦城的水尾丘、水吉的凤坑垅、政和的西表等地,镇压了一批罪大恶极的反动分子。6 月,又在松溪藤坑击溃敌军 1 个分队。不久,特委书记陈贵芳带领游击队在松溪牛轭岭伏击敌军 1 个排,缴获长短枪 30 多支,现钞 6 万元。顽固派第三次围攻结束后留下的一些保安团队,经过游击队的多次攻击,大多龟缩在据点里,不敢出来为非作歹,建松政游击区逐渐得到了恢复扩大。

1945 年春,千方百计打听建松政特委下落的省委书记曾镜冰,从国民党报纸上获悉陈贵芳活动的消息,立即派左丰美、王一平前往建松政寻找特委。5 月中旬,左、王率队穿过敌封锁线,在建瓯古井与建松政游击队胜利会合。建松政特委与省委失去联系的时间已达两年零七个月,现在又接上关系,生死相依的革命战友,久别重逢,真有说不尽的欣喜。古井会师后,建松政特委即转至岭根召开干部会议。陈贵芳代表特委向省委同志详细汇报了三年来开展反顽斗争、发展和巩固游击区的情况。左丰美在会上传达了省委关于当前开展游击斗争的重要指示,表扬了建松政特委及其游击队在与省委失去联系的情况下,独立自主地坚持斗争,发展武装,扩大根据地的成绩。会合后,根据省委扩大外线,开辟新区、保护老区的指示精神,建松政游击队派范小顾、陈正贵带 1 个机枪班和 1 个步枪班 20 多人,随左丰美、王一平部前往浙西南开辟新区,直到日本侵略者投降后，才返回建松政。其余队伍在特委领导下，分别在政和、松溪、水吉、浦城、屏南、建瓯、古田等地活动。8月，特委书记陈贵芳接省委通知，到省委驻地尚干向省委汇报建松政地区的工作情况。

建松政特委在极其复杂艰苦的斗争环境里，坚持在统一战线中的独立自主原则，针对国民党顽固派掀起的消极抗日，积极反共的逆流，贯彻以斗争求合作，以斗争求团结的方针，开展抗日反顽斗争，粉碎了国民党顽固派的反共阴谋，保存并壮大了抗日武装力量，巩固和发展了游击根据地，为抗日战争在建松政地区的胜利做出了巨大的贡献。1945年8月，中国共产党领导的抗日军队向敌伪全面反击。8月15日，日本帝国主义宣布无条件投降，9月2日在投降书上正式签字。建松政游击队和人民在中国共产党的领导下，经过英勇顽强的浴血奋战，历经艰难险阻，克服重重困难，终于迎来了抗日战争的胜利。

第五章
开展游击战争　迎接政和解放

1946 年 6 月，全国解放战争全面开始，建松政特委遵照中央和省委指示，广泛开展群众性的爱国游击战争。1947 年底，革命战争转入了反攻阶段，建松政（后改称闽浙边地委）游击队更大规模地开展游击战争。1949 年初，经过“三大战役”的战略决战，全国解放战争进入全面胜利的前夜。闽浙边党组织和游击武装，发动群众，扩党练干，瓦解敌人，配合南下大军，解放闽北城乡。政和人民在中国共产党的领导下，取得了新民主主义革命的伟大胜利，赢得了“红旗不倒”的光荣称号。从此，迎来了社会主义革命和社会主义建设的新的历程。

第一节　建松政解放战争初期的形势和任务

一、抗战胜利面临的形势和任务

抗日战争胜利后，中国共产党从人民利益出发，发表了《对于目前时局的宣言》，阐明了党中央争取和平、民主，反对内战独裁的基本方针，与国民党进行和谈，签订了“双十协定”。但蒋介石集团在美帝国主义支持下，很快就撕毁协定，发动内战。福建省国民党当局，秉承蒋介石的“灭共”旨意，一面玩弄和平阴谋，一面疯狂发动反人民的内战，妄图一举消灭我游击根据地人民武装。建松政党组织坚决执行中央的方针，与反动派进行“针锋相对”的斗争，一面宣传发动群众积极开展和平、民主运动制止内战，一面坚持武装自卫，进一步巩固游击根据地。

1945 年 9 月，国民党反动派为了消灭共产党和游击队，重新部署兵力进攻各个游击根据地。同时，制定了第 20 号《福建省第四绥靖计划》，把建阳、政和、松溪、南平、古田、建瓯等县划为第四清剿区，以福建省保安 6 团团长易启基为指挥，对闽北各游击区进行“伏击”“袭击”“剿捕”，狂捕滥杀无辜群众。国民党当局则疯狂地派捐派税、横征暴敛、掠夺人民财产，建松政人民又一次陷入了苦难的深渊。

同年 9 月，中共福建省委向各游击区发出《关于目前形势与我们的任务》。建松政特委遵照省委指示，动员党员以极大的努力向人民群众宣传“和平、民主、团结”三大口号，大力揭露国民党制造内战的阴谋和不断摧残游击根据地的罪行，唤醒人民起来制止内战，力争民主与和平。特委遵循福建省委“在一定时期内的中心任务是一般地停止发展根据地，阻止敌人进攻，利用一切和平条件，保持群众联系，加深敌人矛盾，强化自卫力量，做到一般根据地巩固起来”的指示精神，和指示中特别指出的“要准备强大的军事力量，依靠群众顽强斗争，以堵彼击，以敌制敌，一躲一击……的战略战术粉碎敌人进攻”。建松政特委及时召开会议，调整部署，制定对策，反复教育党员、干部要提高警惕，进一步加强军民联系，壮大革命力量，积极开展练兵运动，随时准备粉碎国民党反动派的进攻。特委面对当时严峻、复杂的形势，还制定反奸纲领，严防反动派阴谋渗透颠覆和破坏活动，进一步团结内部，团结群众，巩固游击根据地。

二、巩固开辟建松政游击根据地

9 月初，建松政特委书记陈贵芳找到福建省委，向省委书记曾镜冰汇报了三年来建松政地区抗日反顽斗争情况，并接受省委指示，率领队伍到古田县大东一带，将敌部分兵力牵制到建松政地区，减轻了敌军对省委的压力。不久，左丰美、王一平带领的队伍从浙西南转回建松政地区，与陈贵芳部队会合。10 月 23 日，在左丰美、陈贵芳率领下，两支部队联合攻打了建瓯县党城乡公所，烧毁敌炮楼，镇压了罪大恶极的反动分子，缴获步枪3支、子弹100多排，还筹得一笔现款。

11月7日，由张德胜、叶风顺、罗天喜率领的建松政游击队，化装敌军，袭击了政和驻林屯乡公所"追剿"我游击队的县保安队，缴获长短枪30多支及一批军用物资，并抓获敌乡长做人质，筹款100多万元。12月，左丰美、沈崇文、张德胜分赴各地筹款，月底部队胜利返回驻地，共筹得现款250多万元，缴获大量武器弹药。建松政特委除留下部分充实部队装备外，其余物资由左丰美、王一平率领的省委主力部队带回省委，解决了省委经费紧张的困境。建松政特委在开展武装自卫斗争中，依靠人民力量，机动灵活地袭击敌人，从敌人手中夺取武器装备，壮大自己力量，不断粉碎敌人的进攻，保护了人民获得的权利，进一步巩固了游击根据地。

第二节　粉碎国民党反动派新的进攻

一、敌特制造"后岭根事件"

1946年1月，建松政特委开展武装自卫一系列军事行动取得胜利后，国民党反动派对游击根据地的进攻更加猖狂，手段更加恶毒。他们密布情报网窥探我军事行动，乘隙偷袭、伏击、截击游击队，派遣特务混入游击区进行分化瓦解，颠覆破坏，妄图一举消灭根据地党的组织和游击武装力量。在这期间，国民党特务制造了"后岭根事件"。

1月底，建松政特委机关转移到建瓯县的后岭根，这时，省委派沈崇文率闽北游击队到建松政配合作战，随后，闽北特委书记王文波随带徐福祠、范昌纪等4人也到后岭根与建松政特委会合。为迎接王文波等同志的到来与庆贺自卫反击取得的一系列胜利，特委在后岭根后门山上的竹寮里召开联欢会，并派人到后山街沽酒买面改善生活，但不料被敌特陈芝庭发觉，他串通奸商在酒、面中下麻醉毒药，致使游击队20多人中毒昏迷。

敌特陈芝庭在指使奸商投毒的同时，一面纠集乡队兵和地方民团千余人尾随"追剿"，一面向上急电派兵围攻追杀，妄图一举消灭游击队。危难之际，恰好叶风顺、张国荣带一个班游击队执行任务归来，他们还来不及就餐，就发现特委机关所有人员已不同程度中毒昏迷，情况异常。陈贵芳在昏迷中命令他们立即组织突围，叶、张组织游击队员边打边退，把人和武器转移到10里远的外山头隐蔽，突出了敌人包围圈。但是在这次事件中，牺牲3位战士，军需物资丢失殆尽。指战员们只好冒严寒，在山中生野火取暖，靠野菜充饥度日。敌保安团和地方民团在山上山下折腾多日，一无所获后才气急败坏地撤离而去。

二、粉碎国民党反动派新的进攻

"后岭根事件"发生后，陈贵芳及时召开干部会议，总结这次丧失警惕的教训。为恢复士气和及时补充军需，特委决定队伍分路出击，缴枪筹款，补充装备给养。由张德胜、叶风顺率部越过政和县境，转入松溪袭击大布亭子村，继续攻打庆元竹口、新窑，连战皆捷，缴获现款18万元和部分军需。陈贵芳率主力向政松庆边境出击，伺机打击敌人。

2月的一天，建松政特委从敌人内部得到可靠情报，国民党松溪县县长将带领保安团一个分队由政和回松溪。陈贵芳和王文波商议，觉得这是一个绝好的筹款筹物机会。于是，游击队火速开到松政两县交界的寨岭。寨岭是松政两县的必经孔道，这里岭陡林密，地势险要，易于打伏击。游击队在岭头选择了一个居高临下又便于观望的地点，在山路两侧布下伏兵。次日晌午，敌县长率部由两个班开路，中间两台"滑杆"，后面1个班夹杂着挑夫，逶迤攀登，爬上岭来。我游击战士一声怒吼，猛冲猛杀，敌猝不及防，纷纷抱头鼠窜。敌县长乘乱，只身逃窜。这次战斗，共歼敌1个班，缴枪7支，现款28万元及大批军用棉衣、被褥。另外，由叶风顺率领的一支队伍，在龙浦公路上截击了一辆军用汽车，也缴得大量物资。两路游击队出击胜利，缴获甚多，既解决部队给养，鼓舞了士气，又狠杀了敌嚣张气焰，敌人再也不敢贸然行动了。

3 月初，建松政游击队南下古田，与省委及古田的游击队会合，在左丰美主持下，陈贵芳、张翼、王文波就建松政、南古瓯、闽赣边三块游击区武装配合问题进行商讨。为恢复闽西北和打通闽赣边武装斗争，省委决定陈贵芳、叶风顺、池云宝、陈正初等主干率大部分武装力量 80 多人，由林志群带路，从南平大凤出发到下场村，经过土堡、石伏、乾山、际上，穿过沙县，到达将乐、泰宁、建宁边境。战士们克服千难万险，千辛万苦，日伏夜行，在偷渡金溪时，遇强敌预伏对岸。敌人用机枪火力封锁渡口，加上洪水猛涨，部队受阻，折回许坑休整，辗转返回南古瓯地区。

闽浙赣游击纵队副政委左丰美(1919—1999)

中共闽北特委书记王文波(1917—1965)

建松政游击队主力西征后，建松政地区仅留少数武装，由特委代理书记张德胜率领到建瓯盛池一带活动。3 月底，国民党保安 4 团第 1 大队陆凌汉部 1 个营包围了建松政游击队驻地，双方在建瓯红坑樟山激战，游击队仅 30 多人，抗击 300 多敌人的进攻。经过殊死搏斗，部分游击队员在黄陆团、李忠群等率领下突出重围，特委代理书记张德胜在战斗中英勇牺牲。张德胜牺牲后，敌人从他身上搜出陈贵芳照片，向各县发出“协缉令”，悬赏缉拿陈贵芳，建松政地区形势日趋紧张。鉴于建松政主力武装外援其他地区，并发生建瓯红坑事件，特委决定隐蔽目标，分散队伍，减少武装斗争，致力于发动群众,巩固游击根据地,领导农民进行抗丁、抗租、抗税斗争。游击队骨干宣金堂、罗天喜、张国荣带部分武装转移到闽北与王文波部队会合,抗击敌人进攻。

三、建松政游击队主力转移

1946 年 4 月,国民党反动派加紧军事部署,重新订立了"清剿"计划,把福建划为两个"清剿"区。"第一清剿区"辖崇安、水吉、浦城、松溪、政和、建瓯、古田、南平、屏南、寿宁等县,设指挥部于政和。由国民党少将阙渊为总指挥,配以保安第 4、6 团和各县保安队,重点进攻建松政地区。阙渊走马上任后又制订了《清剿实施计划》,将闽东北划出两个重点"搜剿"区,建瓯的东游、玉山、迪口、水吉的龙村为第一重点"搜剿"区,政和的东平及崇安所辖地区为第二重点"搜剿"区,提出"尽量避免战斗以保兵力",采取"在匪流窜区密布情报网,利用打入内线的办法对付游击队"。5 月,敌还在政和发出《告闽东北地区匪众书》,悬赏文告称"凡缉获曾镜冰者赏三十万元,斩获者赏二十万元;缉获陈牯老(陈贵芳)者奖二十万元,斩获奖十万元";"斩获王助(时已牺牲)、汪林兴、罗天喜等均有重赏"。敌人采取政治诱骗、军事压力和敌特破坏三管齐下的方法,疯狂向建松政进攻。

面对国民党反动派新的攻势,建松政游击队兵分三路,突出包围圈,后又集中在南古瓯掩蔽学习整训。通过两个多月的学习整风,游击队顽强斗争精神,吃苦耐劳作风得到进一步发扬,战斗力极大提高。阙渊带着保安团折腾半年,一无所获,只好气急败坏地退兵建松政。

第三节 闽浙边游击战争的发动和开展

1946 年 6 月,国民党反动派撕毁了停战协议,发动全面内战,全国解放战争开始。建松政特委遵照中央和省委的指示,由武装退却转入发动群众，广泛开展爱国游击战争。建松政(后改称闽浙边)游击队，不畏强敌，充分发挥游击队游击战的长处，活动在福建省的政和、松溪、浦城、建瓯、水吉、寿宁和浙江省的庆元、龙泉、景宁等县，机动灵活地打击敌人，有力地牵制敌人的机动兵力，进一步巩固和壮大了游击根据地。

一、发动爱国游击战争的决定

1946年11月25日至次年1月15日(历时52天)，中共福建省委在南古瓯地区召开省党代表会议，会议期间，收到中共中央1946年12月15日对南方国统区坚持地下斗争的各级党组织发出的《中央关于发动游击战争的指示》，要求福建省委应采取发展爱国游击战争的方针：条件成熟的地区，可立即开展游击战争，首先消灭民团与反动县区武装；在我力量较弱地区，应积极联系群众，进行隐蔽分散活动，组织民变，创造发动游击战争条件；在城市及重要交通地区，应使合法斗争与武装斗争结合，采取精干隐蔽发展方法，并抽调干部，加强农村工作。

中共闽浙赣区党委根据中央的指示精神，制定和通过了《福建九年斗争总结》《关于发动爱国游击战争的决定》和《告闽浙赣全体党员书》等文件。“决定”指出：这次游击战争与过去的三年游击战争不同，是“进攻的游击战争”。必须在反抽丁、反征粮与减租减息等口号下，发动群众进行合法斗争，启发群众武装起来，进行游击战争。此后，闽浙边地区由武装退却转入了广泛发动群众，开展爱国游击战争的历史新阶段。

当时，基于浙江、江西省委遭敌破坏尚未恢复，福建省委根据中共中央关于“向东南各省发展”指示精神和全国解放战争形势发展的需要，在省党代表会决定将“中共福建省委”改为“中共闽浙赣区党委”(同年11月改为中共闽浙赣省委)，选出区党委书记曾镜冰，常委曾镜冰、左丰美、陈贵芳、王一平、黄国璋(后增补阮英平、龙跃)。各地特委改设地委，成立了中共闽浙边地委、闽北地委、闽赣边地委、闽东北地委、闽中地委和城市工作部。1947年8月，中央通知将中共浙南特委和处属(丽水)特委划归中共闽浙赣省委领导,9月,又成立中共闽东地委。

二、中共闽浙边地委的成立

1947年1月,在省党代表会议上设立中共闽浙边地委,它是以原建松政特委为基础建立的。由省委常委陈贵芳兼任书记,原闽东特委书记张翼任副书记,负责领导指挥闽浙边地区的爱国游击战争。当时,闽浙赣区党委划定闽浙边地委的工作范围是:福建境内的政和、松溪、浦城、建瓯、水吉、寿宁和浙江省的庆元、龙泉等县,并要求与浙江西南的中共处属特委连成一片,在闽浙边地区组织发动爱国游击战争。

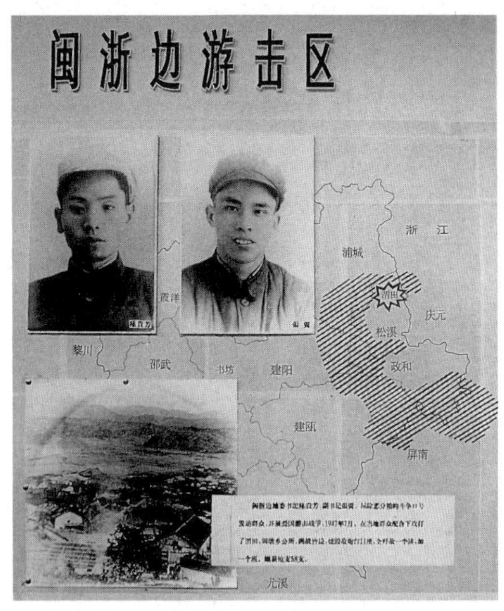

1947年1月,中共闽浙边地委成立,由省委常委陈贵芳兼任书记,原闽东特委书记张翼任副书记,负责领导指挥闽浙边地区的爱国游击战争

闽浙边地区是土地革命战争和抗日战争时期闽北重要的革命老根据地和游击区之一,在全国内战爆发后,国民党反动派加紧对南方游击区发动军事进攻。同年1月,国民党福建省保安警备司令部把政和、松溪、浦城、水吉、建瓯、屏南、古田7个县划为第二“清剿区”,派保安第4团(后称保安第4总队)团长(总队长)薛凤坐镇建瓯“督剿”,国民党军325师937团一个营在建松政“游剿”。每个县、乡(镇)还设有保安队、自卫队,闽浙边布下的兵力达4000多人,层层封锁围困我游击根据地。

1月28日,陈贵芳、张翼接受闽浙赣区党委赋予的在闽浙边开展爱国游击战争的任务后,率领叶风顺、程宗波、池云宝、吴贵昌、陈正初、林宜昌、梁琪洪、邱福吉、卢立山、王小弟、郑樟仔、范昌纪、童益民、廖大杜、林群(女)、陈朝炮等 18 个骨干,从古田县七堡村动身,回到闽浙边地区开展游击战争。2 月初,在建瓯迪口柯坑,陈觉、张国荣、叶宗婢等人也随队挺进闽浙边。这些骨干绝大部分是长期坚持建松政地区游击战争的老同志,情况比较熟悉,与当地群众有联系。但仅依靠人数这样少的武装,开辟闽浙边如此广大地区,力量显然不够,困难相当大。为了统一部队思想,树立革命信心,地委利用行军空隙召开会议,开展思想整顿,明确开展爱国游击战争的重大意义和肩负的历史重任,引导同志们回顾自己革命经历,分析全国革命形势和闽浙边斗争的有利因素与存在困难,并研究了斗争的策略和步骤,增强革命必胜的信心,为部队的思想建设和组织建设打下基础。

月底,部队进抵政和县外屯乡黄坑村,地委决定派池云宝、范昌记等 3 人带 4 支枪在政和的黄坑、新康、赤溪一带发动群众,扩大武装,取回游击队埋存的枪支,并预定 5 月中旬到松(溪)浦(城)龙(泉)庆(元)地区集中。随之,陈贵芳、张翼率领其他人员继续前进。队伍行至遂昌时受阻返回浦城,在前洋村召开地委干部会议。会议决定队伍分三路活动:主要武装共 12 人,由叶风顺带队往建瓯、水吉、松溪边界缴枪筹款;张翼、程宗波、张国荣 3 人,在松浦龙庆边区开展群众工作;陈贵芳、林群、陈觉 3 人,化装前往永康寻找处属特委书记傅振军。各路人员按计划分头开展工作,进展顺利。池云宝等在政和一带发展了 18 名战士,取回埋存的 13 支枪。张翼等到松溪、浦城、庆元边界发动群众,争取上层人士,建立据点,在庆元的三济、黄真乡和松溪的吴村乡等地开展工作,恢复、建立了以崔上为中心的东源、胡芦山、小黄山、东漈、山中、外厂、下坪等 40 多个自然村的游击活动据点,并争取了刘悼、周广、蔡世英(后被国民党杀害)等 3 个国民党乡长及一批保甲长。陈贵芳等在浙西南与处属特委书记傅振军接上关系,商讨了两个地区互相配合等问题,并派地委交通员林群专程赴闽浙赣区党委汇报。区党委书记曾镜冰在肯定闽浙边地区 3 个月工作的同时,传达了中央新的精神,指示闽浙边地委应“绝大部分人员集中打游击,在游击战争中培养干部”。

三、闽浙边游击战争拉开帷幕

1947 年 6 月，陈贵芳、张翼、叶风顺、池云宝等 4 路人马 60 多人会集庆元崔上。这时，闽浙边区正处于青黄不接时期，群众严重缺粮。地委根据闽浙赣区党委的指示，召开干部会议，研究决定以“除恶分粮”的斗争口号发动群众，把武装斗争和群众求生存斗争结合起来，打击反动势力，破仓分粮赈民。并根据敌我态势，确定以松溪县的渭田、周墩等地作为开展游击战的攻击点，拉开了爱国游击战争的帷幕。

闽浙边游击纵队纵队长
叶风顺(1913—1993)

6 月 19 日，叶风顺带领一支 7 人游击队从政和县东平出发，化装成一支国民党“剿匪”小分队，押着一个五花大绑的“土匪”，巧妙袭取了松溪县郑墩大溪尾保公所与炮楼，歼灭保安队 1 个班，缴枪 12 支。7 月 6 日(农历五月十八日)，陈贵芳、张翼率领游击队 60 多人和参战群众 100 多人，隐蔽进入渭田后门山八岭桥头埋伏。这天适逢渭田圩期，游击队挑选精悍的叶风顺、池云宝、陈正初、张国荣、叶宗婢等 8 人，由张翼率队，有的装扮为商人、有的装扮为赶圩农民，张翼装扮为教育科长，并带随从 2 人(池云宝等装扮)大摇大摆进入渭田乡公所，门口两个哨兵立正敬礼，乡队副急忙出来接待。“科长”张翼几经查询，侦知乡公所的队兵已经“去圩场赶圩去了”。“随从”池云宝等借故进入敌炮楼，把炮台上整齐挂在墙上的 40 多支枪拢收一处，并对空鸣枪 3 声，发出了行动信号。张翼迅速拔枪对准分队副，逼其就范。埋伏在山上的游击队顿时“机枪声”大发(用鞭炮在洋油桶内燃放)，参战的游击队和群众呼喊着冲进渭田，乡队兵被吓得晕头转向，四散奔逃。游击队轻而易举地袭取了渭田乡，随后打开了国库粮仓和地主的积谷仓库，将粮食分给贫苦农民。

在巧取渭田乡后，游击队假借国民党“剿匪”部队的名义打电话给渭田毗邻的周墩乡公所，佯称“国军参谋长一行 7 人”要到周墩“督查防务”。随后，由叶风顺带领一个班游击队化装为国民党部队，前往周墩。在路过溪东村时，叫一个保长带路，直闯周墩乡检查“防务”。到达乡公所时，大厅上已摆好酒席，乡队副早已恭候在大门口接风。叶风顺等顾不得美酒佳肴，责令乡队副带队，查看炮台。当游击队战士登上炮台，看到整齐挂在墙上的 15 支步枪时，立即拔枪对准乡队副，惊得乡队副和乡长目瞪口呆，乖乖当了俘虏。这一天两战皆捷，全歼国民党兵 1 个排又 1 个班，烧毁炮台 6 座，缴获长短枪 58 支。当天，在渭田、巨口、雷厝、溪东、洋源、洋上、上保、古衕、周墩等村破仓 10 多处，分粮 5100 担，并处决了周墩一个反动保长。这次清仓分粮行动，赈济了青黄不接的灾民，扩大了游击队在群众中的影响，当地贫苦农民纷纷给游击队送茶水和协助清理战利品。

四、闽浙边游击纵队的成立

袭取渭田、周墩后，震惊了国民党当局，扩大了政治影响，发动了群众，部队迅速扩大，游击队发展到 113 人。7 月中旬，闽浙边地委在松溪县源头村姚厝成立了“闽浙边游击纵队”，属地委领导，下设 2 个支队、4 个分队和 1 个警卫班：纵队长叶风顺，副纵队长池云宝。第 1 支队长池云宝(兼)，1 分队长张国荣，2 分队长王小弟；第 2 支队长吴贵昌(后叛变)，3 分队长叶宗婢，4 分队长范昌纪，警卫班长童益民。在庆元崔上一带还组织了不脱产民兵 60 多人，加强了地方人民武装的建设，为爱国游击战争积蓄了后备力量。

闽浙边游击纵队成立后，地委决定纵队主力由张翼、叶风顺、池云宝带领突出外线作战；陈贵芳带少数武装留守崔上一带，坚持基本地区斗争。7 月 14 日，张翼、叶风顺、池云宝率部化装袭击松溪县林尾炮台，歼敌 12 人，烧毁碉堡 2 座，缴枪 9 支，子弹 400 多发。7

月 17 日，国民党松溪县长卿建楚召开乡镇保甲长会议，组织政治宣传队，散发告民众书，并亲率一个连兵力到渭田强迫民众联合搜山、追粮、清乡、抓丁。游击队针锋相对，发动群众开展"合法"斗争，各村行动一致，坚壁清野，青壮年逃入深山峡谷，一切可食用物资全部埋存，同时武力胁迫保甲长连名具结保护群众，采取软硬兼施对抗搜山清剿。敌县长万般无奈，只好枪杀一个乞丐，向上峰邀功请赏，谎报游击队已被击溃逃出境界而交差。

7 月 22 日，张翼、池云宝率游击队化装为查防务的保 4 团，直抵建瓯边境，巧袭后山街乡公所，消灭敌人 1 个排，缴枪 30 多支枪，还活捉了曾在 1946 年制造"后岭根投毒事件"的反动敌特陈芝庭。张翼奋笔疾书"为死难烈士报仇"条幅，贴在大厅正堂上，将陈芝庭就地正法。随后，部队转移到寿宁，把尾追的敌人引向闽东后，又迅速折回到政和境内的外屯乡，在湖屯村镇压了曾谋害原建松政游击队支队长杨荣堂的反动保长，在洋屯村打土豪筹到一笔款项。

8 月 11 日，坚持在崔上一带斗争的陈贵芳带领游击队 20 多人，在七八十名兵民配合下，夜袭庆元县竹口乡公所，俘虏了该乡正、副乡长及警察所长，处决了罪大恶极的乡队副赵成祥，缴获长短枪 20 多支。后又袭击了龙泉县的季山头，破仓分粮 1500 多担，赈济饥民。游击队乘胜进抵浙江龙泉、云和一带，发动群众，开辟地区，并与处属特委所属组织取得联系。为了加强与处属特委的联系，陈贵芳将处属的雷公、雷英、雷声 3 人带回闽浙边游击队工作，使两地游击队配合更加默契。

五、闽浙边游击战争的广泛开展

1947 年 8 月底，陈贵芳和张翼两路游击队会合崔上，这时武装队伍已发展到 130 人，地委决定部队进行短期整训。尽管环境艰苦，但指战员们学习热情仍很高，战士们自编自唱"敌人进攻我隐蔽，深山密林好学习；树皮大地当黑板，木炭树枝是粉笔"这首歌，真实地反映了指战员们刻苦学习和革命乐观主义的精神。在整训中，地委于 9 月 12 日做出《目前闽浙边区具体工作方针》的决定，要求部队认真贯彻党的群众路线和军事方针，紧密联系群众，争取上层分子，打击反动势力，建立隐蔽政权。地委决定进行一次较大规模的军事筹款行动，确定将浙西南重镇龙泉县小梅镇作为攻击目标。

小梅是闽浙两省商业通衢，商贾云集，素有“小上海”之称。国民党派有重兵驻守，除原有小梅镇公所、警察所和仅一水之隔的庆元县曹岭乡公所武装力量外，又调集了一支特务行动大队驻防，武器装备精良。地委认真分析了敌我态势，经严密侦察后，组织了200多名群众配合130多名游击队，于9月26日，趁特务大队调防龙泉县之际，出敌不意，奇袭小梅。此役，击溃敌自卫队36人和警察16人，处决了警察所长张锦田，缴长短枪17支，没收3家奸商的财产，缴获布匹3000多丈（除游击队留用外，全部就地分给群众），筹款1.2亿元，还在曹岭乡破仓分粮数千担。袭击成功后，部队向龙泉公路方向撤出，夜里又由小路折回崔上休整。巧取小梅镇一仗，游击队军威大振，极大地鼓舞了人民意志，震慑了闽浙边两省反动派。

10月，陈贵芳回闽浙赣省委汇报工作。在这期间，地委部署由叶风顺、吴贵昌率纵队主力突出外线活动。10月28日，队伍在建瓯墩阳伏击敌军，由于敌情变化，战斗失利，分队长王小弟等3人牺牲，2支队长吴贵昌、班长陈朝炮叛变投敌，部队损失严重，折回崔上整训。11月，为了转移敌人视线，张翼、叶风顺、池云宝率部挺进浙西南，原计划袭击龙泉安仁乡，后被敌发觉，遂于12月4日奔袭景宁县沙湾镇，获胜后转战庆元。12月9日，攻打庆元县江根乡，敌人闻风逃遁。叶风顺、池云宝率部迂回寿宁攻打平溪乡公所，歼敌1个排，缴枪31支。12月，陈贵芳从省委汇报工作后返回，带回省委《闽浙赣人民斗争的特点与闽浙赣人民游击战争的指示》《关于发动三十路游击运动的指示》《对闽浙边游击战争总结指示》等3份重要文件。同时带回城工部党员干部10人，在庆元大湾村举办短期训练班，真树华等7人留在农村工作。

1947年是爱国游击战争广泛开展的一年。闽浙边游击纵队不断出击，连战皆捷，先后攻打了松溪县的源尾、大溪尾、渭田、周墩，政和县湖屯、洋屯，建瓯县后山，寿宁县平溪，庆元县竹口、曹岭、江根，龙泉县小梅、季山头、安仁，景宁县沙湾等闽浙两省6个县的14个区乡镇，大小战斗17次，共计歼灭和击溃国民党军4个排又2个班，缴获枪支167支，开仓分粮15万担，筹款2亿多元。此外，还镇压了一批反动分子，牵制了国民党大量兵力，并建立了以崔上为中心的政和、松溪、浦城、寿宁、龙泉、庆元、景宁、云和等闽浙边境大片的游击区，取得了游击战争的巨大胜利。

第四节　闽浙边游击根据地的巩固和发展

一、宝岩闽浙边区民主根据地建立

闽浙边游击纵队四面出击，震慑了闽浙两省反动派。1948年1月，国民党当局组织两省6县联合“会剿”机构，在庆元小梅设立了“闽浙剿匪指挥部”，由浙江丽水保安副司令童烈坐镇，福建保4总队第1大队长吴鹏飞坐镇松溪渭田，合击闽浙边游击纵队。同时，利用叛徒吴贵昌四处搜捕地下党员和游击队。面对局势的逆转，地委决定留下叶风顺、张国荣、卢立山等9人领导当地党组织和群众坚持斗争，地委机关和纵队主力部队转移到政和县岭腰一带活动。此后，以崔上为中心的游击根据地由于失去武装依托，遭受敌人严重摧残，几十个村庄被烧毁，400多名群众被捕，20多人被杀害。地委在该地区坚持斗争的叶风顺等人无法与地委取得联系，也被迫撤回政和。

为了摆脱敌人的军事围攻，闽浙边游击纵队从政和岭腰又转到政和、庆元交界的高山、举水一带活动。当时地委决定对党员干部进行整训，进行阶级教育和气节教育，地委领导和干部、战士采取官教兵、兵教官的方法，同学习、同训练，共同批判叛徒罪行。干部战士合编了一首骂叛徒歌：“一骂叛徒不是人，敌我阶级分不清，平时说得千般好，遇到困难就变心；二骂叛徒黑良心，拖我枪支投敌人，给敌带路当走狗，千人骂万人唾……”陈贵芳还用通俗语言编了一首《八劝建松政同志们》歌谣，要求指战员要积极工作，努力学习，坚持革命气节，面对任何困难不动摇。通过整训，极大提高了干部战士的阶级觉悟和革命斗志，队伍士气大振。

2 月 17 日，闽浙边地委在政和外屯乡下坪村棕相坑召开会议，陈贵芳、张翼分别做了《当前具体工作任务》和《数个月来工作检讨及今后工作》的报告。根据省委指示精神，会议提出了发展爱国游击战争应同发动群众、组织群众、发展党的组织、开展统战、扩展地区等工作结合起来，坚决纠正单纯破仓分粮、筹款缴枪、放松群众基础工作的做法。3 月，游击纵队兵分三路行动：张翼、叶风顺率部分武装到庆元县举水、官塘、龙溪、黄坑、隆宫、菊水、八都等十几个乡，联系发动群众，打击反动势力。池云宝、程宗波率部分武装到政和、寿宁边境的新康、平溪、南溪一带发动群众，在平溪坑底等地建立 4 个党支部，在上党等 9 个村庄建立 14 个农会。陈贵芳亲自带领一批武装在政和县宝岩、外屯、黄坑建立了党支部，引导农民把反霸斗争与摧毁国民党基层政权、建立民主根据地结合起来。这次分兵活动，进一步巩固了寿政庆和建松政边区大好形势。

4 月下旬，陈贵芳参加了闽浙赣省委在南平杜嵩岭召开的省委会议。6 月，陈贵芳派陈正初带去省委《为坚决发动农民扩党练干的决议》及地委如何贯彻决议的指示信。该指示信指出，当前的任务是：(1)发动农民和组织农民(贫农团)；(2)扩党练干；(3)建立民主根据地；(4)防止敌人内奸打入内部；(5)挖蒋根政策(对地主富农政策)。并要求所有干部必须在实际工作中改造自己思想。为此，地委将分散活动的干部集中在政庆交界的地虎坑进行传达贯彻。会后，游击纵队再次兵分三路进行活动：张翼等在地虎坑一带坚持工作；叶风顺、张国荣到松浦龙庆恢复以崔上为中心的游击区；池云宝到政和宝岩一带巩固发展游击区。

8 月，陈贵芳从省委返回闽浙边。此时，闽浙赣省委给陈贵芳发出指示信，传达南古瓯地区工作的经验，并针对闽浙边情况强调群众发动起来的重要性。闽浙边地委根据省委指示精神，划分工作地区。9 至 10 月间，叶风顺、程宗波等在松浦龙庆恢复地区工作，相继在崔上、大岗等地建立了党支部。陈贵芳、张翼、池云宝等在政和的宝岩、黄岭、何余、黄龙溪，松溪的仙塘、溪尾、古衢等地建立了党的基层组织。并以宝岩为中心，建立了包括天柱、茶溪、连山、中山、富宅、横坑头、下村、马厂、山后、坑里、外洋、九篷、长际、大绍、何余（佘）、石洪坑、黄岭坑、黄岭后、外厝、下坪、里楼、旺楼、溪头等40多个村庄的贫农团和民兵组织，革除国民党保甲制度，实行一切权力归贫农团，建立了巩固的民主根据地。至此，闽浙边地委完成了战略转移，宝岩成为闽浙边游击战争指挥中心。

镇前镇宝岩檀坑——中共闽浙边地委驻地遗址

二、黄坑、长际闽浙边游击区创建

为贯彻省委《为广泛开展群众性游击战争，恢复与建立民主根据地的决议（草案）》指示和执行闽浙边地委棕相坑会议精神，地委先后派池云宝、林宜昌等分别到黄坑地区（包括新康、后山、赤溪一带）和长际地区发动群众，开辟新区，开展爱国游击战争。他们深入村点，在群众中广泛宣传革命道理和政治局势，发动群众抗丁、抗租、抗税，很快把群众发动起来，打开了局面。

在黄坑地区，池云宝、范昌纪等已于1947年2月受地委派遣，带4支枪发展了18位热血青年参加游击队，编入闽浙边游击纵队。1948年2月后，地委又陆续派郑樟仔、童益民、梁琪洪到黄坑地区发动群众，发展党的组织。8至10月先后建立了中共黄坑和黄龙溪支部，农会组织遍布各村，会员达八九百人，创建了40多个掩蔽游击据点，形成了地域广阔的游击区，成为以宝岩为中心的闽浙边地区主要游击区之一。

1948年2月，林宜昌、范昌纪奉闽浙边地委之命到长际地区，经过艰苦的努力，在大绍、何余等村建立了农会、贫农团组织。八九月间先后建立了中共大绍和下宅支部，成立了大绍区，组织了一支50多人的武装民兵，开辟出以长际为中心，包括政和杨源乡的西部、屏南的西北部、建瓯的东北部的游击区，成为闽浙边游击区的重要组成部分。

11月，闽浙边游击纵队为保卫和巩固民主根据地，决定扫清以宝岩为中心的外围反动据点。为此，池云宝、陈正初率部奇袭[illegible]竹坑敌碉堡，镇压了反动保长和乡队副，缴获长短枪7支。张翼、池云宝率部40多人在庆元县菊水荐坑岙伏击敌保安队1个连，俘敌1人，缴长枪1支。叶风顺率游击队30多人、民兵20多人攻打庆元蒲潭，后转到松溪县桐余取回游击队埋存的20支枪，发给宝岩当地民兵，加强了地方武装建设。12月，为了转移敌人视线，保卫隐蔽政权，池云宝率部袭击政和县城。他们在城关南门活捉敌保长一人，速战速决，迅速撤离，吓得敌人惊恐万状，回城戒严，不敢轻易出城。

三、中共政和县委重建

1949年2月，重建的中共政和县委领导班子于镇前宝岩合影，左起：魏长发、林宜昌、郑樟仔、梁琪洪、陈正初

1948年，闽浙边游击纵队把工作重点转移到“扩党练干，扩大地区”后，加强了基层党的组织和民主根据地的建设，进一步巩固发展了闽浙边地区的大好形势。到1948年冬，重建了中共政和县委，书记陈正初，组织部长林宜昌，宣传部长魏长发，

军事部长梁琪洪，民运部长郑樟仔。不久又成立宝岩党总支，书记李陈永；组织了总农会，会长李启水，并在黄坑、坑里、大绍、黄龙溪等地建立了党支部；在宝岩、大绍设立了两个区，宝岩区区长李陈永，大绍区区长吴妹。在加强政权建设的同时，大力发展地方武装，发展不脱产的民兵80多人，民主根据地日益巩固，开创了闽浙边武装割据的新局面。

第五节　扩党练干　扩大新区

1949年初，经过辽沈、淮海、平津三大战役的战略决战，全国解放战争进入全面胜利的前夜。闽浙边群众性的游击战争空前活跃，游击队广泛出击，积极歼敌，摧毁敌乡村政权，扩大民主根据地；在对敌军事打击的同时，开展强大政治攻势，争取敌军政人员弃暗投明，分化瓦解敌人，壮大人民力量，为配合南下大军解放闽北城乡作准备。

一、闽浙赣边游击纵队成立

1949年7月，原闽浙赣人民游击纵队主要领导人合影，
前排左起：王文波、曾镜冰、黄扆禹，
后排左起：左丰美、陈贵芳

1949年元旦，分散活动的闽浙边游击纵队3支主力会合于政和宝岩。这时，游击队已发展到160多人。为了适应新的斗争形势，部队整编为1个纵队，下设2个支队，5个分队，其序列是：纵队长叶风顺，副纵队长池云宝，第1支队长陈正初，1分队长郑樟仔，2分队长梁琪洪，3分队长李胜

利;第2支队长张国荣,4分队长童益民,5分队长颜秀华。这时,中国人民解放军闽浙赣边游击纵队在南平上溪整编成立,曾镜冰任司令员兼政委,陈贵芳被调任纵队副司令兼参谋长。陈贵芳赴任时带去的闽浙边游击纵队警卫班、机枪班和步枪班共18名战士,编入闽浙赣边纵队主力部队。后又调张国荣等30多人编入南平游击大队,加强南古瓯地区斗争。

二、松浦龙庆与政寿瓯工委设立

2月,省委通知张翼到省委接受新的任务。张翼赶到省委时,省委主要领导和纵队已经北上江西,由王一平传达省委决定:为了适应新形势的发展,原闽浙边地委分设两个工委,即松(溪)浦(城)龙(泉)庆(元)工委,由张翼任书记,叶风顺、程宗波为委员,主要任务是沿龙浦公路挺进,扫清公路沿线残敌,接应中国人民解放军南下。政(和)寿(宁)(建)瓯工委,由池云宝任书记,陈正初、章志廉、郑樟仔、林宜昌为委员,主要任务是在建松政地区发动群众,肃清外围敌据点和乡镇公所,迎接中国人民解放军南下。2月底,张翼从省委返回闽浙边地委驻地政和,带回省委《关于争取闽浙赣人民解放与我们紧急任务的指示》《陈贵芳同志传达闽浙赣省委指示信》,并在星溪乡大绍村召开干部会议,及时传达上述精神。地委根据斗争实际提出了工作任务:一是扩党练干;二是发展武装力量,改善部队装备;三是恢复老区,扩大新区;四是发动群众,组织贫农团,开展“五抗”斗争;五是实行政治攻势,分化瓦解敌人,扫清外围武装。这也就是切实抓好“扩党练干,发动群众,瓦解敌人”三件大事,以配合解放大军南下,解放闽浙边地区。

三、反击敌人对宝岩地区围攻

1949年3月,国民党反动派犹做困兽之斗,加紧对游击根据地疯狂反扑。3月10日,国民党政和县长曾迺敦刚上任3天,就召开全县公教自治人员、警察自卫队干部120多人的大会,策划“清剿”计划,并成立3个“中心搜剿队”配合国民党军围攻宝岩地区闽浙边游击纵队，我游击队组织奋勇反击。

3 月 12 日，驻政和宝岩的闽浙边游击纵队第 1 支队在池云宝、陈正初率领下主动出击，奔袭国民党岭头村乡公所，端了敌人两座炮楼，敌乡自卫队 20 多人仓皇逃跑。傍晚，逃敌在富坂又被游击队痛击四散。

3 月 14 日，敌镇前自卫队 24 人窜到宝岩富宅村大肆抢掠。陈正初率领游击纵队第 2 支队将敌围在一所大瓦房内，激战两昼夜。其间，张翼、池云宝、张国荣率部从天柱前来增援，利用火攻，毙敌 2 人，伤 7 人，缴枪 6 支。在这次战斗中，游击队班长李敬有牺牲，1 分队长郑樟仔等两人负伤。

3 月 19 日，驻政和县的福建保 4 总队 1 大队，在大队长吴鹏飞督战下，以一个连的兵力从外屯直扑宝岩。国民党 325 师 973 团一个连从九篷、茶溪迂回夹击。闽浙边游击纵队在张翼、池云宝指挥下，凭借有利地形，打得顽强主动，敌人 6 挺机枪被打哑 4 挺，毙敌 10 多人，伤敌 20 多人。战斗坚持到傍晚，游击队留下张国荣、梁琪洪、雷声、吴荣春、戴和成、李胜利、邱福吉、范昌纪、杨遗进等人掩护，主力撤到长际大绍休整开会。夜幕降临，敌人仓皇退却，将天柱所有房屋烧毁，连藏匿在草丛中的一对母女也惨遭杀害。

正在大绍村开会的闽浙边地委领导，惊闻天柱村惨遭敌人洗劫的噩耗，即派宝岩区长李陈永赶回天柱抚慰群众，县委书记陈正初率部分人员先回宝岩一带，安置群众，一面组织生产自救，一面号召附近村庄群众互助互济。在天柱提出了“人人动手，共渡难关”的口号，组织非常时期的战时集体生活，将全村 20 多户、72 口人集中到村庄唯一幸免未被烧毁天柱水尾厝桥上。他们还动员青壮年男子，全部上山搭棚栖息，妇女儿童集中到离桥七八里的鬼洞岩下栖居，老弱病残的居住厝桥，并民主推选办事公道、人们信任的李大妈管理集体生活。同时组织群众开展生产自救，将全村有劳动能力的人分作 3 个耕作组，分片包耕 100 多亩水田；青壮年妇女负责挖竹笋，小孩子采野菜、砍柴火。在党的领导下，天柱人民团结一心，同舟共济，战胜特大灾难，度过了极其艰苦的战争岁月，迎来了解放的曙光。

第六节　配合南下大军　迎接政和解放

1949 年 4 月 21 日，中国人民解放军百万雄师奉命横渡长江；4 月 23 日，中国人民解放军解放了国民党政府首都南京；5 月 23 日，政和县解放，距离南京解放仅一个月整。

一、扫清外围迎接解放

1949 年 4 月 21 日，中国人民革命委员会主席毛泽东，中国人民解放军总司令员朱德，发出了“奋勇前进，坚决、彻底、干净、全部地歼灭中国境内一切敢于抵抗的国民党反动派，解放全国人民，保卫中国领土主权的独立和完整，向全国进军”的命令，中国人民解放军百万雄师奉命横渡长江。4 月下旬，我人民解放军第二、第三野战军乘着渡江胜利东风，以排山倒海之势南下追歼溃敌。

在全国解放战争大好形势推动下，闽浙边人民革命斗争情绪日益高涨，人民群众渴望早日解放，积极支持革命和参加革命斗争。国民党统治阶级和反动政府，像热锅上的蚂蚁，惶惶不可终日。中共闽浙边游击队，乘势广泛出击，横扫反动势力，摧毁敌乡村政权，收缴反动派武器装备，壮大人民武装力量，进一步巩固扩大了民主根据地。

5 月 9 日至 15 日，国民党残部 10 万之众，从浙江溃逃入闽，沿龙泉、浦城、松溪一线直压向政和境内，沿途抓夫打人，抢劫财物，奸淫妇女，烧毁桥梁、民房，无恶不作，老百姓被迫坚壁清野，携幼带老，逃入深山野林，躲避兵灾。为堵截国民党溃逃败军，安抚人民群众，维护社会治安，中共闽浙边地委所属松浦龙庆工委率领游击队健儿 60 多人，沿龙浦公路挺进，一路张贴标语规劝国民党散兵游勇，放下武器，就地投降缴械。在浦城山路下，游击队与国民党一支交警大队相遇，工委书记张翼不惧艰险，进入该部谈判劝降，令其待命收编（后仍逃窜）。这时，人民解放军前锋二野五兵团 51 师 153 团已于 5 月 13 日解放浦城，张翼、叶风顺率部于 5 月 16 日在浦城城关与解放大军胜利会师。

闽浙边地委所属的政寿瓯工委率领的游击队，则兵分两路，一路由工委书记池云宝率部挺进到政和县东平一带。工委设在界溪大际村，恢复了东平、凤池、西表、杭头、外屯等老区，在界溪、车盘、朱地等村建立党支部，加强党的基层建设。同时政治瓦解和军事压力双管齐下，分化瓦解敌人。5 月 11 日，池云宝率领游击队在政水边的茶筒岭伏击南逃的敌交警大队，俘 1 人，缴枪 1 支；次日在西表村截击敌溃军一个团部，俘虏团长以下 13 人，缴获卡宾枪 6 支、短枪 5 支。5 月 12 日，又在营前井窠追击敌交警大队残部，俘 20 多人，缴机枪 1 挺、冲锋枪 5 支、短枪 5 支、长枪 8 支。5 月 13 日，解放了政和县西南重镇东平镇，敌镇长叶明新率 50 多人缴枪投降，缴枪 100 多支。14 日，解放了护田、郑墩两个乡，缴枪 31 支，收编乡兵 35 人参加人民游击队。这时，游击队已发展到 90 多人，完全控制了松（溪）政（和）水（吉）所有乡镇。同时，还派章志廉率 3 个班、40 多人挺进水吉，沿途解放了外屯、回垅、樟墩、濠村等 4 个乡，缴枪 76 支，并配合人民解放军接管了水吉县。

政寿瓯工委另一支游击队，在政和县委书记陈正初率领下，挺进到镇前、铁山及寿宁边境，随后向澄源乡扩展。先后攻打了富坂、梨洋和铁山乡公所，摧毁敌乡村政权，镇压了敌特分子叶启文等一批罪大恶极的反动分子，缴枪 12 支、子弹 1 万发。5 月 21 日，陈正初率部 120 多人、民兵 63 人，进逼政和城郊。国民党林屯乡长张白榕率部投降，游击队缴枪 30 多支；建瓯县后山街乡长周岩寿自动投降缴枪 30 支，林屯、后山两乡宣告解放。由于扫清了

中共政寿瓯工委书记 池云宝（1923—2009）　中共政和县委书记 陈正初（1924—1978）

城乡周围敌政权,为解放政和县城创造了极为有利的条件。

二、政和人民获得解放

1949 年 5 月 20 日,二野 17 军 51 师 152 团日夜兼程,抵达闽北首府建瓯县城休整待命。

5 月 23 日凌晨,根据师首长命令,由 152 团副团长张通达亲率一个营的解放军部队,迅速进军政和。指战员们冒着蒙蒙细雨,沿着建溪河北上。尽管闽北山区的山间小道在雨水的冲刷下道路泥泞难行,但战士们为早日追到溃逃之敌,拯救政和人民于水深火热之中,指战员们不顾长途急行军的疲惫和雨水淋漓,始终保持急行军的速度,一天赶了 100 多里的山路,经东游、川石后抵达政和境内西津渡口。这里是建松政三县交界处,松溪河与政和母亲河星溪河的汇合口。由于连日大雨,水深流急,原有的渡船又被溃敌破坏殆尽,部队阻在河的西岸。正当指战员们感到万分焦急时,附近群众听到是当年的红军,来解放政和人民的,便很快帮助搜集到仅有的两只小木船,并派来艄公帮助撑渡。由于每只船只能坐十几人,经过两个多小时努力,才将全营部队渡到东岸。上岸后,战士们听说离政和城只有三四十华里,一个个都忘了疲倦,飞速前进。

解放军 51 师 152 团副团长张通达

解放军 51 师 152 团政治部主任王俊德

接近黄昏时,解放军到达离县城 5 华里的官湖村,部队集中在一大片树林里。张副团长立即召集营连干部,具体部署战斗任务,决定派 1 个连横涉星溪河,绕道政和南门抢占制高点,控制东门通道,堵死敌军退路;2

个连从西门、北门正面进攻。当部队侦察员潜进城门时，才发觉山城空空荡荡。原来，几天前，国民党卫立煌部候镜如兵团 5000 多人如惊弓之鸟，已仓皇向周宁方向溃逃。当地国民党政府县长曾迺敦和保安队也撤离政和城，城里的地主豪绅纷纷裹带细软逃到乡下。

获得准确情报后，解放军部队整顿了军容，雄赳赳、气昂昂地列队进入政和城。城里原先一些商人和城镇居民受国民党反动宣传的欺骗，关门闭户，但一看到部队纪律严明，秋毫无犯，就都打开了大门，大放鞭炮，欢迎人民解放军。“解放了！”“胜利了！”……熊城人民沉浸在求得解放的欢乐之中。这时，正是 1949 年 5 月 23 日的黄昏，正式宣告政和人民获得解放。从此，政和人民翻开了历史新篇章。

三、游击队与解放军会师县城

解放军进城后，通过我地下组织联络站及时与游击队联系。政和游击队领导人陈正初接到联系信后，5 月 24 日上午，游击队代表林群（闽浙赣游击纵队副司令兼参谋长陈贵芳爱人）和魏长发（政和县委宣传部长）2 人随带警卫员，赶往解放军团部驻地（当时旧政府司法处楼上，现县政协大楼前面）。解放军 152 团首长热情接待了游击队代表，当晚共同磋商解放军部队与地方游击队会师后的布防和各项任务。152 团政治部主任王俊德再三强调了游击队与部队会师后，应共同遵守三大纪律、八项注意，加强军队军民团结等问题。

5 月 25 日上午，中共政寿瓯工委所属游击队（闽浙赣游击纵队第 1 支队）150 人，民兵 63 人，开进政和县城关，与解放军 152 团指战员会师于城关南门。见面后双方紧紧地握手，互相拥抱，互相问候道：“你们辛苦了！”大家尽情地欢呼解放战争取得的伟大胜利。

政和人民在中国共产党领导下，历经 22 年的奋斗直至取得最后胜利，赢得了“红旗不倒”的赞誉。在革命战争年代，政和老区人民为革命事业付出了巨大牺牲，做出了无私奉献。原中央苏区县政和人民英勇的革命斗争精神，万古流芳！

第六章
实现由新民主主义向社会主义过渡

从1949年5月政和县解放到1953年9月的4年多时间里，政和人民在中国共产党领导下，建立了新的人民政权，清剿匪患和镇压反革命，开展土地改革，建立新的经济社会秩序，基本完成了社会主义初级阶段的改造，实现了由新民主主义向社会主义的过渡。从政治上、组织上、经济上为全面开始社会主义革命和社会主义建设提供了宝贵经验和物质基础。

第一节　建立人民民主政权

一、解放初期的社会形势

政和解放伊始，面临着诸多困难和严峻考验。政和县是个山区小县，经济落后，交通闭塞，地处偏远的边陲地带，各方面人才奇缺，特别是领导力量更薄弱，处在干部数量少、组织机构不健全，土匪猖狂，环境动荡，斗争艰苦而又复杂的困难环境下，新生的人民政权面临严峻的考验。在军事方面，国民党军残兵败将、国民党政和县保安团、自卫队、伪警察等纷纷上山为匪，与当地地主恶霸及反动会道门头子等组织相互勾结，形成了十几股“反动政治组织”，人数约占当时总人口的5%。这些土匪到处烧杀抢掠，造谣惑众，破坏交通，袭扰人民政府机关和群众，反革命气焰十分嚣张，对社会秩序、生产恢复、人民政权的巩固形成极大的威胁。政治方面，人民民主政权还没有在全县范围内自下而上建立。国民党县长和县党部先后召开党、政、军、警、特等头目参加的应变会，在县内秘密发展特务组织，有的啸聚林莽、上山为匪；有的潜伏城乡，骚扰破坏；有的伪装革命人士混入党政机关，坐探军情。他们四处散布谣言、威胁群众、制造恐怖，国民党残存的反动力量仍十分猖獗。经济社会方面，革命老区遭受国民党反动派的长期摧残和破坏，给政和留下的是一个满目疮痍、民穷财尽、农村经济凋零、商业凋敝、物价飞涨、货币贬值、饥民遍地、民不聊生的烂摊子。1949 年，全县工农业总产值仅720.58万元，农业占 96.51%，工业占 3.49%。全县负债农户比比皆是。全县只有一家私营电厂；没有一条公路，通往外界就靠县际古道和松溪、七星溪一小段水路通航小船和竹筏；卫生、教育、文化等各项事业非常落后。面对全县范围内存在的严峻困难局面，政和县在建阳地委的领导下，在解放军的支持下，有步骤地开展各项工作，迅速动员和带领全县人民共克时艰，团结一致捍卫解放成果。当时政和城乡非常贫穷落后，但支前征粮工作进展顺利。通过广泛发动群众，动员一切社会力量，共征集粮食 9.5 万千克，从水路运到建瓯支援前线。

二、建立新的人民政权

1949 年 5 月 23 日政和解放，5 月 25 日解放军和游击队胜利会师，迅速成立了中共政和县委与临时政府，建阳地委任命陈正初为县委书记，解放军 152 团政治部主任王俊德受命任临时县政府县长，接管了国民党政府。新政权成立之初，为了稳定社会秩序，暂时保留了旧的乡镇建制，全县划分为 6 乡 2 镇，即民望乡（石屯）、龙潭乡（林屯）、启贤乡（江上）、善化乡（外屯）、镇前乡、澄源乡、星溪镇（城关）、东平镇。6 月 20 日，政和县人民民主政府正式成立，上级任命王俊德为县长。9 月，取消旧乡镇建制和保甲制度，建立了民主政权，全县划分为 4 个行政区 82 个行政村和 10 个街，即一区（城关）、二区（镇前）、三区（东平）、四区（铁山）。10 月 1 日，政和县人民民主政府改称政和县人民政府。1949 年 11 月，省委考虑到政和人才缺，领导力量弱的情况，于是从省、地抽调33位南下干部支援政和。这批南下干部到达政和后，就奔赴各个工作岗位，充实加强了各级的领导力量。

1950年5月，政和县各界人民代表第一次会议在城关召开，各阶层代表100人参加（实到94人）。会议总结了政和县解放后10个月的工作，县委布置后3个月工作方针与任务。大会号召全县7万人民动员起来，保证完成剿匪、反霸、生产备荒、减租、征粮任务，建立健全基层组织，克服困难，巩固人民民主专政，为建设人民的新政权而斗争。会议选举产生常务委员会委员9人、候补委员2人、主席1名、副主席1名，由侯林舟任主席，组成政和县第一届各界人民代表会议常务委员会，开始实行人民当家做主的人民代表大会制度。1950年5月至1954年6月，政和县首届各界人民代表会议共举行12次会议。其主要议题是听取并审议《政府工作报告》，共商贯彻中央方针政策的大计，议决各个时期施政工作任务，选举产生各界人民代表会议常委会和县人民政府领导成员。县委、县人民政府和农村基层政权的建立，从政治上、组织上、经济上为全面开始向社会主义过渡准备了条件。

1950年8月，政和县人民政府干部"八一"合影

三、组建新的民主政权机构

1949年5月下旬，中国人民解放军政和县人民武装委员会成立，接着政和县武装大队和区乡民兵自卫队等地方武装也纷纷组建，还扩大县区基干武装170多人。6月11日成立政和县公安局，

并设立政和县看守所，各区设公安特派员，开始整治社会治安；12月增设县人民检察署。到1950年初，县政府已成立职能部门有司法科、农建科、教育科、民政科、卫生科、财政科、粮食科、建设科、地方税征收处、工商行政管理局、邮电局、银行办事处等。随着新生的人民政权建立，1950年春，中国新民主主义青年团政和县工作委员会成立；随后，政和县民主妇女联合会、政和县总工会、政和县工商业者联合会等群团组织成立。政和新的民主政权机构的建立，标志着社会主义制度在政和县已基本确立。

第二节　新生人民政权的巩固

政和县各级党组织和人民政权建立后，县委根据党的七届二中全会制定的各项基本方针和中共福建省委第一次扩大会议精神，通过开展剿匪斗争、抗美援朝、土地改革运动、镇压反革命、废除旧婚姻制度和严禁毒赌娼，有力地巩固了政和县新生的人民政权，保障了人民生命财产的安全，为土地改革运动的顺利进行，国民经济的恢复和发展，创造了安定的社会环境。

一、剿匪斗争开展

1949年5月，政和解放后，国民党“福建省前线特击司令部暂编第三师”师长吴金龙暗中纠集残兵散勇、地痞流氓，经过一段时间的潜伏、集结与密谋，组成土匪武装，到1950年初，政和县境内共有大小土匪6股，匪徒1000余人，枪近千支。其中大股的有陆凌汉所属的“三一三团”，主要活动在政屏过境的杨源、镇前、澄源一带；叶发机所属的“三一七团”，主要活动在城关附近的石屯、西津、东平、东峰、外屯、铁山、风林一带。这两股土匪曾7次袭击政和各区乡政府，烧毁3幢乡公所，3次围攻政和城关，多次袭击运粮队和下乡工作队，到处勒索抢劫，奸淫烧杀，无恶不作。据统计，全县被土匪杀害活埋的干部群众计449人。政和土匪猖獗，匪患严重，省委、地委十分重视，把政和列入重点剿匪地区。1950年6月派1个团的正规部队到政和展开全面的剿匪斗争。剿匪部队在政和县委的统一领导和当地军民的紧密配合下，采取“军事打击，政治瓦解，发动群众”三管齐下的方针和“重点围剿、发动群众、肃清暗匪特务”的三步走的战略部署，对政和境内的土匪展开凌厉而全面的清剿行动。

1950年2月7日，政和县剿匪指挥部人员合影纪念

重点清剿匪区的主要股匪。首先向人数最多、危害最大、盘踞在石屯石门后一带的叶发机股匪，展开凌厉的围歼追剿。采取围山追剿、村村搜捕、四面围困等办法，让匪徒无处藏身、无处联络、断粮断水，然后用政治喊话与火力追击相结合的办法，迫使匪徒缴械投降。到7月份，盘踞在石屯、洋后、西津、王山口、长城、松源一带的股匪，除小部分被剿灭，大都缴械投降。10月，政和境内叶、陆两股土匪的主力基本被歼灭。

发动群众，发展民兵组织。在剿匪阶段，先后扩大县区基干武装170人，发展武装民兵204人，农协会员782人，发枪134支；还组织民兵站岗放哨和村与村之间的联防。设立一区星溪镇9个保，二区镇前8个保，三区东平7个保，四区铁山13个保。这37个保分布在全县各个交通要道，在全县各地布下一张天罗地网，对控制土匪活动，及时发现匪情与及时歼灭分散小股匪徒起了很大的作用。同时，剿匪部队与县大队组成小分队，与当地民兵群众一道，深入各个土匪活动地区，分头追剿小股分散的匪徒，消灭其残余势力。

结合土改镇反运动，全面肃清暗匪、特务等残余势力。一是开展社会调查摸底工作。一方面对已办理的国民党党员和各种反动组织人员的自新登记手续，重新进行摸排；另一方面发动群众检举揭发暗藏的匪特分子。全县共筛查各种案件 317 件。然后顺藤摸瓜，以迅雷不及掩耳之势，摧毁土匪的情报站，逮捕暗匪与潜伏的特务分子。仅城关一处，就抓获匪情报人员 80 余人，控制了匪势的扩张。二是发动群众做思想政治工作。召开匪属、旧保甲人员、自新土匪等座谈会议，反复宣传党的政策，发动他们写信，以带口信，亲劝亲、妻劝夫、父劝子等多种形式，从政治思想上开展强大的攻势，促使那些身处绝境而又彷徨无所适从的匪徒，主动自首投案。仅东路一带匪 4 营营长、副营长先后带领 20 多个匪徒，长短枪 34 支下山投案。

由于剿匪斗争的方针政策与战略部署正确，措施有力，方法对头，剿匪斗争迅即取得胜利。1950 年底，共剿灭土匪 1159 人，其中击毙 64 人，打伤 128 人，俘匪 422 人，投降自新 545 人，共处决大小匪首 142 名，缴获机枪 18 挺，长短枪 647 支。到 1951 年底，政和境内的土匪就基本肃清。1952 年 3 月份，土改结束后，一些零星土匪也消灭干净。剿匪斗争的胜利，发展了地方武装，壮大了民兵队伍，巩固了人民民主政权，促进了土地改革运动的顺利开展，为建设新政和创造了有利条件。

二、抗美援朝运动

1950 年 6 月 25 日，南朝鲜李承晚军越过三八线对北朝鲜发动进攻，7 月 7 日美国及同盟军直接参战，战火烧到鸭绿江边，朝鲜战争全面爆发。10 月中共中央做出“抗美援朝，卫国保家”的决定，中国人民志愿军赴朝作战。

开展抗美援朝运动宣传　政和县和全国各地一样，一场轰轰烈烈的抗美援朝运动迅速展开。运动初期主要结合“土改”“镇反”等工作进行爱国主义、国际主义宣传教育。1951 年初，在城关召开全县各界人民抗美援朝代表会议，选举产生政和县抗美援朝委员会，领导全县采用集会报告、戏剧及示威游行、口头宣传等方式，开展抗美援朝增产捐献活动。政和各界先后举行了 4 次规模较大的爱国游行示威活动，其中红五月的两个节日（五一、五四），全县参加示威

社会各界举行抗美援朝爱国游行示威活动

游行人数达到2.1万余人，占全县总人口的23.5%，场面壮观，教育普遍，真正达到了家喻户晓。

开展抗美援朝捐献运动 6月19日，省委发出《关于开展捐献运动的指示》，号召全省人民争取在半年内捐献战斗机40架以支援抗美援朝战争。政和县委立即向全县人民发出捐献号召，先后开展声势浩大的订立爱国公约运动和规模宏大的爱国捐献运动，捐款购买飞机和大炮支援前线。全县各界纷纷响应积极捐款。农民着重在耕地上加工加肥、开荒增产，同时开展“三个工运动”来捐献；工人（茶工）主要发动每人每月加班30小时，船工每月增运一趟来捐献；妇女界开展每人增喂一只毛鸡的增献运动；工商界大力推销土特产、改善经营、减少浪费等来增产捐献。同时号召其他界别的人，努力增产节约、多做贡献。三区东平赖强南父子带头捐献人民币4500万元（旧币，下同），全县各界及民众掀起捐款捐物的热潮。至当年底，全县捐献飞机大炮款人民币4.7亿多元，谷子5.55万余千克。两项合计总捐款人民币5.56亿元，超额完成85%。

积极报名参加志愿军 全县参军援朝热情也十分高涨，1951年冬季征兵刚一开始，城区第一天就有十几位青年报名，次日增至46名。一时掀起轰轰烈烈的参军热潮，不断涌现出父送子、妻送夫、兄弟相互报名等动人场面。当年征兵工作结束，除参加县大队585名外，全县有220名优秀青年参加志愿军，奔赴朝鲜战场。

三、土地改革运动

1950年6月30日，中央人民政府颁发实施《中华人民共和国土地改革法》，制定了土地改革的总路线和总政策："依靠贫农、雇农，团结中农、中立富农，有步骤、有分别地消灭封建剥削制度，发展农业生产。"政和县委认真贯彻中央颁布的这部法律，积极着手土地改革的准备工作。1950年8月派两名干部到建阳参加土地改革实验，吸取总结经验，12月正式成立政和县土地改革委员会。1951年1月在部队干部、建阳土改工作团的支援下，揭开了全县土地改革帷幕。

土改分三批交叉进行　即在第一批土改基本结束时，留1/3力量坚持搞好扫尾工作，抽调2/3干部转入第二批，按此循序进行。在方法上，划分基点村和附点村，以基点村的经验指导附点村，贯彻点面结合、逐步推开的原则；在工作中，坚持农忙搞生产，农隙搞土改，以土改促生产，达到生产、土改两不误的预期目的，使土地改革运动顺利开展。全县土改运动历经15个月，于1952年4月25日全面结束。第一批土改4个半乡，于1951年1月31日开始至7月中旬结束。1月31日首批土改试点工作开始，在城关胜利、解放、翻身3个街和靠近城关的官湖、石屯、倪屯、王山口等7个村和交通便利、基础较好的一个半乡进行首批土改的重点试验，共派140名土改干部参加。试点土改区的土地面积占全县总数的6.1％，户数占总农户的14.22％，人口占全县农业总人口的11.2％。第二批土改工作在1个镇6个乡开展，土改区的土地面积占全县总数的20.5％，户数占总农户的20％，人口占全县农业总人口的19.3％，10月下旬结束。第三批土改有27.5个乡，10月30日开始至1952年4月结束。这期土改乡村占全县土地面积的86.5％，占全县人口的79.1％。工作量大、难度高，县里共派土改干部448名。在土地改革中，没收地主和征收半地主式富农、小土地出租者及族田、"公社田"共16.92万亩，占全县耕地总面积(土改前自报数)的80.93％。

土改分五个步骤推进　第一步：了解情况，宣传政策，发动群众，开展斗争。首先制定土改工作方案，深入调查研究，澄清各阶层思想动态；然后，召开各种会议，宣传土改法、土改政策和阶级路线，揭破地主匪特谣言，宣布惩治不法地主条件。土地改革运动中，先后召开过 618 场斗争会，批判地主恶霸 590 人，反动富农 55 人。成立土改人民法庭，及时处理土改中的问题，确保土改运动有秩序地进行。仅第二批土改共开庭 11 次，被审 301 人，关押 42 人，管制 259 人，保证土改工作顺利开展。第二步：依照标准，正确划分阶级成分。组织农民学习中央政务院《关于划分阶级的决定》等有关文件，讲明划分阶级的标准。由业主申报土地占有情况，责令地主如实自报土地占有量及私人财产、放债数量等情况。再由农会组织召开群众评议大会，根据划分阶级的标准，即土地占有、使用关系及有无雇工、放债等材料进行评定。划分次序是先划地富、后划农民。第三步：没收征收地主阶级五大财产，彻底消灭地主阶级。责令地主限期自报土地、房屋、耕牛、农具、粮食等五大财产，组织开展群众性查田运动，严防不法地富转移财产和破坏土改的运动。坚决按照“中间不动两头平，决不侵犯中农利益”原则，没收地主的“五大财产”。土改中全县共没收地主和征收半地主式富农、小土地出租者及族众田、“公社田”共 16.92 万亩，分给无地、少地的农民。第四步：分配胜利果实。召开各种会议、公布分配原则，即原则上照顾原耕农，适当抽补的方法；浮财分配以“贫农多分、中农少分、富农不分、照顾苦主”的原则分配。山林按

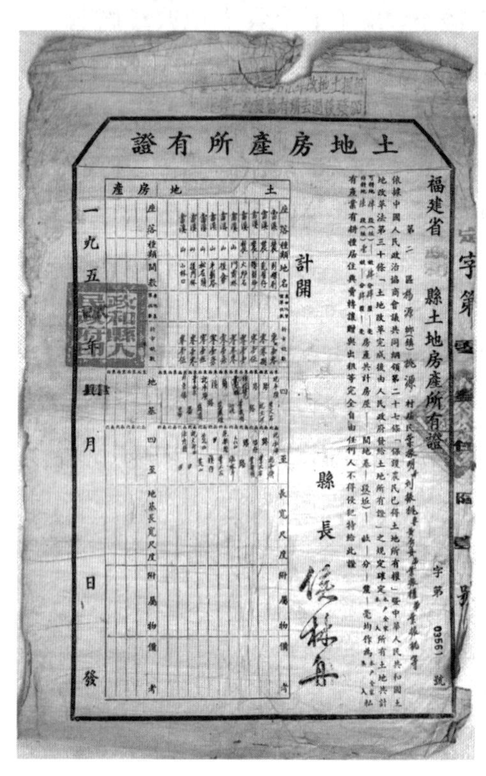
土地房產所有證

福建省　縣土地房產所有證　字第　號

第二　區楊源鄉（鎮）　村

依據中國人民政治協商會議共同綱領第二十七條「保護農民已得土地所有權」暨中華人民共和國土地改革法第三十條「土地改革完成後由人民政府發給土地所有證」之規定確定

有產業有耕種居住典賣轉讓贈與出租等完全自由任何人不得侵犯特給此證

計開

土地　房產

坐落　種類　地名　四至　長寬尺度　附屬物　備考

縣長

一九五　年　月　日　發

20 世纪 50 年代初县人民政府颁发的《土地房产所有证》

《福建省土地改革中山林处理办法》(修改草案)的规定,凡百亩、万株、荒山均划为国有,山区农民则按分得赋元比例分到山林。第五步:组织检查,结束土改。对结束土改的乡经区委审查报县委批准,插牌立界,确定土地使用权。同时县委再组织力量对土改运动进行复查,在确定无误的基础上,对农民分得的和原有的土地、房屋,县人民政府按户颁发《土地房产所有证》,真正实现了"耕者有其田,居者有其屋"。

经过土改,彻底摧毁了封建土地制度,各阶层的土地占有情况起了根本变化。占总农户 50.66% 的贫雇农,共拥有土地 11.17 万亩,地主的土地占有从每人平均 11.26 亩降至 2.01 亩;富农的土地占有从每人平均 5.27 亩降至 2.99 亩,而贫雇农的土地占有从每人平均 0.81 亩升到 3.31 亩,中农的土地占有也有明显的增加。土地改革运动的胜利完成,大大解放了农村生产力,促进了农业生产的大发展,农民表现出巨大的劳动热情,生产积极性空前高涨,全县农村到处呈现出生机勃勃的景象。1952 年全县农业产量达 511.47 万千克,比 1949 年的 347.7 万千克,增加了 163.78 万千克。土地改革运动胜利结束了,标志着政和县彻底地推翻了封建土地的剥削制度,农民成了国家的主人。

四、镇压反革命运动

新中国建立初期,国民党反动派溃退时遗留和潜伏下来的土匪、特务、反动党团骨干等反革命分子,以各种方式进行破坏捣乱,组织反革命武装,上山为匪,杀害革命干部战士,破坏土地改革,严重影响人民政权的建设和巩固。1950 年 11 月,政和县委执行中共中央《关于镇压反革命活动的指示》和中央人民政府颁布的《惩治反革命条例》,在全县范围内开展大规模的镇压反革命运动。根据"镇压与宽大相结合""坦白从宽、抗拒从严""首恶必办,协从不问,立功赎罪,立大功受奖"的方针,主要打击土匪、特务、恶霸、反动党团骨干、反动会道门头子等 5 个方面的敌人。1951 年 2 月,县公安部门根据上级指示,进行层层发动,紧紧依靠人民群众开展斗争。据统计，全县召开群众诉苦会714场，参加诉苦的贫苦农民27134人，参会群众15.8万人次，批斗地霸、反动富农、匪首、特务、反动会道门头子及其他反革命分子776人。

镇压反革命运动分三期进行：1951年2月至1951年10月为第一期，重点打击首恶分子。着重摧毁反革命组织体系，逮捕一批各类反革命分子，处决一批首恶反革命分子。1951年11月至1952年10月为第二期，主要消灭残存敌人，集中力量，深挖隐藏较深、民愤极大的反革命分子。全县又逮捕一批反革命分子，对首恶及民愤极大的反革命分子判处死刑。1952年11月至1953年12月为第三期，重点移向山区结合部等反革命分子立足躲藏的地区。集中力量，打击反动会道门(取缔同善社和大刀会)、潜匪、散匪及外逃的反革命分子。县委要求全县各区乡对镇反情况进行一次性复查判定，澄清敌情，解决遗留问题。县公安局组织干部深入各区乡进行镇反复查判定工作，对部分罪行严重的判处死刑，对罪行较轻微的交群众管制或予以释放。历时三年的镇反运动，给敌人以毁灭性打击，处决国民党县党部书记长、中统特务赵镈以及军统特务周腾芳等一批特务、恶霸、反动党团骨干、反动会道门头子、不法地主及现行破坏分子，判处一批有期徒刑。全县三个阶段镇反运动中，共逮捕反革命分子1181人，其中土匪903人，恶霸77人，特务18人，反动党团骨干92人，反动会道门头子68人，坚持反动立场的地主分子23人。人民法庭判处344个无恶不作、民愤极大的反革命分子死刑，17个罪孽深重的反革命分子死缓，315个反革命罪犯有期徒刑。另对经教育有悔改表现的407名一般犯罪分子给予宽大处理，释放回家，对投案自首登记的135人一律免于起诉。这次镇反运动还缴获了大批的枪支、弹药。至此，全县反革命分子基本肃清，镇反运动结束。

五、废除旧婚姻制度和严禁毒、赌、娼

废除旧婚姻制度 新中国成立前，政和民众为封建婚姻制度所禁锢，婚姻听从父母之命、媒妁之言，以强迫、包办、买卖方式进行，

无自由可言,因而产生童养媳、早婚、纳妾等婚姻现象,也存在等郎妹、典妻、租妻、共妻等畸形婚姻现象,并且盛行早婚。1950 年 4 月 30 日中央人民政府公布《中华人民共和国婚姻法》(以下简称《婚姻法》)。1951 年政和县政府、县民主妇女联合会组织宣传《婚姻法》,揭露、批判封建婚姻的种种罪恶,提倡婚姻自主,保护妇女权益,采取措施打击摧残妇女的丑恶行当和行为,处理一些婚姻纠纷问题,群众初步体会到婚姻自由、男女平等。1953 年初,中央政务院指示:3 月份为贯彻《婚姻法》运动突击月。3 月 4 日,政和县迅速召开各界人民代表大会,成立贯彻《婚姻法》委员会及办公室委员会,大张旗鼓开展宣传贯彻《婚姻法》运动月活动。3 月 10 日,县里召开干部培训会,训练干部 146 人,分派各乡开展宣传培训,全县共培训乡村干部 1095 人。县、乡、村干部分片包干到户,采取重点乡、重点户重点宣传,使《婚姻法》普遍深入人心。同时,加大对涉婚犯罪的打击力度,解决各种婚姻纠纷,处理一批涉婚犯罪案件,人民法院认真受理各类离婚案件。当年,全县共办理离婚案件 662 件,解除婚姻案件 97 件,解救童养媳回家 95 人。至此,全县基本废除旧的婚姻制度,确立了新的婚姻制度;自由恋爱蔚然成风,模范家庭大量涌现,社会风气明显好转。

严禁毒、赌、娼　国民党统治时期,政和吸毒贩毒、卖淫嫖娼、聚众赌博等社会现象十分严重。政和解放后,为了保护人民身体健康、改变社会面貌,确保社会安定,县政府决心取缔和根除毒害人民心身健康的祸害。根据中央人民政府公布的《关于严禁鸦片烟毒的通令》,制定了禁种、禁运、禁售、禁存、禁吸政策和实施办法,公安部门对秘密种植鸦片、设立烟馆以及非法制造吗啡、海洛因者,予以罚金并依法严惩。在 1953 年全县第三期镇反中,缴获鸦片 3.2 千克,将有吸鸦片恶习的 108 人按区集中训导,处理种、贩、吸毒 52 人,杜绝毒品流通和危害。县政府还把禁赌、打击赌博活动作为一项经常性工作来抓。1953 年,县公安局根据《福建省人民政府禁赌通告》对赌徒、赌棍、赌头依法进行处罚,赌博活动基本禁绝。在清毒禁赌的同时,人民政府明令取缔卖淫嫖娼。同时,县政府、县民主妇女联合会，对暗娼和有娼妓行为的妇女进行教育，组织她们学习文化，安排他们从事正当的生产劳动，帮助她们改造思想，弃恶从良，使她们成为自食其力的新人。在党和人民政府领导下，经过两三年的治理，全县毒、赌、娼社会丑恶现象，被基本禁绝。

六、中央访问团慰问老区

新中国刚成立不久，中央人民政府为褒扬革命根据地在历次革命战争中所做出的丰功伟绩，决定派出慰问团对老根据地人民进行慰问。1951 年 8 月，中央访问团闽浙赣分团第五分队随即分赴闽北的崇安、政和、松溪、水吉、浦城等 8 个县走访慰问。8 月底，访问团抵达政和县东平区后，先后步行到凤头、山溪、半岭、西表、朱地、车盘等村庄，不辞辛苦走村串户，对革命烈士、革命军人家属、革命残废军人以及长期坚持、支持革命斗争的人民群众进行亲切慰问。向他们赠送了毛主席相片、像章、《中央人民政府致老根据地人民信》及毛泽东关于“发扬革命传统，争取更大光荣”的题字宣传单。以各种方式向老根据地人民传递着中央人民政府和毛主席对他们的深切关怀和亲切鼓励。根据地人民将访问团的到来引以为荣，只要访问团到哪里，欢迎的队伍就在哪里，群众都深有感触地说：“看到访问团就好像看到毛主席一样。”

1951 年，中央人民政府老区慰问团福建分团在建松政老区慰问

访问过程中，采取群众会议、代表会议与个别拜访相结合的方式，传达了毛主席对老根据地的深切关怀。首先召开群众大会放映电影，扩大政治影响。中央访问团带来的电影放映队，让政和人民

第一次看到了电影，开阔了群众的视野。其次召开县、区烈军属代表会议。8月底，在东平区专门召开政和、松溪、水吉老区烈军属代表会议，建阳地委书记陈贵芳致开幕词，专署专员郭述尧到会讲话。会上访问团领导为革命群众颁发纪念品和宣传单。再次，召开大小型代表会议，听取3个县委负责人的汇报，征集老区人民的意见。讨论了老根据地人民的要求，讨论如何具体执行毛主席对老根据地人民“发扬革命传统，争取更大光荣”的指示。访问团还深入访问烈军属、残疾军人、一般群众等，询问乡情、征求意见、搜集材料。通过慰问活动，极大地鼓舞了老根据地人民的革命积极性。除了慰问老根据地人民群众，中央访问团的另一项任务是邀请老根据地代表一同赴京参加国庆典礼。经老根据地人民群众推选，政和县革命老妈妈叶彩菊光荣当选老根据地代表。叶彩菊带着政和老区人民的殷切期望，披红戴花地随中央访问团赴京，受到中央人民政府高规格接待。

“革命老妈妈”、陈贵芳母亲叶彩菊

第三节　国民经济的恢复和发展

一、建立新的经济秩序

政和县经济自古以农业为主，工商业及其他经济比重很小。1949年全县社会总产381万元，其中农业产值350万元，占92％；工业产值18万元，占4.7%；商业产值13万元，占3.3%，经济贫穷落后。政和解放后，县委、县人民政府在基本肃清了危害人民生命财产、破坏社会安定的土匪、恶霸、特务、反动会道门、反动党团骨干等各种反革命组织，基本禁绝吸毒贩毒、卖淫嫖娼、聚众赌博、买卖婚姻的社会丑恶现象，保持了社会稳定的同时，致力于发展经济，消除贫穷，领导全县人民开展大规模的有计划的经济建设。首先废除封建土地私有制，解放农村生产力。1949年5月政和刚解放，县委就领导农民开展反霸斗争和"减租减息"运动。1951年至1952年3月，全县开展土地改革，劳动人民成为土地的主人。带领农民走"互助组"道路，互助组实行劳力互助，各户耕地农具统筹安排，实行全年互助，让组内各户互补互助，很受农民欢迎，广大农村掀起了大生产高潮，促进农业的大发展。1952年，全县粮食总产25707吨，比1949年增长33.6%；农业总产值1058万元，比1949年增长47%。建立国营经济和统一财经工作。政和县通过成立财政科、税务办事处和中国银行办事处，强化了全县的财政收支、征集公粮（农业税）的管理。中国人民银行政和办事处成立，开办储蓄、信贷业务，稳定了金融交易市场。随着国民经济恢复和发展，县政府建立了新的财税体制，改变解放初期实行的向地主、富农、工商户预借粮食、派募粮款的办法。从1950年起，税政实行高度集中，统一管理，国税、地方税两个机构合并，统一管理全县税收工作。1951年，省财政厅规定政和县地方财政收入主要有：30%的农业税附加（实际提40%）、工商税附加、地方各税和其他税收。1953年，实行中央、省、县三级财政体制，政和县开始成为一级财政，乡（村）镇预算列入县财政内。省财政厅规定政和县级财政收入包括屠宰税、牲畜交易税、契税、规费、罚没款、公产收入、其他杂项收入和上级补助收入。财政支出有：经济建设费、社会文教费、行政管理费、乡村镇行政经费、干部补助费、公杂费、小学经费、干部及小学教员公费医疗费等。至此政和财税工作走上正轨。

1952年3月，为适应新形势发展的需要，省、地下达文件，要求县、区两级成立供销合作社组织。5月，增设县供销合作总社。供销系统职能，既要搞经济做买卖，又要密切配合中心、服务中心，担负着促进生产、引导生产、开发资源、保障供给、繁荣经济、推广新技术新农具、进行对私改造等任务。为解决农民在发展生产上的资金困难问题，供销系统还经常深入农村调查，派干部下乡订合同搞存实预购等。到1953年初，全县已发展零售网点32个，其中门市部13个，分销站和代销店19个，有效服务生产生活，维护市场稳定。

二、开展“三反”“五反”运动

“三反”运动　1951年12月，中共中央根据在全国普遍开展的增产节约运动中暴露出来的党和国家机关工作人员中贪污、浪费和官僚主义的问题，决定在全国党政机关工作人员中开展一场反对贪污、反对浪费、反对官僚主义的“三反”运动。政和县委根据省、地委的“三反”运动部署，于1952年5月开始“三反”运动，至10月份结束。全县参加“三反”运动的有9个单位308名干部。其中县级6人、区科级30人，一般干部272人。“三反”运动分三阶段进行：第一阶段学习动员，从5月中旬开始，大约7天时间。第二阶段主要是民主检查一二层领导干部，高度发扬民主，彻底揭发三害。第三阶段分两步进行。第一步是一般干部进行“三反”全面交代，贯彻“团结爱护，教育改造，提高干部”的方针，通过自我检查，发扬民主，开展批评，帮助干部提高思想觉悟，树立全心全意为人民服务的革命人生观。第二步是对重点干部的帮教与处理。做法是边交代，边定案，边处理，边退赔。对一些有重大问题的则组织专门力量重点进行批斗处理。规定凡贪污人民币100元以上的叫作“老虎”，定为贪污分子，组织打虎队打“老虎”，直至彻底交代为止。

这次“三反”共查出有大小贪污行为的干部98人，占参加“三反”干部总数的33%，贪污款项人民币12000余元。其中贪污1000元以上的4人，贪污100元以上的27人。在98人中，有70人退款4400多元，有3人受到刑事处分，有2人撤职，1人降级，7人受到行政处分，3人警告，1人记大过。同时在干部队伍中揭发出特务3人，情报站员3人，反动会道门10人。通过这次运动纯洁了革命组织，广大干部思想认识普遍提高，领导干部对官僚主义有较深刻的认识，对享乐思想，尤其是对贪污腐化有较高的警惕。运动后机关干部精神振奋，正气上升，革命热情高，为人民服务的思想更加浓厚。

“五反”运动　随着“三反”运动的深入，揭露出许多不法资产阶级分子即以怨报德，歪曲“公私兼顾、劳资两利”的原则，进行着损公肥私、唯利是图的非法活动，给国家和人民造成严重危害。中共中央于1952年1月决定在私营工商业中开展一场反对行贿、反对偷税漏税、反对偷工减料、反对盗骗国家财产、反对盗窃国家经济情报的“五反”运动。同年5月20日至10月底，政和县委在全县私营工商业中开展“五反”斗争。“五反”运动严格执行纪律，保证工商业者的正常活动与经营。采用的方法主要是加强政治教育，提高工人阶级的觉悟，发扬工人阶级大公无私的精神。县委派出工作组对全县私营工商业进行查账、调查、谈话等，发动店员工人检举不法商人的不法活动，核算定评差补漏营业额约1.86万元。“五反”期间，全县查获偷漏税案中，补交税款计约1.63万元。针对“三反”中市场一度呈现出的萧条现象，有些私商怕“五反”而隐蔽资金，甚至不敢经营，县委立即对其进行宣传教育，说明“五反”是反不法商人不法行为，是为发展生产繁荣经济。同时把物资交流作为县政府全年中心工作之一，在城区、东平、外屯、澄源等乡镇先后召开九次交流会议，大会交易额2.4万元，参加大会人数86900名。通过交流会，恢复和繁荣了市场，改善了公私关系与劳资关系，教育了干部，还推动了山区经济发展，为全县土特产打开与外界的销路。下半年，全县农民农副产品及土特产品销售值达6.4万元。经过“五反”运动后，工人阶级的政治觉悟提高了，也加快了全县私营工商业有序健康发展。

国家工作人员通过“三反”“五反”教育，树立了艰苦朴素、廉洁奉公的优良传统，建立了良好的工作制度，提高了工作效率。在很长一段时间内，形成了党风正、社会风气好的政治局面，为大规模的经济建设及各项工作开展打下了良好的基础。

三、整顿党组织，巩固人民政权

新中国成立后，党十分重视执政条件下党组织自身建设。1951年春，中共中央针对在全国革命胜利形势下党内一部分人中滋长的以功臣自居的骄傲自满情绪和官僚主义、命令主义作风，决定对全党的基层组织进行一次普遍的整顿，在全体党员中进行一次关于共产党员必须具备的八项条件的教育。政和县委遵照中央的部署，根据地委"认真做好'三反'结合整党工作"的指示，在县直机关与区乡两级分期开展以思想教育为主的整建党工作，全县参加整党的有80多名党员。

1952年5月，首先在县直机关结合"三反"运动，开展整建党的系统学习，组织党员学习中央文件和政策、党的路线和党的基本知识、党的七届四中全会决议等，通过学习进行对照检查。先是根据文件精神自上而下地检查对照，发动群众，发扬高度民主，批判领导思想上、作风上一切非无产阶级思想，以实事求是精神，严肃认真地帮助领导剔除弊端，使领导受到了深刻的教育；接着采取"自下而上"办法，正确地运用批评和自我批评武器，展开互帮互助，提高对社会主义、共产主义的认识。到10月，县直机关三次整党基本结束，9个支部党员经过整顿，提高了政治觉悟，加强了组织纪律性，发扬了艰苦朴素、廉洁奉公的优良传统。从12月26日开始，对区乡进行整建党。县委先在城关翻身街进行农村整建党试点，取得经验后，再根据区乡党员分散和本身素质跟县直机关干部又有所区别的特点，采取办训

1951年6月，政和县第一次青年代表大会代表合影

练班,以集训教育为主的方式结合“三反”分期轮训,先后办了4期,主要学习共产主义和党的基本知识。通过整党学习和批判资产阶级,党风和社会风气为之一新。最后,县委按照党员标准,对党员进行登记、审查和处理,清除贪污蜕化分子,撤换官僚主义思想严重、居功自傲、不求上进的领导干部,提拔一批德才兼备的优秀分子到领导岗位。

县委在整党的同时,很注重建党工作,根据“小心谨慎,个别发展”和“发展一批,巩固一批”的原则,分期分批在农村建党中发展党员,“积极而慎重地将有把握够条件的积极分子吸收入党”,先后完成了23个乡的建党工作。至1953年底全县党员发展到317人,建立健全党支部19个。1954年党员发展到544人,党支部增加到78个。通过整建党,既纯洁了党组织,又提高了党的威信,极大克服了党内部分人的骄傲自满情绪与资产阶级个人主义思想,加强了党内的团结,提高了党员社会主义觉悟,特别是农村,凡是建立党支部的乡,一般都能保证党在农村中各项任务的实现。

四、工农业生产和商贸流通恢复发展

由于国民党的长期严重摧残,解放初的政和千疮百孔,生产萎缩、经济萧条、物价飞涨、民生困苦。新中国成立后,采取一系列强有力的措施,恢复生产,发展经济。1952年,全县工农业总产值比1949年增加了59.4%,达到历史最高水平,胜利完成恢复国民经济的任务。

农业恢复发展　政和是个以农业为主的山区县,农业生产直接影响到国计民生。解放初,农民从政治上翻身,但经济上一时还摆脱不了贫困,且普遍为个体经营,缺乏生产工具和生产资料,农业生产相当衰落。1950年,县政府一方面根据华东局颁布的新区农村减租减息条例,开展反霸和“减租减息”运动,全县减回租谷5.06吨,调动了农民的生产积极性;另一方面贯彻“大力恢复生产,增加粮食,尽可能维持已有的多种特产”的方针,组织有政府、农会、银行共同参加的各级贷款委员会,从生产着手对有生产能力勤劳的贫困农民进行贷款，贷款形式有实物贷、专项贷款，主要用于农业生产、肥料、农具、种子、耕牛以及小型农田水利建设的需要。当年全县发放农业贷款2.8万元，发放农贷米2万斤。1951年，全县开展土地改革极大调动了农民的生产积极性，在人民政府的大力扶助下，粮食增产，土特产有显著的恢复和发展，农民生活开始改善，市场稳定。1952年7月，全县发生百年一遇的大洪水，县政府为恢复生产，安定人民生活，发放农贷2.51万元，灾后无利息贷粮382.57吨，有息贷粮11.3吨，开放积谷义仓65.12吨，社会救济81564元，救济粮32.24吨。秋后又对49个自然村全部减免公粮，47个自然村减免公粮50%，83个自然村减免公粮15%，同时发动农民生产自救，渡过难关。1953年，全县粮食总产量比1949年增长40.26%，达26760.73吨，开始向国家提供商品粮，从而结束政和县缺粮的历史。

工业开始起步　新中国成立前政和工业几乎空白，工业与农业的产值比是1∶28。当时全县只有一家小型水电站，一个炼铁厂和一家茶叶精制加工厂。新中国成立初，逐渐办起了手工作坊和个体户206家，从业人员200余人，从事制茶、酿酒、砖瓦、染布、造纸和铁木竹器制造等手工操作业。新中国成立后，国家采取了对工业企业重点建设和积极扶持等重大措施，政和先后兴办了茶厂、电厂、印刷厂、酒厂、瓷器厂和粮食加工厂、木器品加工厂、竹木制品加工厂、食品加工厂、森工企业等工业企业30家，其中县属国营企业9个，集体企业21个。全县工业由小到大，从少到多，逐步发展起来。1950年，生铁产量20吨，青砖14.8万块，青瓦21万片，日用瓷器1.11万件，石灰25吨，饮料油32.3吨，酱油20吨，精制茶叶2180担，铁制小农具5100件，木制小农具2100件，锯材180立方米，发电量1800千瓦·时，土纸产量54吨，印染布2.6万米，棉布产量6000米，初步满足了人民群众生活和生产的需要。同年，地方国营工业企业开办后，工业发展步伐逐步加快。到1952年，工业总产值占全县工农业总产值比重，由1949年的3.49%提高到10.93%。

商业发展较快　新中国成立初期，政和私营商业都是零售商，资金少，规模小，技术差，经营零散，市场凋零。县政府认真贯彻执行党的公私兼顾、劳资两利、城乡互助、内外交流的方针，在政策、物资、资金、计划等方面积极支持私营工商户，组织私营工商者积极参与城乡物资交流，引导他们守法经营，私营工商业发展很快。1950年全县私营工商户达454户，全年产值和营业额87.35万元。1951年又分别提高到550户，120.34万元。同时，县委、县政府重视发展社会主义的国营商业。1950年8月，政和县工商业联合会成立，年底建立政和县第一家国营商业企业“建瓯贸易公司政和供销处”。1952年初，成立政和县百货公司，在城关设一个国营百货商店，东平镇设一个百货批发商店，还多次举办城乡物资交流会，方便群众供销需求，有效打击一些不法商贩哄抬物价，搞投机倒把活动，稳定了市场。同年5月，县人民政府根据省地文件要求成立政和县合作总社，全县6个区相应建立基层供销合作社，共有社员19481人，股金42485元，零售网点58个，批发网点4个，农副产品收购站6个。全县供销合作商业由政府拨给铺底基金，发动农民入社、入股，社员民主管理，享有按股分红、商品优惠和优先销售农副产品等权益。供销合作总社经营范围包罗万象，成为农村商业网和城乡经济交流的主渠道之一，解决了广大农民生产、生活资料的需要，为维护群众利益，减除私商中间剥削，支持农业生产，发展城乡经济起到了积极作用。

金融稳定市场 政和刚解放，人民币尚未稳定，银圆流通、金银黑市买卖严重。1950年2月，中国人民银行在政和设立办事处，开办储蓄、信贷业务。1951年，全县工商业和农业贷款余额为7.5万元，城乡储蓄存款余额为1.1万元。实行现金管理，建立财政金库，宣布禁止一切外币、金银在市场上流通，统一使用中国人民银行发行的人民币，并设立金银收兑专柜，收兑民间金银和金银饰品。人民币在市面上成了新中国唯一的法定货币，全县货币投放额和回笼走上正轨，进一步稳定了金融市场。

第七章
社会主义建设的开展和艰辛探索

1953年10月至1966年4月，政和县委认真执行中共中央关于国民经济发展第一个五年计划和党在过渡时期的总路线，全面贯彻落实党的“八大”精神，扎实开展“三大改造”，艰辛探索共和国社会主义建设的路子，全力发展社会生产力，“一五”计划超额完成，农业、地方工业、食品工业和其他轻工业得到发展，基本满足人民群众经济和文化生活需要。

第一节　经济建设良好开端

一、实行粮食统购统销

新中国成立初，一些私商借粮食供求矛盾，采用直接在市场大量收购、委托私人水碓代购、通过小商贩在圩场和乡间收购贩运等手段，操纵粮食市场，粮价天天变动，影响人民生活和社会秩序的安定。为了有效解决粮食供需矛盾，1953年10月，中共中央做出《关于实行粮食的计划收购与计划供应的决议》。11月，政务院发布《关于实行粮食的计划收购和计划供应的命令》。规定在农村对余粮户实行计划收购(即统购)，对城镇居民和农村缺粮户实行计划供应(即统销)，由国家控制粮食市场，严禁私商自由经营粮食，实行中央和地方分工的粮食管理制度。政和县迅速贯彻执行中共中央和国务院粮食计划收购和计划供应，即统购统销政策。粮食统购初期，主要依靠各级党委、政府做思想工作，将上级下达控制的数量分解到区、乡;由乡分配给各村,以村为单位分户摸底测算;发动群众自报和民主评议,确保完成国家粮食统购任务。同年全县征购粮食7364.75吨,占任务数180.4%。1954年,粮食统购采取按实际产量扣除征粮和免购额后,实行多余多购,少余少购。其统购率以户为单位,每户人余粮在7.5千克以下免购;满7.5千克以上全额累进计购;余粮在25千克以下统购75%;25.5千克至50千克为85%;105至125千克为92%;125.5千克至150千克为94%;150千克以上为96%。这项工作在城关先试点,后在全县展开。当年,全县入库粮食实绩为10045.55吨,超额完成专署核定的当年7389.7吨的任务。

粮食统销与统购同步开展 1953至1955年,即实行粮食统销初期,对城镇居民包括党、政、公职人员口粮开始计划供应,采取按人、定时、定点、凭户口或单位证明,一般按每人每天0.5千克,重体力劳动者不超过1千克的标准供应。1954年6月,开始实行按人、定时、定量、定点供应,城区按户发给购粮证,农村按缺粮户编花名册由区乡打条供应。定量供应办法是:工人、农民每人每天0.75千克,一般居民0.5千克,机关干部、教师等0.625千克。实行结果,乡乡突破计划,户户用粮过头,统销量日益增加。为扭转这一局面,县政府决定对供应户全部发证,按量定点供应,原来由合作社代购代销业务划归粮库自营,粮食供应批准与掌握权限收归县管。1955年开始,政和县实行按人分等定量供应。同年9月,根据福建省《市镇粮食定量供应实施细则》,对城镇居民口粮供应,实行按劳动差别、年龄大小,以人分等定量,凭证供应,一人一份口粮,供应定量标准分为四大类、九等四级。体力劳动者中,分特种体力月定量25千克,一般重体力一级22.5千克、二级20千克、三级14千克;职工及脑力劳动者14千克;大中学生15千克,职业学校学生16千克;市镇居民10周岁以上12.5千克、7至10周岁以下10千克、3至6周岁以下6.5千克。当年,居民口粮供应共计2236吨。对农村缺粮户的粮食供应量,每年核定一次,先由区(乡)政府对各农业社队、户的粮食产、购、留(口粮、种子粮、饲料粮)情况进行摸底,并按缺粮户自报登记结合民主评议,确定各户的缺粮数量,再由区(乡)政府统一分配,发证给缺粮社、队,凭证到指定的粮店购买。当年全县共有缺粮户3954户,18415人,占全县总户数的20.2%,统销粮食2544吨。

粮食统购统销政策在实施过程中不断发展和完善　1955年8月,根据国务院《关于农村粮食统购统销暂行办法》、福建省《关于粮食定产、定购、定销工作指示》、《福建省农村粮食统购统销实施细则》的有关规定,大力发展粮油生产和加强粮油计划安排,粮食产供销问题基本解决。这期间,县政府先后召开六次三级干部扩大会,组织1159人深入农村,落实粮食定产、定购、定销(简称“三定”)政策。定产:根据各农户以土地面积质量和自然条件,结合经营条件评定单位面积常年产量,自1955年起三年不变。定产以后,对新垦荒地、田埂、“三边”(路边、田边、河边)地生产的粮食三年不计产量,以鼓励农户扩大生产。定购:对余粮户实行定购,以定产数量中扣除种子、口粮、饲料以后,剩下的部分按90%比例计算定购数量,统购数量在正常年景下,三年不变。遇到丰歉年景,实行丰产酌增、歉收酌减的政策,增购数量不超过增产部分的40%。定销:对缺粮户实行定销,定销数量一年一评。缺粮户的用粮标准略低于当地余粮户,所供应量根据何时缺何时供原则,发给农村缺粮户粮食供应证,定点、定时、定量供应,改变不分余缺的做法,调动了群众积极性。当年,全县定产21684.46吨,定购6380.79吨,定销1812.06吨。1956年,随着农村合作化的发展,农村粮食统购统销由以个体户为主改为以农业合作社为主,“三定”到户改为“三定”到社。“三定”到社后,实行统销到队。粮棉油统购统销纳入计划经济轨道,支持了国家经

1956年2月,县人民委员会颁发给在粮食“三定”生产合作运动中获得显著成绩工作者的奖状

济建设，但一定程度上影响了商品经济的发展。1954 年，实行棉花统购和统销，当年 9 月实行棉布、食用油凭票定量供应。同时，棉花也一并纳入统购统销范围，取缔私商收购。

二、完成社会主义“三大改造”

农业社会主义改造 农村完成土地改革以后，农民成了土地的主人，生产积极性空前高涨，但仍有许多农户人力、畜力和生产工具不足，生产力低下，生活相当困难。1952 年，政和县在土地改革基础上，引导农民建立互助组，当年底实现了村村都有互助组。至 1954 年，全县共有 1.35 万户农民加入互助组，占全县总农户的 70.18%。互助组的兴起使农户切身体会到集体经济的优越性，更加渴望能解决互助组难以解决的共同劳动和分散经营的矛盾。

1952 年冬，第一个初级农业生产合作社在铁山试办。初级社经社员大会民主选举社务管理委员会，委员会由社长、副社长、会计、出纳、保管 5 人组成。初级社实行土地入股，统一经营，土地劳力比例分红，田地仍属农户所有。同时还根据土地的好坏，路途远近，费工程度，以三年平均产量为基础，确立土地与劳力的分配比例为“四六”开，即收获的 40%归田主，60%归社统一分配，以及“三七”开、“二八”开、“一九”开等。社员参加劳动由合作社统一组织，实行评工记分的经营管理。1953 年 11 月起，政和县对农业逐步实行社会主义改造，引导农民走合作化道路；提出“大力发展农业社，以农业社的发展，带动互助组的发展、巩固、提高”。年冬，县委批准一个区办 1～2 个初级社，全县 6 个区试办 8 个初级社和 3 个自发社。1954 年春，县委根据党中央《关于发展农业生产合作社的决议》，又领导试办 3 个初级社。此后，办社工作由试点转入发展阶段。当年底，全县创办初级农业生产合作社 103 个。1956 年底，全县共建立初级农业社 291 个，入社农户 7794 户，占总农户的 40.73%。

1956 年春，政和县委提出《初级社转高级社的规划》，高级农业生产合作社，是以土地、耕牛及其他重要农业生产资料公有化为特征的农业生产合作组织。在社内，实行耕地归集体所有，取消土地分红，对耕牛等大农具折价归社，统一经营，按劳取酬。当年，全县共办高级社45个，参加农户1.57万户，占总农户的82.18%。至此，几千年来的土地私有制变为集体所有制。1957年高级社发展到92个，入社农户1.75万户，占总农户的90.65%。1957年与1952年相比，全县粮食总产增长24.82%，农业总产值增长20.98%。1958年9月，在“人民公社”运动中，全县154个高级社合并，成立6个人民公社，1.88万户农户加入人民公社，占总农户的98.62%。

手工业社会主义改造　1949年，全县的制茶、酿酒、造纸、榨油、榨糖、洗染、烧制砖瓦和日用陶瓷、铁木竹棕制作等私营手工业作坊195家，从业人员220多名，总产值16.8万元，占全县工业总产值的90.96%。1951年，全县有手工业200户，产值37.76万元，占全县工业总产值的48.75%。1953年11月，国家制定了对手工业进行社会主义改造的方针和政策。政和县手工业中经营农副产品加工的行业，逐步实行归口管理，分别划归商业、粮食、供销部门，同时扶持私营手工业的发展。1954年，全县私营手工业发展到257户，产值58.09万元，占全县工业总产值的48.02%。1956年初，县委制定《关于对手工业、私营资本主义工商业，交通运输业实行社会主义改造全面规划方案》，成立领导小组开展工作，着手对手工业进行社会主义改造，采取“说服、示范和国家援助”的办法，引导广大手工业从业人员自觉自愿走合作化的道路。到年底有82.7%的农户加入高级农业合作社，81.6%的手工业劳动者通过改造，分别组成铁器农具生产合作社，砖瓦生产小组，理发服务社，以及棕作、园木、竹筏、竹器、用伞、服装、石灰等12个生产合作小组。22%的私营商业人员以不同形式分别转入国营和公私合营企业以及合作商店、合作小组。交通运输业的从业人员全部改造为运输合作社和搬运社。经过改造，手工业者走上集体化道路，基本完成手工业社会主义改造任务。1957年，全县手工业总产值达24.95万元，仅占全县工业总产值的8.07%。

资本主义工商业社会主义改造　新中国成立后，对私营工商业实行“利用、限制、改造”的政策，逐步纳入社会主义经济体系。私营工业改造：1951 年，全县仅有的一家工业企业，即私营高基碓水电厂通过没收和捐献被收为国有，由县政府建设科接管。私营商业改造：新中国成立初期，国家实行盐业专卖，酒类专卖，随后又实行粮、油、棉等的统购统销，国营和集体商业逐步取代私营商业的批发业务，占商业的主导地位，私商只经营零售。1953 年后，国家对重要农副产品实行派购，对私营商业采取经销、代销方式进行改造。1955 年，全县有私营商业 169 户，从业人员 204 人，资本额 3.69 万元；私营饮食业 69 户，从业人员 75 人，资本额 0.65 万元；私营服务业 76 户，从业人员 91 人，资本额 0.35 万元。1956 年春，政和县对资本主义工商业实行赎买改造政策，同时引导小商小贩走合作化道路。通过宣传党的公私合营政策方针，动员私营工商户接受社会主义改造。至年底，全县完成对 301 户私营工商业者的改造，改造率为 99%。其中转为合作社经营的 55 户 59 人，转为公私合营 20 户 26 人，转为合作商店的 31 户 32 人，转为合作小组的 178 户 185 人，实行经代销及批购零售的 17 户 17 人。至此，全县对资本主义工商业的社会主义改造工作基本完成。

三、制定和实施“一五”计划

“一五”计划的制定是实现党在过渡时期总路线的一个重大步骤。1953 年 10 月召开的省委全会上确定“一五”期间，以发展互助合作为中心的农林业生产为首要任务，国民经济实行农、轻、重布局。1954 年 12 月，在《中共中央关于进一步做好编制地方经济五年计划纲要的工作指示》中也指出：“一般省都应该明确地把工作重点放在领导农(牧)业方面。对于五年计划中农业部分，应当细致研究，找出办法，力求完成和超额完成。”根据中央和省委有关指示精神，县委成立了计划委员会，组织县直各部门编制全县经济社会事业发展的第一个五年计划(1953—1957)。由于当时历史条件的限制，“一五”计划只能边编制、边实施、边完善，并以部门先行规划为主。这一时期，县委坚决贯彻“以粮为主，全面发展生产”的方针，全县人民以满腔热情投入国家建设，经济和社会事业得到较快的发展。“一五”时期末的1957年，工农业总产值1658.36万元，比1952年增长44.32%，年平均递增8.4%，农业比重占74.63%，工业比重占25.37%。

工业方面　第一个五年计划的制定与实施，使政和的工业进入较快发展的时期。1952年全县工业总产值125.59万元，仅有两家地方国营企业。1955年10月，县人委设立工业科、手工业科、商业科，成立政和县私营工商业普查办公室，开展全县私营工商业普查工作，私营企业暨手工业改造工作有序开展。1956年，在“全国发展农业纲要”鼓舞下，全县人民掀起建设社会主义的热潮，完成对农业、手工业和私营工商业等的三大改造任务，有81.6%的手工业劳动者加入手工业合作社；92.2%的私营商业人员以不同形式分别转入国营和公私合营企业以及合作商店、合作小组。私营工业改造后，全县手工作坊大部分组成生产合作小组，有的改造成为公私合营企业。全县先后办起茶厂、电厂和粮食加工、食品加工等县属国有企业9个、集体企业21个。1957年全县工业产值达420.72万元，比1952年增长3.35倍，工业总产值占工农业总产值的比重由1952年的10.93%提高到25.37%。县委还提出“地方工业必须为农村经济服务”的方针，注重围绕农业办工业。至1957年底，全县11个全民所有制企业中，涉农的达80%以上。

1954年创办的政和茶叶加工厂全境图

农业方面　政和县坚持“以粮为主，全民发展生产”的方针，把农林牧业作为“一五”计划重点发展项目。在执行“一五”国民经济计划中，县委把领导农业生产当作长期和中心的经济任务，领导广大农民群众开展以互助合作为中心、以粮食为主的全面增产运动；扩大农业社，扩大再生产和基本建设的投资；宣传党的过渡时期总路线和粮食统购统销政策等。1956 年 1 月 20 日，县委召开县、乡、村三级干部会议，提出“初级社转高级社的规划”。1957 年，高级社发展为 92 个，入社农户 17569 户，占总农户的 90.65%。同时还大力革新耕作制度，推广科学种田。1953 年至 1957 年，耕地推广稻—豆—麦、稻—豆—油三熟制，复种指数为 115%。随着科学技术的应用，引进优良品种矮南特等，推广间作、连作制和双季稻，尤其是 1955 年 3 月，石屯村试种 3 亩双季间作稻，当年获得成功，复种指数提高到 125%。1957 年，粮食总产量达到 34213.75 吨，比 1952 年增长 3.8 倍，超额完成了“一五”计划任务 5.26%。畜牧业也有很大的发展，如生猪数量 1957 年比 1952 年提高 55%，超额完成了“一五”计划 11.4%。随着工农业生产的发展，社会商品流转不断地扩大，广大群众的收入水平和生活水平也就逐步得到了改善和提高，1957 年社会商品零售总额达到 399.96 万元，比 1952 年增长 29.8%。“一五”末农业总产值达到 1237.63 万元，比 1952 年增长 20.99%。

茶业方面 茶业生产在政和县有悠久的历史，发展茶业生产有各方面的优越条件和广阔的前景。1951 年 3 月，政和国营茶厂创建。1952 年，县茶叶技术指导站成立，技术干部背着背包，肩挑行李，深入茶区指导，外加政府发放贷款、化肥的扶持，以及茶叶初制工具的不断改革。从 1953 年手推揉捻机，发展推广水力揉捻机，由一机一桶发展为一机四桶，加快全县茶叶产业的发展。1955 年为扶持茶叶生产的发展，奖励茶农提高茶叶产量和质量，对茶叶实行打折照顾办法，征收特产税；农村实现集体化后，对茶园实行集体种植集体所有，组织耕山队等形式统一负责管理，使茶叶生产逐步得到恢复和发展。到 1957 年全县茶园面积由 1949 年 1.5 万亩提高到 1.7 万亩，增长 13.33%，产量也由 1949 年 2788 担提高到 4542 担，增长 1.63 倍。同时，茶叶也成为全县外贸出口的主要产品，其主要品种有政和工夫、绿茶、白牡丹、银针等。

教育方面　解放初期，政和只有1所初中，40名学生；15所小学，其中完小7所，30名教师，223名学生。1952年后，通过向社会招收知青、省教育厅派来知青和派送到建阳地区专属小教班轮训等形式，扩充教师队伍。同时县政府从1953—1957年共拨款达45.6万元支持教育。到1953年，全县小学增达65所，学生达4233人，教师达157人。1955年，全县发展公立小学57所，民办小学5所，学生数4574人。1956年贯彻“两条腿走路”的教学方针，在创办公办小学的同时，改进私塾，发动群众兴办民办小学，全县教育事业进一步改善。9月，开办城关幼儿园1所，学生56人。到1958年小学达185所，班级300个班，教师279人，学生9737人。

1953年，政府拨款数千元，通过区、乡、街集资支援，在城东黄熊山麓建筑一座双层砖木结构689平方米的教学楼（现一中），为初级中学，这是我县有史以来的第一幢砖木结构的校舍，全校4个班，125人。同年2月，全县集中力量扫盲，在两区（城关、东平）三街（解放街、翻身街、胜利街）三乡（石屯、东平、护田）开办2个速成实验班55人、11个普通班576人、1个干部班42人，当年冬学开展面扩大到5个区43个乡，开设62个班，入学2091人，常年民校在4个区6个乡开办17所，入学576人。1954年扫盲进入高潮，全县80个乡中有66个乡开办冬学，共有238个班，入学5892人，参加扫盲学习的有5522人，半文盲参加学习的有370人。经过扫盲，全县由全文盲提高到会认200到500个字的有1052人，由初识字200到500个字，提高会识800字的有2152人，达到扫盲标准发给毕业证的152人。当

20世纪50年代初政和县一中校舍旧景

年 4 月将具备条件的 37 所冬校，转入常年民校，学员有 2102 人。1956 年参加冬学 5514 人，1957 年 8460 人，两年共有 4088 人摘掉文盲帽子。

文化方面　“一五”期间，全县各地积极创办农村俱乐部、图书室、歌咏队等群众业余文化组织并迅速发展。全县建立农村俱乐部 26 个，业余演出队 27 个，业余演员 700 余人，幻灯小组 4 个，图书室 24 个，各种活动小组 89 个，成为农村群众业余文化娱乐活动的主要阵地。1954 年 8 月，成立县时代越剧团，有演职员 36 人，剧团主要在城关及较大乡镇活动。此外，城乡还活跃一批具有地方特色的民间传统演艺团队，有活动在石屯一带的业余赣剧班、城关一带的“星溪京剧团”、杨源一带的四平戏业余剧团、东平一带的茶灯戏以及各地的木偶戏。1956 年在城区东门建成县人民剧场，有 750 个座位，平均每天接纳观众 700 人次。1953 年 10 月，政和创办广播站，1956 年 11 月起，利用县至区乡的电话线路，在东平、护田、石屯、松源、铁山、林屯等地定时开放广播。

卫生方面　1953 年由省卫生厅拨款兴建的二层 50 张床位的县医院病房楼竣工后，解决病人住院难的问题。同年政和成立鼠疫防治站，鼠防站与卫生院同心协力，以防治鼠疫为重点，加强疫情汇报，开展预防注射、毒鼠灭蚤、环境卫生等工作，有效地防治了全县传染性疾病。1954 年，县卫生科组织城关中医药人员在南街成立中医联合诊所，方便了群众求医问药。1956 年在西门盖起政和县联合中医院，设置 20 张病床，既方便了群众住院治疗，又缓和了县医院病人拥挤的现象。从 1954 年起，先后在东平、镇前、澄源、石屯、铁山、杨源、外屯 7 个区成立卫生所，后改为公社保健院，进一步解决了农村病人求医难的问题。

第二节　社会主义建设步伐加快

1956 年 9 月，中共八大在北京召开。大会正确分析了国内形势和国内主要矛盾的变化，明确指示党和全国人民当前的主要任务，就是集中力量把我国尽快地从落后的农业国建设成为先进的工业国。政和县委通过深入的学习、宣传，全县广大党员、干部和群众深刻认识到党的八大的伟大历史意义，理解了党在完成“三大改造”后面临的新任务，就是要集中力量发展社会生产力，实现工业化。县委、县人委广泛开展增产节约动员，要求超额完成第一个五年计划，并对政和的第二个五年计划做出初步规划，要求大力发展为农服务的地方工业，大力发展食品工业和其他轻工业，满足人民群众的经济文化生活需要，在全县掀起社会主义建设的大热潮。

一、整风运动和反右派斗争

整风运动　根据中共八大精神和现实生活中党内外出现的新情况、新问题，1957 年毛泽东主席在最高国务会议上做了《关于正确处理人民内部矛盾的问题》的报告后，中央决定在全党开展以反对官僚主义、宗派主义和主观主义为内容的整风运动，正确处理人民内部矛盾。1957 年 5 月，县委根据中央《关于整风运动的指示》，迅速成立整风领导小组和办公室，分步骤在全县开展以反对官僚主义、宗派主义和主观主义为内容的整风运动。县委决定首先从县直机关和学校开始整风运动，然后再推进基层开展，领导机关和担任领导工作的党政干部是整风运动的重点。运动从 1957 年 5 月开始进行，至年底基本结束。整风运动采取“边学、边整、边改”方式，坚持做到整风生产两不误的原则。在方法上，采取大鸣大放大字报大辩论方法，以开门整风的形式，召开各类座谈会，发动党外群众对各级党组织和领导干部提出批评和建议，坚持“知无不言、言无不尽，言者无罪、闻者足戒，有则改之、无则加勉”的原则。对问题的解决采取耐心说服，多个别交谈，小组要恰如其分的批评和自我批评；对犯了错误的人，应根据中央指示“不论错误大小，除严重违法乱纪者外，一概不给予组织上的处分”，并且要积极耐心地帮助，以真正达到“惩前毖后，治病救人”的目的。同时在整风中，要求各级领导人员以一部分时间参加体力劳动的办法来克服官僚主义、老爷架子。

县委定出每周两个半天义务参加田间或其他体力劳动的制度。县直机关开展整风运动半年时间，贴出大字报近万张，提意见6000多条，召开各类座谈会500余次，搜集各方面意见1万多条。在整风运动中，群众提出了大量正确、有益、有利于加强党的领导的意见，都虚心接受，详细分析，主动检查，切实整改，反映的大多数实际问题都在短时间内得到了解决，但后来运动的发展背离了整风的初衷。

反右派斗争及其扩大化 随着整风运动的开展，社会上的各种批评意见急剧升温，除对党的工作作风方面存在的问题提出批评外，极少数别有用心的右派分子以帮助党整风为名向党和社会主义制度发动进攻。1957年6月8日，党中央发出《关于组织力量反击右派分子的猖狂进攻的指示》通知，提出要掌握好形势，团结多数中间力量，逐步孤立右派。县委根据上级部署，在全县迅速开展反右派斗争。从7月1日开始，全县直属机关单位相继开展。在方法上采取扩大积极分子、争取中间分子、孤立右派分子、鼓励支持积极分子大胆揭发右派分子，并发动和组织群众对右派在鸣放中反党反社会主义的言论进行揭发批判。通过大字报、辩论会、忆苦思甜、摆事实讲道理等方式，帮助群众认清大是大非，在运动中全县农村共贴出大字报17190张。县直属机关单位在反右派斗争中，积极分子的力量占50%，中间力量占35%，右派分子在强大火力下分化瓦解仅占4.5%，基本孤立了右派分子。但由于党没有充分的思想准备和应对这种复杂局面的政治经验，对阶级斗争的形势做了过于严重的估计，把历史转变时期新出现的大量人民内部矛盾当作敌我矛盾，把大量思想认识问题当作政治问题，反右派斗争存在严重扩大化的错误，在一定程度上助长了“浮夸风”发展。至1958年夏季反右派运动结束，全县有32名干部、知识分子、民主人士被错划为右派分子，使他们长期受到不公正的待遇和打击，其家属子女也受到牵连，直到1979年才得到平反纠正。反右派斗争扩大化也使党的指导思想出现“左”的偏差，使党探索中共社会主义建设道路的良好开端遭受挫折。

二、开展"大跃进"运动

农业生产"大跃进"　1957 年 11 月 13 日,《人民日报》发表了题为《发动全民,讨论四十条,掀起农业生产的高潮》的社论,社论中"大跃进"口号第一次在全国人民面前提出来。1958 年 1 月 30 日召开的中共福建省一届二次全会上要求全省人民"树立大跃进的思想"。提出的口号是:"可以跃进,必须跃进,敢于跃进,跃进,再跃进!"八闽大地上跃进号角就这样吹响了。1958 年 5 月召开中共八大二次会议,正式提出"鼓足干劲,力争上游,多快好省地建设社会主义"的总路线。1958 年 5 月 27 日至 30 日,政和县第三届人民代表大会第一次会议召开,会议提出了苦战 60 天确保夏季粮食增产 1800 万斤,40 天工业遍地开花,6 个月区区通车。口号是"鼓足干劲,苦战 30 天,力争早稻翻一番,二、三季茶叶翻二番,薯类杂粮翻三番,工业交通一起干,地方工业遍地开花,确保夏季增产 1800 万斤粮食"。拉开了农业"大跃进"的序幕。6 月 7 日至 7 月 10 日,全县迅速开展总路线的学习、宣传、落实,掀起"大跃进"高潮。县委先后召开了多种形式学习贯彻会,会后组织了多个检查组,到各乡、社检查会议精神的贯彻落实情况。各地通过标语、宣传牌、歌唱队、图片实物展览、技术讲座、生产经验交流会等多种形式,广泛宣传总路线精神和县委提出的目标。政和大街小巷像过节一样,到处都有过街标语,路口设有跃进门、宣传塔,街巷处处是插遍红旗的新气象。

各乡、社在县委动员大会的推动下,竞相表态,提出了"大跃进"的措施和指标。石屯、官凤(官湖)等 7 个乡(镇)千余人,敲锣打鼓抬着"大跃进"决心书向县委表决心;城关、东平等乡代表向人代会宣誓保证实现粮食千斤乡。1958 年 4 月 20 日,《政和人民报》创刊,积极投入总路线的宣传,及时传达各级党委的号召及任务要求,宣传报道全县"卫星"典型等;街、厂、乡、社成立俱乐部,并以俱乐部为中心建立文化宣传网。全县各地争先早稻产量放"高产卫星"、晚稻大搞"移禾并丘"。从 1958 年春开始,全县大搞高产、丰产、抛卫星运动。首先开展以领导干部带头,人人搞试验田运动,一年全县干部搞试验田 860 亩，丰产田 77117 亩，千斤水稻 28559 亩，万斤薯 4630 亩；茶叶呈现亩产翻一翻，质量取得全省第一、全国第二。其次县委对秋季作物又提出了“搞丰产、抛卫星、消灭落后田”的战斗口号，全县农村开展了社会主义劳动竞赛。区与区、乡与乡、队与队进行对口竞赛，又开展乡乡抛卫星运动，产量指标越赛越高，全县又出现万斤稻、五万斤薯的高产卫星现象，导致了“浮夸风”在城乡泛滥。

县委乘势将广大干部群众大干快上的热情引导到兴修水利上，提出以“愚公移山”“精卫填海”的精神兴修水利，掀起史无前例的治水高潮。全县兴修水利工程 1478 处，增加灌溉面积 3.4 万多亩，兴修工程 5118 处，受益 19.61 万亩；筑防洪工程 2176 处，护田 2.35 万亩，“三改”面积 13.71 万亩。在这场声势浩大的治水会战中，全县组织 4700 多人的专业队和突击队，专门负责水利工作，投入治水大军数万人，整个田野到处都有治水人群，白天人群一片，夜晚灯火通明。在治水中，广大民工自备材料，自制了取水车、推土车等改良工具，不断提高工效。参战民工自力更生，奋力拼搏，如期完成了工程任务。1958 年初，县委、县人委把动员组织广大干部群众开辟肥源作为促进农业增产增收的主要抓手，全县开展了以养猪为中心的“六积肥”(养猪肥、取泥肥、拾野肥、积尿肥、制堆肥、烧草木灰肥)运动。县乡社成立了一条线的积肥专业组织，全县冬春投入积肥的人数达 10858 人，积肥料 2680 余万担，平均每亩 1092 担，数量是上年的十几倍。

工业生产“大跃进”　政和县地方工业非常薄弱，1957 年，全县工业总产值只占工农业总产值的 25.37％。1958 年 1 月，中共中央召开了南宁会议，3 月又召开了成都会议。两次会议讨论通过了《关于发展地方工业问题的意见》，要求地方工业总产值在 5～7 年内赶上或超过当地的农业总产值。《福建省 1958—1962 年地方工业发展纲要》提出，福建省地方工业在工农业总产值中所占比重也从 1957 年的 30.82％提高到 1962 年的 60％左右。省委号召“苦战 60 天，使地方工业遍地开花”。从 1958 年 5 月底开始，工业战线以大炼钢铁为中心，掀起了“大跃进”热潮。县委成立了县工业化委员会，制定下发《全党动员、全民办厂、把群众性办厂大跃进运动推向高潮》的指示，提出乡、社办厂的方向："以小型为主、社为主、规模小、投资少、收效快、速度快"；办厂材料："就地取材、就地加工、就地服务、多种生产、联合经营"；办厂口号："立即行动，加快速度，大力发动，遍地开花"。对乡、社办厂和县办工业苦战60天提出具体的办厂项目、数量及时间表；对干群提出人人捐铜铁和人人找矿、报矿，迅速实现地方工业遍布全县。一时间，全县掀起大炼钢铁高潮，男女老少都参加，把大炼钢铁提高到"中国要由农业国转变为工业国，钢帅必须升帐，一切必须让路"的高度，还提出"超英赶美"，为实现1070万吨钢铁而奋斗的口号。这时，省、地委几乎天天召开电话会议，下达任务要求。在此形势下，机关基本停止工作，农民几乎停止了生产，农作物成熟无人收割，全县各地都在搞"大炼钢铁"，小喇叭炉遍地开花，县城仅南门一个地方，就有300多个喇叭炉在日夜炼铁。在"大跃进"的1958至1959年的一年多时间内，全县不仅兴办了两个铁厂，而且相继办起33个厂矿。仅1958年全县办起工厂2688个，喇叭炉871个，小小土炉1375个。在高产战役中，出现红专一号炉日产5700斤，红旗公社小小炉日产790斤的高产卫星。到1959年底，工业产值达815万元，其中县属全民工业产值为675万元。工业"大跃进"中脱离实际，仓促上马，一哄而起搞起来，违背客观规律，导致出现劳动效率低、产品质量差等问题，有40%的工厂出现亏本。但在一定程度上为农业生产、为人民生活提供了物质条件，为后来政和工业的进一步发展奠定了基础，也为政和乡镇企业发展少走弯路提供了借鉴。

·2·　政和人民报　1959年9月19日

总路线光芒万丈　大跃进为民造福

政和工业像雨后春笋万古长春

今日熊城万象新

超额完成四大任务向国庆献礼

1959年9月19日《政和人民报》刊登
全县工业"大跃进"大发展消息

文教卫生战线“大跃进” 在全面“大跃进”氛围的影响下，政和县的教育、文化、卫生战线也掀起了“大跃进”浪潮。

教育事业：在“大跃进”新形势的推动下，政和县初级中学升格为完全中学，新招高中1个班40人，1959年更名为政和一中。全县初中增至3所，班级10个班，学生406人。全县普及小学教育，小学增至185所，班级300个班，每个大队都有一所；其中公办小学增加17所，民办小学增至115所，学生9737人。全县原有公办幼儿园2所，实现农村创办队办幼儿园（班）175所，入园幼儿8600人，占全县3至6岁幼儿的85%，教养员由女社员担任。1961年纠正盲目冒进，大多数农村幼儿园（班）停办。1958年全县还创办业余中学22所，业余大学6所和67所红专学校，有85%的青年会讲普通话。各地贯彻教育与劳动生产相结合的方针，实现学校办工厂、工厂办学校、亦工亦学亦农的新气象。1959年，全县创办农业中学6所，共招收学员205人，1961年后陆续改为乡镇中学。1958年县委、县政府把生产和扫盲作为一个统一任务，要求年内扫除80%青壮年文盲，1959年实现无文盲县，并要求乡乡有农民业余高小、有业余初中，实行社包社、队包队、亲包亲、邻包邻、学校包队、学生包人的办法，按生产队设班，以食堂为课堂，不拘形式，互教互学。一时间出现夫妻同学、三代同堂共同学习的新气象。全县“白天千军万马搞生产，晚上家家户户传书声”。当年，全县投入扫盲人数28718人，占脱盲以上水平32590人的92.8%。“大跃进”时期，教育事业飞跃发展，教育质量得不到保证，但普及了教育，也为后来教育事业的快速发展奠定了基础。

东平镇古街至今保存一幅完好的“更好地教养下一代”墙上绘画

文化事业:解放初期政和文化活动以民间艺术活动为主,主要有灯会、灯桥、舞龙、舞狮、高台、高跷、旱船、鹬蚌相争等民间艺术。戏剧活动主要有杨源四平戏业余剧团,苏地小戏茶灯戏,石屯一带有赣剧(俗称“江西路”),还有木偶戏等深受群众欢迎的活动。后来一些老解放区盛行的文化形式,如话剧、歌剧、活报剧、秧歌、腰鼓等相继传入政和,各地又积极创办农村俱乐部、图书室、歌咏队等群众业余文化组织。到 1957 年,农村俱乐部、业余演出队、业余演员、幻灯小组、图书室、各种活动小组,已成为农村群众业余文化娱乐活动的主要阵地。1958 年全国掀起“大跃进”和人民公社运动,群众文化提出的“跃进”口号是“社社有俱乐部、乡乡有中心部、队队有单一的活动组织”,中心俱乐部要设“三馆”(图书馆、红旗馆和展览馆)、“一团”(业余剧团)、“一店”(书店)。县上建立电影院、影剧院、职业剧团、电影放映队各 1 所。当年全县农村除公办的东平文化站外,另有民办文化站、红旗馆、展览馆、图书馆 15 所,中心俱乐部和农村俱乐部 75 个,业余歌咏队 102 个。此外,还举办了全县群众性运动会,参加的运动员达 1581 人。“大跃进”群众业务文化组织蓬勃发展,促进了当时群众业余文化活动繁荣局面的逐步形成。

卫生事业:1958 年县中医院并入县医院,门诊增设中医科和中药房,全县 6 个区都成立了卫生所(后改为公社保健院)。8 月,县人委发出《关于建立农村保健站工作的通知》,当年在全县建立 23 个农村保健站,1959 年发展到 32 个,1960 年发展到 38 个。为了解决全县各厂矿与林业系统缺乏卫生人员的问题,成立县卫生学校,招收有一定文化程度的男女青年 30 多人参加学习,毕业后分配到厂矿林业伐木场工作。全县开展以除“四害”(老鼠、蚊子、苍蝇、麻雀,后麻雀改为臭虫)为中心的爱国主义卫生运动。县成立爱国卫生运动委员会,各地均相应成立卫生委员会,村设有卫生员,组织消灭“四害”突击队 56 个,参加人数 1500 人。据当时统计,经过连续多次突击,全县处理蚊蝇滋生地 3500 处,灭鼠 10 万多只,积肥 14 万担,清沟 1.43 万米。“除四害”运动的开展,对全县卫生知识普及和卫生面貌的改变,起到了积极的推动作用。

三、实行人民公社化

政和人民

ZHENGHO RENMIN

1958 10 1

第45号

毛主席說人民公社好

高举总路綫紅旗，向共产主义社会迈进

全县实现公社化

楊源乡粮食生产又传捷报

欢呼伟大的国庆九周年

社論

1958年10月1日《政和人民》报刊发《全县实现公社化》新闻

1956年底，政和县农村普遍建立了高级社，从初级合作社到高级合作社，只用1年多时间，基本完成了农业生产资料私有制的社会主义改造，两步并成一步走，在并社中出现平均主义等问题正待解决。1958年4月8日，中共中央发布《关于把小型的农业合作社适当地合并为大社的意见》。8月下旬，中共中央政治局扩大会议做出了《关于在农村建立人民公社的决议》，在全国农村掀起大办人民公社的高潮。9月，政和县委根据省委和地委的部署，深入宣传中央的决定和成立人民公社的好处，层层部署，精心准备，并在政和城关试办“红专人民公社”。9月底在全县全面铺开，撤销区、乡行政建制，按照原行政区域，建立起红专(原城关区)、红旗(原铁山区)、跃进(原外屯区)、苏区(原东平区)、前进(原镇前区)、红星(原澄源区)等6个人民公社，下辖90个大队，入社农户达18881户，占总农户的98.62%，实行政社合一的体制。1959年4月，撤销跃进人民公社，将其归并红旗人民公社，全县设5个人民公社。1960年2月，政和、松溪两县合并，改城关公社为熊山公社，增设政和镇。

农村人民公社实行政社合一，即工农商学兵五位一体管理体制。公社直辖生产大队和社办企、事业单位。国家的银行、粮食、商业、教育、卫生、农林水利等部门下属的单位都下放给公社管辖，双重领导。生产大队直辖生产队和队办企业以及大队范围内的各事业单位。人民公社以“一大二公”为特点，将原来经济条件不同、贫富不同的队都实行统一管理，大搞平均主义、生产资料和劳动力无偿调拨的“一平二调”，把社员的自留田和私有耕畜、大中型农具统统收归公有。人民公社学习解放军实行组织军事化、行动战斗化、生活集体化管理，以营、连、排编制；推行伙食供给制，大办集体食堂，农户男女老少全在公共食堂吃饭，实行“吃饭不要钱，劳动领工钱”，这种食堂一般每生产队一个。1958 年底全县农村办起 571 个集体食堂，参加农户 18881 户，计 83084 人。后因食堂的粮食储存越来越少，于是不得不实行低标准的瓜菜代，甚至谷皮和野菜充饥，导致许多人营养不良，浮肿病普遍蔓延。1961 年，纠正农村工作中“左”的错误，实行管理体制下放。松政县行政区划进行调整，撤销大公社，恢复区的建制。同时也取消伙食供给制，撤销集体食堂，实行“按劳分配”，社员消费部分按工分分配，基本口粮按年龄分等定量。

第三节　国民经济调整提高

一、全面调整国民经济

1960 年 11 月，中共中央发出《关于农村人民公社当前政策问题的紧急指示信》（即“农业十二条”）和《关于彻底纠正“五风”问题的指示》。1961 年 1 月，中共中央召开八届九中全会，决定对国民经济实行“调整、巩固、充实、提高”八字方针。松政县委按照中央的方针和省委地委的部署，采取各种有力措施，开始以农业为中心的全面经济调整。

调整农业促生产　一是实行经济退赔。在“大跃进”、人民公社时期，农村大刮“共产风”、大搞“一平二调”，全县三级平调总值达 744 万元，其中县以上平调 598.5 万元，违背现阶段人民公社三级所有制政策，严重挫伤社员生产积极性，阻碍生产的发展。为彻底纠正“一平二调”出现的错误，1960 年 11 月 3 日县委成立“退赔办公室”，指导全县退赔工作。1961 年 2 月县委召开扩大会议，部署以纠正“共产风”为中心的整风整社运动，县“退赔办公室”，具体制定平调物质处理办法和范围。做到该退的退、该赔的赔、有原物的退原物、原物不在以物抵物或折价赔偿。到 1961 年底，全县共退赔 87.29万元，约占应退赔数的 50%，随后还继续进行退赔。二是调整生产结构。1961 年冬，贯彻《农村人民公社工作条例（六十条）》和《关于改变农村人民公社基本核算单位问题的指示》，确立“三级”（公社、大队、生产队）所有、队（生产队）为基础的原则，实行“独立核算，自负盈亏”。生产队为组织生产的基层单位，劳动力、土地、耕畜、农具固定给生产队使用，生产队按比例向生产大队上交公积金、公益金、管理费、完成征购粮等任务。到 1962 年，全县基本实现了以生产队为基本核算单位，生产队由原有的 905 个，调整到 1038 个，其中以生产队为核算单位的有 984 个，占 94%多，全面落实了“三级所有，队为基础”的经营机制。在推行生产责任制上，县里还做了“包产到户”的有益尝试。1962 年，全县各种类型的包产责任制共有 257 个小队，3772 户，占总队数的 24.7%，占总户数的 19%。社员开荒经营土地 2.142 万亩，占国营、集体经营土地的 10.4%；社员小自由收入 393.68 万公斤，占全县总产 14.6%，与集体粮食产量的比为 1∶6。“三级所有，队为基础”的政策，完善了按劳分配原则，发挥了社员生产劳动的积极性。1962 年，全县农业产值达到358.37 万元，比 1960 年增加 8.96%，出现粮多、钱多、市场商品多的好形势。三是举力支援农业。在全民大办工业时期，全县从农业战线抽调约 3 万名劳动力到工业战线，严重削弱了农业生产，加上自然灾害影响，造成粮食和其他农副产品供需极端紧张，恢复和发展农业生产是全党的中心任务。松政县委遵照中央的指示和省地的部署，从 1961 年起，通过压缩城镇人口、压缩文教事业、精简机构等措施，把大量劳动力充实到农业生产第一线。1964 年，农村劳动力由 1960 年的 47362 人增加到 49080 人，到 1965 年农业人口占总人口的比例由1960年的75%提高到87.7%，而非农业人口则比1960年下降了12%。各行各业还从物力、财力、技术等方面大力支援农业。工业、手工业以“有利于生产便利群众”的原则，积极生产农业急需的产品。1961年生产各种铁、木、竹中小农具6.3万件，为1960年1.7万件的3.71倍；供销、商业部门，则规定对一切生产资料，农具、肥料以平价销售生产队。1963年化肥供应量由1960年的795吨增加到986.35吨，还对15种主要农用化肥实行销售降低价2.2%～13.2%不等；银行、财政部门，通过发放短期农贷和支援穷队无偿拨资等办法，帮助生产队解决资金不足的困难，到1963年，财政部门拨出各种支农专用款和无息贷款累计达55.95万元；银行发放农贷达227.95万元。全县60个信用社（部）也共发放贷款9.46万元。县计委、税务局、工商局等部门，也在物资供应、特产税上给予支持或减免。这些措施和做法有力地支援了农业生产，促进了农副产品的发展。四是开展多种经营。政和县在调整农业中，因地制宜地全面贯彻农业“八字宪法”，大力开展农业科学试验，县政府成立农业科学实验领导小组，由县长任组长，区与公社一级建立领导小组，农村以生产队为单位建立科学试验小组，每个小组配备“三员”，即种子员、病虫情报员、农业技术员，建立“三田”，即种子田、样板田、试验田，1965年全县建立了21个农村科学试验小组。从1956年至1965年，随着生产条件的改善和科学技术的应用，引进优良品种，推广间作、连作制和双季稻，夏种指数为125%。1959年，引进“陆才”号、“朝鲜农林16”等品种。1960年，全县双季早稻面积45035亩，双季晚稻面积21919亩，平均亩产超240公斤。随着农业调整的初具成效，吃饭问题得到解决后，县委、县政府进一步全面贯彻国民经济“以农业为基础，以粮为纲，多种经营”的方针，在抓紧粮食生产的同时，大力发展经济作物、开展多种经营。1961年，蔬菜、烟叶、果产分别比上年增加57.6%、46.9%和4倍多；1962年，新造林2083亩，茶叶总产2401担，比1961年增加340%，到1965年，造林达12665亩，茶叶收购11.94吨，分别是1962年的6.08倍、9.95倍；集体副业坚持农忙务农、农闲务副，长期固定与短期突击相结合的经营方式，收入达 25.91 万元，比增 5%；畜牧业，生猪、耕牛、家禽等，都比 1961 年增加 2 倍以上，其中生猪 29271 头、耕牛存栏 5465 头、家禽存栏 103670 头，分别为上年的 2.77 倍、1.21 倍、1.56 倍。在农业总产值中，林、牧、副、渔业产值的比例，1960 年为 23.95%，1963 年为 26.14%，1965 年提高到 35.10%。

调整工业助农业 一是缩短工业战线，精简工业企业。政和县在“大炼钢铁”“大办工业”时期，实行全民办厂，造成工业战线臃肿庞大，职工人数大大超过了生产建设的需要，劳动生产率大幅度下降，企业亏损负债严重。1961 年，县委、县政府根据省地指示精神，制定出先压后调的方针，决定关停一批原材料不足、设备不全、技术不过关、企业又长期亏本的企业，对企业私招乱雇、多余劳力、技术粗工的职工动员回农村生产。经 1961 年至 1963 年大力整顿，“大跃进”中一哄而起的大大小小钢铁厂、炼铁炉全部撤销停产，其他工厂企业转化为集体所有制企业的有 8 个，共计职工 497 人；关闭、下马工厂 17 个，职工 3219 人。县里还根据省委有关调整、整顿社队企业的指示，结合本地实际对社队企业进行大力压缩。全县社办企业 31 个，队办企业 16 个，经过整顿，只保留 4 个社办企业，7 个队办企业，减少社队企业 35 个，共 759 人。1962 年，轻工业由上年占工业总产值 47.16%上升到 62.83%，符合中央农轻重的方针。同年 8 月，国营政和石灰厂创办；1964 年 8 月，改为地方国营政和水泥厂。二是增产节约，支援农业。为切实贯彻“以农业为基础，工业为指导”的总方针，把工业工作转移到以农业为基础的轨道，政和县开展了“以支援农业为中心，提高质量，提高工效，降低成本”的增产节约运动。在工业品供应农业上，凡是适合农村需要的轻工业和手工业品，要积极增加生产、扩大品种门类、提高质量。1963 年，全县生产铁、木、竹、棕小农具 3.7 万件，为 1960 年两倍多。在服务农业上，组织人员下乡维修农具和修配抽水机、发电机、水轮机和磨粉机等，实行巡回检修，服务上门。1962 年，劳动生产率比上年提高 37.17%，生产费用每万元降低 1500 元。在轻工业发展上，认真贯彻“为农业生产和人民生活服务”的方针，基本做到以修理农具为主，修制并举，不误农时。1963年轻工业总产值127.11万元（按不变价），比1962年增加28.55%。至1965年，轻工业产值占工业总产值的比重分别为54.59%、51.67%、52.80%。全县轻重工业的发展比例更加合理化。三是精简职工，压缩城镇人口。在“大跃进”期间大炼钢铁办工厂，从农村大量抽调劳动力到厂矿企业，职工队伍迅速扩大。1960年全县职工总数由1957年的2359人增至6761人，增长2.87倍；城镇人口由1957年的8485人增至16698人，增长96%；农业劳动力由66861人减至47362人，减少了38%。职工人数和城镇人口的大幅度增长，加重了农业的负担；农村劳动力被大量抽调，生产上不去，粮食供需矛盾突出，全县经济出现了暂时的困难。1961年，党中央、国务院做出“减少职工和城镇人口，动员职工和城镇人口下乡参加农业生产，加强农业战线”的指示。政和县认真贯彻党中央的指示，按照省地的部署，把精简压缩工作抓紧抓实。成立以县委副书记为组长的精简工作领导小组，先后召开县委扩大会议、三级扩干会议、工厂企业职工大会等，大张旗鼓地宣传党中央、省地及县委精简压缩工作的方针政策。制定全县各单位的精简方案，进行定单位、定人员、定减员任务、定生产任务，把该动员回乡的职工家属和城镇居民全部动员到农村去。在精简职工方面，1963年，全县全民所有制职工总数由1960年的6761人降至3560人。1965年精简至2383人，减少64.75%。在压缩城镇人口方面，1960年政和县城镇人口8995人，从1961年开始至1963年共压缩1894人，工资总额减少22.3%；在减少吃商品粮人口方面，1963年降到8577人，比1960年减少5592人，减少粮食销量85.75万公斤。1964—1965年在抓好巩固成果的基础上，开展对城镇知青、闲散人员进行“劳动光荣，下乡为贵”的宣传教育，两年共动员安置100余人到农村插队落户。

调整财贸活市场　一是压缩财政支出。全县通过压缩城镇人口，精简职工，减少基本建设投入，控制社会集团购买力等措施，大幅度减少了财政支出。1961年全县财政支出136万元，1962年为54.9万元。县委还做出《关于进一步压缩社会集团购买力的几项规定》,从压缩公用经费开支、停止非生产性购置、降低企业成本等 8 个方面进行管控,在优先满足生产资金的基础上,其他各项正常支出 1961 年比 1960 年压缩了 30%。二是改革商业体制,开放农贸市场。县委在财贸调整中,做出调整、发展商业工作的规定,恢复供销合作社体制和允许适当发展个体经济作为社会主义市场的必要补充等政策、措施,把公私合营京杂商店中的一部分小商小贩调整出来,恢复原来的合作组及个体商贩,增加小商小贩 14 户,促进市场的恢复和繁荣。1961 年,成立政和县市场管理委员会,全面整顿商品市场,改进了商品运输路线,加强商品监督管理,加速了商品流通和资金回转。至 1963 年,盈利企业增加,上缴利润比 1962 年增加 58%,亏损金额减少 49%。1962 年城区共有个体商贩 69 户 127 人,成交额达 79.25 万元,占全县社会零售额的 18.32%,物价大幅度下降。为促进生产发展,活跃市场,不仅恢复东平圩期,还增设铁山、澄源、镇前、梨溪 4 个集市圩期,上市品种有 12 类 250 余种。1963 年集市贸易价格比 1962 年下降 98.13%,牌市价差距由 2.46 倍降到 0.83 倍,完全消除了市场上排队抢购、争购商品的现象。1962 年,国家开始采取"抽紧银根,压缩基建,调整工业生产,紧缩财政开支,精简职工,出部分高价商品"的措施,政和县实行紧缩金融、增加城乡储蓄、组织货币回笼、压缩集团购买力、加强资金管理等措施。1965 年现金净投只有 47.3 万元,扭转了通货膨胀的局面。三是开展物资清查。在工业战线开展"增产节约,提高质量,降低成本"的同时,全县组织"三清"。1961 年清出资金和物资 85.7 万元,1962 年又挖掘积存物资价值达 157.59 万元,占整个库存物资总数的 21%,加速了资金周转。

调整交通兴公路 解放初期,政和没有一条公路,通往外界仅靠小船和竹筏,交通十分不便。为了从根本上改变政和交通落后面貌,县委、县政府在第二个五年计划期间,坚决贯彻民办公助的方针,以"愚公移山"精神,开辟山区交通。要求在三年内布下全县交通网,达到乡乡有大车通、区区有简单公路、大部分农业社有大道的目的。1957 年 3 月,县政府组织民工和机关干部职工修建政和至西津公路，1958 年 11 月建成通车，为全县第一条公路。此后，陆续修建省道赛浦、瓯政、稻安公路。其中赛浦公路横贯闽东北，是联结闽浙赣三省的主要公路干线，1957 年 3 月动工，1959 年 4 月竣工，政和境内施工路段 53.27 千米，投工 125.66 万个工日。1958 年 12 月 3 日，政和至浦城段通车，客车从政和车站发车，经过松溪、浦城、建瓯到达南平，打开政和通往外界的交通门户。1959 年国庆前夕，横跨政和城关南北两岸、桥长 66 米、宽 6.5 米的星溪大桥落成通行。此外，县乡公路都采取民办公助、地方自筹和民工义务值勤等多种集资形式，进行道路建设。1963 年整修暗桥至西津、铁山至范屯（江上）两条县内公路 25 千米。翌年，投资建设西津大桥，桥长 163.3 米，1968 年 8 月建成，成为政和县第一座公路大桥。到 1965 年，全县交通大为改观，政府组织的肩挑队取消了，也结束了几千年来民间姑娘出嫁坐轿现象，新娘新郎改用自行车、拖拉机、汽车出行。同年，政和三轮车运输组成立。

1959 年五一，浦赛公路政（和）周（宁）段在城关举行通车典礼新闻旧照

调整文教促教改 “大跃进”时期，脱离实际大办教育，全县小学由 1955 年的 69 所增至 1960 年的 190 所，学生增加两倍多，达 10588 人，中学由 1957 年的 5 个班 279 人增加到 18 个班 783 人，与全县国民经济发展严重失调。为此，政和县采取适当控制发展数量，撤并学校，提高教学质量。1962 年，小学调整到 101 所，学生 5400 多人，分别比 1960 年降低 46.84％和 54.5％；中学调整到初高中 6 个班，学生 251 人，比 1960 年分别下降了 66.67％和 67.93％；农业中学 6 所，全部调整停办。1962 年全县各类学校在校学生数比

1960 年减少 5004 人。1963 年继续进行调整，撤并 10 所学校，恢复 8 所初小，6 所完小，并对各类小学班级学生数额做了明确规定，同时推行复式教学适应广大农村教育需要。同年 9 月，对民办小学进行整顿，凡大队所在地和人口集中未设学校的村庄都发展民办小学，并纳入学区统一管理。整顿后全县共有民办小学 67 所，学生 1200 人。1965 年民办小学增至 115 所，占全县小学总数 51%。

1964 年，县委贯彻“两种教育制度和两种劳动制度”精神，根据省半工半读教育工作会议精神，深化文化调整，推广半工（农）半读教育制度。在杨源、镇前、铁山、东平 4 个区及东峰水泥厂、石屯松源各办 1 所半耕半读的农业中学，每所学校招生 30～50 名。1964 年 10 月首先在林屯（公社）创办以半耕半读为主的“政和县农业中学”，招生 50 名。此外，还规定了“从社会来，到社会去”“面向农村，面向生产，为人民公社培养劳动技术后备力量”的办学原则；教学目的是培养有社会主义觉悟、有文化和农业知识、技术，并立志在农村从事生产劳动的新型农民。随着“两种教育制度的推行，为适应教学需要，加强培养农村耕读小学教师”，1965 年 9 月，又开办了农村师范，招生 50 名，培养专业毕业生 40 人。

二、战胜三年困难时期

由于“大跃进”“反右倾”的错误，加上当时的自然灾害和苏联政府的背信弃义，1959 至 1961 年国民经济发生严重困难，国家出现三年困难时期。政和县（1960 年 2 月—1962 年 8 月为松政县）面对困难，紧紧围绕党中央及省、地指示精神，有效开展经济与社会事业恢复和发展工作。1959 年 4 月，县委根据《郑州会议记录》，即解决农村人民公社所有制和纠正“共产风”的指示精神，开展整风算账。在贯彻人民公社体制权力下放、实行三级管理（三级核算，队为基础）和清理“大跃进”时期“一平二调三收款”错误的同时，对党员干部瞒产私分、浪费公款、严重强迫命令、贪污挪用等问题进行检查和处理。1960 年 6 月，松政县委在全县农村开展反贪污盗窃、反强迫命令及官僚主义的“新三反”运动。11 月，中央发出《关于农村人民公社当前政策问题的紧急指示信》(即《十二条》),县委遵照《十二条》里"人民公社实行三级所有、队为基础,至少七年不变,彻底纠正'一平二调'错误"的指示精神,成立"退赔办公室",重新算账退赔,三级平调总值达744万元,其中县以上平调598.5万元,公社平调69.8万元,大队平调75.3万元,层层进行退赔,"共产风""一平二调"经过两个多月初步清理,逐见成效。12月,开展农村整风整党运动,纠正1958年"大跃进"以来的"五风"(共产风、浮夸风、高指标、瞎指挥、干部特殊化)和"三害"(贪污、浪费、官僚主义),着重以纠"共产"风为重点。这些工作的开展对调动农民积极性,恢复和发展农业生产,起到积极作用。1961年,松政县委贯彻党中央提出的"调整、巩固、充实、提高"八字方针,全县各行各业进行全面调整提高,精简机构、压缩城镇人口和基本建设规模,整顿工业企业,动员企事业单位的职工和城镇闲散人员6732人到农业第一线。农业实行"垦荒田3年不征购"政策,还采取降低粮食征购量、紧急调运和进口粮食、节衣缩食"瓜菜代"、提高粮食收购价等措施。同时,还在民主革命不彻底的少数落后社队开展"反五风""夺五权"(五权指:党权、政权、财权、管理权、生产指挥权)的整风整社运动,这些措施的有效开展,加快了全县经济的恢复和发展。

1962年8月,松政县分县。9月,政和县委召开三级干部大会,对"大跃进"以来的"全县的工作中主要错误和经验教训"进行全面总结,县委认真检讨了错误。是年,取消伙食供给制,撤销公共食堂,社员的消费全按工分分配,实行"按劳分配"原则,生产生活更有主动权,提高了社员生产积极性。1962年,县委根据省委的部署,对1957年以来的"反右派""反右倾""拔白旗""整风整社""民主革命补课"等运动中受到处理批判的党员、干部予以甄别,共有106人得到纠正与平反。1962年冬,贯彻中央《农村人民公社工作条例修正草案》,在农村调整社队规模,认真解决"一平二调"问题,实行"三级所有、队(生产队)为基础"的核算制度,在实际工作中纠正"左"的错误,进一步加速全县国民经济的发展,稳定了社会秩序。

三、开展“社教”，确保经济社会发展

农村开展“四清”运动 1962年9月中共八届十中全会后，中央决定在全国城乡发动一场普遍的社会主义教育运动（简称“社教”）；省委根据中央的精神决定在农村开展“社教”运动。年底，县委及时召开扩大会，传达八届十中全会和省、地委会议精神，布置开展社会主义教育和整顿社队工作步骤和要求。全县第一批77个大队开展整社运动，通过运动，八届十中全会精神在农村得到初步贯彻，干群思想觉悟和集体生产积极性有了一定提高，刹住了单干风。1963年2月25日县委做出《关于放手发动群众、厉行增产节约、开展社会主义教育运动的指示》，提出开展“社教”运动，主要宣传“三个主义”（社会主义、爱国主义、集体主义）、反对“三股歪风”（资本主义、封建主义、铺张浪费）。通过宣传教育，广大干群做到“三要三不要”，即要社会主义不要资本主义、要集体不要单干、要勤俭办社不要铺张浪费。3月，进行“社教”运动的试点工作，全县39个公社、6个区，每个社、区搞一个点，全县在45个大队首批开展教育运动。

1963年5月，中共中央制定了《关于农村社会主义教育运动中一些具体政策的规定（草案）》（“前十条”），9月，又制定了《关于农村社会主义教育运动中一些具体政策的规定（草案）》（“后十条”）。福建省委根据中央的精神，决定“先展开面上的社会主义教育运动，待面上的运动基本结束后，再按原计划分期分批地、系统地展开第一批点的社会主义教育运动”。面上“社教”统一按照5个步骤进行：第一步，宣讲“双十条”（“前、后十条”），干部下楼“洗手洗澡”；第二步，开展“四清”（清财务、清仓库、清工分、清账目），大抓退赔兑现；第三步，揭生产斗争盖子，处理巩固集体经营中的问题；第四步，开展对敌斗争，打击封建势力和资本主义势力的进攻；第五步，整顿基层组织，成立贫下中农协会。12月19日，县委召开县、区、社、大队、生产队五级扩干会，历时12天，会议中心议题是宣传中央“双十条”和省委的决定。1964年1月，全县开展面上“社教”运动。以“揭两个盖子”（阶级斗争、两条道路斗争）为主要内容，反对“三股歪风”

（资本主义、封建主义、铺张浪费）。方法上采取放手发动群众，大鸣大放大讨论，大揭盖子，提高干群的社会主义觉悟；初步解决干群关系，杀住歪风邪气；做到干部下楼、“洗手洗脚”，主动认错退赃，积极参加集体劳动。3月，全县社队进行以“四清”为主要内容的“社教”运动，全县组织39个“四清”工作队，选派170人抓10个试点，生产队建立了“四清”小组179个，以点带面，逐步铺开。方法上采取先摆成绩、找差距、查原因，然后清账对账、揭盖子、提问题，最后公布结果的方法，边整边改。到4月底，全县有9个公社、24个大队、191个生产队“四清”结束。据统计，9个公社揭发出不同程度有“四不清”问题的社、队三级干部共计265人，资金达14269元，粮食共计15525斤，以及化肥、布票等。其余29个公社，85个大队，830个生产队，分三批继续进行，计划在1965年底结束。

1965年1月，中共中央发布了《农村社会主义教育运动中目前提出的一些问题》（“二十三条”），规定城市和乡村的社会主义教育运动，今后一律称“四清”（清政治、清经济、清思想、清组织），对原“四清”运动中“左”的偏向做了纠正，为受冲击的干部解开思想疙瘩，在一定程度上保护了多数干部和群众的积极性，保证了经济建设和各项社会事业的发展。1965年2月7日至11日，县、区、社、大队、生产队五级干部扩大会召开，参会干部1980人，会议对1964年“四清”运动中“左”的偏向做出纠正，传达贯彻中共中央《农村社会主义教育运动中目前提出的一些问题》的精神。但由于“二十三条”强调指出“这次运动的重点是整党内那些走资本主义道路的当权派”，把一般问题也视为阶级斗争在党内的反映，混淆了两类不同性质的矛盾，这就把斗争的矛盾集中指向党的各级领导人，从而使阶级斗争扩大化的“左”倾错误发展到一个新的阶段，造成一批领导干部遭到不应有的打击和迫害。1965年，县委领导全县人民开展学习毛泽东著作中讲的群众运动。

机关开展“五反”运动　在农村开展“四清”运动的同时，县委根据上级部署，于1963年9月，在县直机关开展“五反”（反贪污盗窃、反投机倒把、反铺张浪费、反分散主义、反官僚主义）运动。县委下发了《关于县直机关开展“五反”运动意见》，成立了县委开展运动中心领导小组。第一批开展运动的有县委、人委领导机关（包括群团、人委各科局及机关外的科局行政干部），约 205 人。县委、人委领导先带头开展，解决下“二层楼”问题。第一阶段揭阶级斗争的盖子，干部回忆对比，检查个人思想、作风、特殊化等问题，洗手洗脚下第一层楼，科局长向常委提了 379 条意见；第二阶段领导自我检查，群众讨论补充，帮助下第二层楼，群众共提了 270 条意见。第二批政法部门、企事业单位，共计 27 个单位，在“五反”运动中较好地解决了单位“小金库”“小粮库”“特殊化”“假公济私”“走后门”等不良现象。“五反”运动至年底基本结束，纠正了部分干部脱离群众、强迫命令、搞特殊化等思想作风问题，揭露改进了一些单位制度不严、浪费严重的问题，揭露查处了少数人贪污盗窃的问题。

全县掀起学雷锋热潮 1963 年 3 月，《人民日报》发表毛泽东主席“向雷锋同志学习”的题词后，全县掀起学雷锋热潮。县委组织开展社会主义教育运动，宣传社会主义、爱国主义、集体主义思想；在广大群众中倡导雷锋精神，鼓励争做好人好事；在青少年学生中开展“向雷锋叔叔学习”活动，大力弘扬助人为乐之风。一时间，人人争做好事的社会新风尚蔚然成风，涌现了一大批先进集体和个人。当年，全县掀起造林热潮，共植树造林 0.16 万亩。12 月动工兴建石屯洋“幸福渠道”，广大干群踊跃投工投劳，修建渠道总长 11 千米，设计灌溉面积 7000 亩。

第八章 “文化大革命”期间的建设发展

1966年5月至1976年10月,正当全国人民满怀信心地准备执行“三五”计划之时,无产阶级“文化大革命”(简称“文革”)如火如荼地在全国蓬勃展开。政和县在长达十年的“文革”中,坚持一手抓革命,一手抓生产,努力做到革命生产两不误,促使国民经济逐渐复苏。

第一节 开展“文化大革命”

一、“文化大革命”运动

贯彻“五一六”精神 1966年5月16日,中央先后下发《中国共产党中央委员会通知》(简称“五一六通知”)和《关于无产阶级文化大革命的决定》(“十六条”),毛泽东主席发表《炮打司令部——我的一张大字报》,“文化大革命”运动席卷全国。政和县委及时召开会议,传达学习“五一六通知”,从城镇到农村刮起“文革”浪潮,以及批判所谓“三家村”活动。7月,县委成立“文革”领导小组及办公室,并派出工作组进驻政和中学和文化单位,开展批判“反动学术权威”“三家村”“四家店”运动。政和中学学生成立“红卫兵”组织,随后各校也纷纷成立“红卫兵”“红小兵”组织,部分师生外出串联。9月,中共中央、国务院发出《关于组织革命师生来北京参观革命运动的通知》,全县选派60名师生代表赴京在天安门广场接受毛泽东主席等中央领导人检阅。自《横扫一切牛鬼蛇神》社论发表后，政和出现贴“大字报”，叫响“教育要革命”“学制要缩短”、废止考试和升留学制度等言论，四处揭批“牛鬼蛇神”，搅乱了一些教职员工思想，打乱了一些学校秩序，有的学校甚至停课“闹革命”。对此，县委及时组织力量教育说服，尽力防止事态扩大，引导教学、交通、营业等秩序回到理性方向上来。9 月 20 日，县六届人大一次会议宣传贯彻“十六条”，红卫兵组织由学校蔓延至机关单位，全县机关企事业单位、城镇乡村自发建立“红卫兵”战斗队组织。

岭腰乡锦屏村古廊桥横梁上至今保留着“文革”期间书写的系列标语

“破旧立新”　《人民日报》发表《向我们的红卫兵致敬》社论后，掀起破“四旧”（旧思想、旧文化、旧风俗、旧习惯）立“四新”（新思想、新文化、新风俗、新习惯）高潮，标语、传单、倡议铺天盖地，将一些原本很有历史文化价值的文物视为“封、资、修”给予改变甚至毁坏，一些有文化内涵的村名、地名、校名一夜之间改为带“红”字的名称，如胜利大队、解放大队、工农大队、红卫小学、向阳小学等，一些群众还被无辜抄家。县委果断决定，要求保护重要特殊文物，控制无辜被抄家事态，妥善处理查抄财物，减缓“破旧立新”的负面影响。

破灭造反“夺权”梦　受《人民日报》社论和江青“文攻武卫”口号影响，1966 年 12 月，全县各“红卫兵”“战斗队”到处鼓动造反有理、踢开党委闹革命，揪斗所谓走资本主义道路当权派，各级党政机关、企事业单位大部分领导干部被揪斗。开展“革命大批判”“小评论”“斗私批修”，以达到“思想革命化”，并动辄上纲上线。发展“东方红”“井冈山”两类组织，并自发拥向井冈山、韶山、延安等革命圣地串联，一路免费坐车、一路打开粮仓，造成学校停课、生产影响、交通紧张、社会秩序混乱。之后，县委按中央精神刹住串联风。1967年1月，全县“红卫兵”组织先后联合改组成“东方红联络站”和“井冈山联络站”两大造反组织，互相抗衡。此外，还提出“一切权力归无产阶级革命派”“炮打×××”等口号，造反派“夺权”浪潮由单位、公社波及县委、人委领导机关，一些领导干部被错误划为“走资派”而关进“牛棚”，直至批斗和迫害。高山区民兵“战斗队”数百人开着数辆带斗的大车，持着长枪到政和，誓言要“解放”城关，“夺权”乱象冲击全县。中央《关于人民解放军坚决支持革命左派群众的决定》下发后，政和县配合部队执行“三支两军”（支左支工支农、军管军训），加强了军民团结，巩固革命新秩序。同年2月，造反派“夺权”冲击，县人委主要领导干部“靠边站”。县人民武装部奉命组织革命生产指挥组，代行县人委部分领导职能。3—4月间，外出串联的师生相继回校复课。5月，人民解放军某部宁德海军30名官兵奉命到政和县参加“支左”，成立政和县“五支”党委，设立“支左”接待站，下设党政、工交、财贸、文卫、政法、农业、工业、接待等8个归口组。6月，县党政领导权由县人武部奉命军管，抽调有关人员设立农业组、宣教组、政工组、支工支农组。年底，两大造反派组织发生两次武斗，计死4伤众。学校“走出小天地，接受再教育”，创办“五七”型、“抗大”式红卫兵战校，勤工俭学。1968年3月，中国人民解放军政和县公、检、法机关军事管制小组成立，接管公、检、法三家工作，促成“东方红”和“井冈山”两大组织大联合，并与外地组织脱钩。各区也相继成立区人武部生产领导小组，取代了区党政机构的领导职能。实行“三支两军”，对稳定当时局势起到了积极作用。4月，全县掀起批判所谓“二月逆流”，大批领导干部再次遭到错误批判，领导机构一时瘫痪，影响了安定团结和生产生活，经济建设遭受挫折。5月，成立军、干、群“三结合”的县革命委员会，实行党政军一元化领导。革委会下设“一室二部”（办公室、政治部、生产指挥部），室部再下设组，取代原县委、人委的职能机构。各公社、大队相应成立革委会或革委会领导小组。同时，建立工人、贫下中农、红卫兵代表会(简称“三代会”)，使全县乱局渐趋缓和。1969年初，县革委会决定公办小学一律下放到大队管理，实行贫下中农管理；全县实行缩短的“5+2”制(小学5年，初中2年)，社社还办起了两年制高中。

活学活用毛泽东思想 1968年6月28日，全县活学活用毛主席著作积极分子代表大会召开。“三忠于”(忠于党、忠于人民、忠于毛泽东思想)、“四无限”(对毛泽东、毛泽东思想和毛泽东的革命路线都要无限热爱、无限信仰、无限崇拜、无限忠诚)活动在全县风起云涌，设“宝书台”，唱语录歌，背“老三篇”，跳“忠字舞”，建“忠字塔”，贴毛主席像等，风靡一时。8月29日，政和县工农兵毛泽东思想宣传队成立，并设4个支队，进驻政和中学和部分县直机关、企事业单位搞“斗批改”。10月，全县开展“清理阶级斗争队伍”运动，干部、群众遭到“清查”，造成一批冤假错案。11月，全县三级干部会议召开，学习毛泽东关于“要斗私批修”的指示，层层办“斗私批修”学习班，学习毛主席著作(简称“学毛著”)。通过各级召开学习动员会，举办各种学习班、夜校、讲用会等方式集中学，进一步提高广大干群认识，加深理解毛泽东思想；由单位延伸家庭分散学，以实现“家庭革命化”，连过桥过亭、饭前睡前都要求背一段(句)毛主席语录，使“毛著”深入人心，人人皆知；“带着问题学，活学活用，立竿见影”，在“用”字上狠下功夫，解决实际问题，开展自我批评，消除派性，搞好团结，连夫妻吵架也用上了毛主席语录。其间，树立一批活学活用毛泽东思想积极分子，掀起“革命榜样戏”热潮。通过大学习、大宣传、大演戏，用毛泽

“文革”期间革命样板戏演出剧照

东思想武装工农兵群众、革命知识分子和广大干部，进一步促进人的思想革命化，防止修正主义，防止资本主义复辟，为社会主义事业和实施第三个国民经济计划提供思想保证。

二、开展“斗、批、改”

党的九大后，全县继续开展“革命大批判”，轰轰烈烈批判“封、资、修”，随处可见批判专栏，彻底否定“修正主义路线”，把各方面继续纳入“文革”轨道。1969 年 5 月 7 日，为期两个月的政和县毛泽东思想学习班开班，担任过县委、县人委领导职务的干部集中学习，接着举办中层领导干部学习班。1970 年 2 月，根据中央《关于打击反革命破坏活动的指示》等 3 份文件精神，部署开展“一打三反”，将其作为深入“斗、批、改”的重要措施，打击了一些反革命分子和各类犯罪分子，在“左”的思想指导下，全县有 2000 人被批斗。清查“五一六”分子，使清理队伍工作扩大化。极左思潮影响下，许多问题和平常现象与阶级斗争或“反革命”或“投机倒把”等挂上钩，使大批干部、知识分子受到不同程度的迫害。精简机构、下放干部，走“五七”道路，全县下放干部达 178 人，其中 97 人直接下放到农村充实基层工作（1973 开始陆续调回）。1971 年，江青炮制的《全国教育工作会议纪要》，严重压抑了广大知识分子的积极性。“教育革命”又造成了教育质量普遍下降和教学秩序的混乱。1971 年 2 月，松政县（注：1970 年松政两县再度并县）第三次党代会召开，县委组织机构恢复。

三、整顿纠“左”与“批林批孔”

根据中央整顿纠“左”精神，1973 年 6 月，派驻政和县公检法三家的军事管制小组撤销，年底“三支两军”接待站亦随之撤销。正当政和县认真贯彻整顿期间的一些正确理论观点，减少“文革”产生的影响之时，1974 年 2 月，中共松政县“批林批孔”办公室成立，在全县掀起“批林批孔”政治运动，直到 1975 年才停止。这次活动错误地批判了仁义、孝道、尊师等传统优秀文化，带来一定负面影响。继掀起“批林批孔”运动不久，县直机关开展“无产阶级专政下继续革命”

理论的学习运动，继而发动了“批邓、反击右倾翻案风”运动和“割资本主义尾巴”，把农民种植的小宗杂粮和经济作物等错误地当作“资本主义尾巴”割掉，全县再度出现乱象。1976 年 1 月、9 月，政和干部群众自发开展悼念周总理、毛主席，以及声讨“四人帮”的声势浩大的群众运动。直至以华国锋为首的党中央毅然粉碎了“四人帮”反革命集团，结束了“文化大革命”。

第二节　抓革命，促生产

1966 年 9 月，中共中央下发《关于抓革命促生产的通知》后，政和县加强各级生产业务工作，突出“学大寨”“学大庆”和基本建设。

一、农业学大寨

“以粮为纲”　大力贯彻“以粮为纲，全面发展”方针，农业生产求数量、争速度。1970 年，改高秆品种为矮秆品种，实现了粮食生产的第一次革命。农业职能机构从“文革”初期“三局合一”的农林水领导小组，至 1975 年一分为三，单设为农业局和畜牧生产办公室、农业机械化办公室，专司农业各项工作。大力抓粮食种植，以产量为中心，抓良种、抓技术、抓榜样。促进连作双季稻面积的扩大，单季稻逐步改为双季稻，全县连作双季稻达 7865.87 公顷，单季稻 5228.53 公顷，实现粮食生产的再次革命。1975 年成立杂交水稻生产办公室，组织两批学员赴省内龙海和广东、海南配制杂交稻种，翌年起在县内自制杂交种，推广杂交水稻，进一步扩大和稳定连作双季稻面积，提高单位产量，实现粮食生产由常规稻改为杂交稻的第三次革命。改串灌、满灌为轮灌、浅水勤灌，控制“冷水不到田，山洪不冲苗，肥水不流失，差田变好田”。改大水秧为旱秧，并做到合理密植。间作改连作，推广二、三熟，复种指数由 1965 年的 125％提高到 1976 年的186.6％。开始推广化肥，逐步打破以传统农家肥、绿肥为主的有机肥的单一格局；同时，推行“球肥深施”“全层施肥”科学施法。粉碎“四人帮”后的连续几年，农业呈现风调雨顺、粮食连年丰收景象，总产和单产均创历史最高纪录。在确保粮食增产的基础上，因地制宜，努力实行农林牧副渔五业并举。集体造林种竹，社队兴办耕山队和林场，扭转“大跃进”时期森林资源破坏严重的局面。笋干、香菇、松脂、油桐(茶籽)、山苍子、板栗等林副产品也有所发展。县政府历来鼓励养猪，提倡集体办养猪场，生猪和母猪存栏由 1966 年末的 20540 头和 1148 头，发展到 1975 年末的 41528 头和 1681 头。茶叶历来都作为多种经营主要项目来抓，茶叶面积和产量至 1976 年分别达到 2678.8 公顷和 722.8 吨，比 1965 年分别增加 1512.1 公顷和 597.8 吨。水果除种植柑橘、梨等本地一些品种外，1973 年还从山东引进苹果苗试种，“北苹南移”在高山区部分地区种植获得了成功。

抵御灾害 1966 年 9 月，持续 6 天低温，最低温度 15℃，造成晚稻大部分绝收。1967 年 3 月 27 日，四个区 27 个公社普降冰雹，最大直径达 10 厘米以上。1975 年 6 月 10 日，全县普降大雨，日降雨量达 150 毫米，1333.3 公顷稻田遭到毁灭性破坏，房屋倒塌 80 余栋，人员死亡 3 人，石屯、东平两个大队尤其严重。县委连夜紧急电话会议号召“重灾面前不低头，早季损失晚季补，主粮损失杂粮补，田里损失山上补，抗击灾害夺丰收”，县、社抽调干部近 500 人，全县参加抗洪救灾人数达 3.7 万多人。石屯大队 400 米防洪堤洪水过面，1600 多人的生命财产岌岌可危，几千亩正在抽穗扬花的双早稻面临冲毁的危险。公社、大队组织一支以民兵为主体的 120 多人抢险突击队，与洪峰搏斗三个回合，群众闻讯自发参加到抗洪一线，抢险队伍增加至 400 多人，终于把灾害损失压到最低限度。其间公社水利专业队员卷入巨浪数人，光荣牺牲 1 人。灾后三天，全县扶苗洗苗 1726 公顷，清理田地改种、重种水稻 349 公顷，抢种地瓜杂粮 1200 公顷。1971 年夏旱 38 天，秋旱 84 天，受灾农田 5967 公顷，占耕地的43.2％，粮食减产 6295 吨。1972 年 8 月，在东平公社营前大队设一个人工降雨作业点，成功发射土火箭 65 枚，当晚全县普降中至大雨。

大兴水利 发扬大寨人自力更生、艰苦奋斗，不向国家伸手，依靠集体力量，开展农田基本建设的精神，全县在生活困难、工具简单、资金缺乏的特殊条件下，不讲报酬，无私奉献，不论条件，人海战术，掀起一浪又一浪平整土地、改造中低产田和兴修水利的群众性农田水利基本建设新高潮，“移山倒海”“改天换地”，开垦平整一丘丘良田；贯彻“小型为主、配套为主、社队为主”和“蓄、引、提、排相结合”方针，大规模兴建水利工程，减缓和战胜了各种旱涝灾害，尤其是 1975 年 9 月，党中央、国务院第一次全国农业学大寨会议发出“全党动员，大办农业，为普及大寨县而奋斗”的号召后，政和县快马加鞭学大寨。10 月 30 日，县委召开为期 8 天的大会，传达全国农业学大寨会议精神，成立农业学大寨办公室，提出“三年粮食上纲要，五年建成大寨县”目标，县委、县革委会领导成员基本扎根到分工片区，抽调大批干部职工组成工作队，进驻全县 9 个公社，组织农业学大寨工作。1976 年 6 月，县委组织大队主干和部分科局长 200 多人赴大寨学习参观。12 月，中央第二次全国农业学大寨会议号召继续农业学大寨、普及大寨县。

蓄水工程 1974 年 10 月动工、1979 年 11 月竣工的界溪水库，是重点蓄水和引水工程，库区流域面积26.4平方千米，总库容 1750 万立方米，以灌溉为主，发电、防洪、养鱼功能相结合，内有左右干渠计 33.5 千米长，工程投资 439.7 万元，解决了松政县东平、郑墩两个公社 13 个大队 3 个国营农场 2147 公顷土地的灌溉。松政第二次分县后，保障东平公社 7 个大队和 2 个国营农场农田灌溉，有效灌溉水田 1433 公顷，新增保灌 1133 公顷，为东平成为政和县重要粮

20 世纪 70 年代兴建的东平镇界溪水库全景

食产区发挥了重要作用。小(一)型水库满洋水库,1973 年动工,完成土石方 31.59 万立方米,投工 60.47 万工日,流域面积 2.1 平方千米,总库容 175 万立方米,灌溉面积 100 公顷,主要建筑有灌溉、发电等项目。河山水库,1975 年兴建,完成土石方 31.86 万立方米,投工 38.77 万工日,流域面积 3 平方千米,总库容 247 万立方米,有效灌溉面积 127 公顷,具有灌溉、发电、养鱼相结合的功能。小(二)型水库主要有:东平公社的王春垅、蟹口垅、任后、长尾垅,石屯公社的鸡母垅、下坑、王元仔、山头洋、何坑,星溪公社的念山、蟹桥,铁山公社的青山、邓厝、横坑,外屯公社的坑里楼、仙人坑,镇前公社的里洋、山后,杨源公社的上坪等 19 处,有土坝、拱坝、土石坝、堆石坝,坝高最高为念山水库(32 米),有效灌溉面积达 510 公顷。

引水工程　灌溉面积在 200 公顷以上的有七星溪和东平万亩引水工程。七星溪万亩引水工程于 1970 年 3 月竣工,灌溉面积 6470 公顷,保灌及旱涝保收面积均为 5367 公顷,由一个骨干工程幸福渠道、两个主要工程翻身垅引水和官凤引水三个重点部分组成,渠道总长 21 千米,为全县最大引水工程。经八年“抗战”,投工近 10 万个工日,完成土石方 8.61 万立方米,建成浆砌石重力坝、筏道、护岸、渠道等 4 个配套工程,沿着政和至西津公路开凿 11 千米引水渠,左右岸砌石护岸和防洪堤,使工农、石屯、长城、西津等 4 个大队 11 个生产队 2 个社办场受益,有效灌溉土地 260 公顷,替代了沿河西山坂、石屯村头和屯尾、新亭子、长城等 8 个草木坝;翻身垅引水工程,兴建渠道 4 千米,延长渠道 3.5 千米,灌溉洋后、王山口两个大队 100 公顷农田,取代了洋后等 3 个草木坝;重新建坝并于 1976 年竣工的官凤引水工程,渠长 4 千米,加上多次配套延长渠道,受益面积 67 公顷,取代了石圳等 6 处草木坝。东平万亩引水工程,即兴建界溪水库时建左右干渠,设水库管理机构,解决了东平、郑墩公社 13 个大队 3 个国营农场数万亩“望天田”的灌溉。20 世纪 60 年代建成的 88 处 110 台水轮泵,有效发挥了抗旱排涝作用,深得地区的充分肯定,福安专区在政和县召开现场会。

防洪工程　修建防洪堤成为“农业学大寨”的重头戏,以七星溪、龙潭溪流域干流为重点。城区东部1970—1972年建成东起凤嘴沟、西至东大桥，全长920米的胜利洋防洪大堤，基本达到20年一遇防洪标准；南部于1970至1974年，建成龙潭溪大庙桥至林屯桥东岸2.285千米、西岸1.69千米的龙潭溪防洪堤；西部于1971—1975年建成东自七星岩，西至官湖桥，全长1.9千米的渡头洋防洪大堤，三条防洪堤既是为保护农田，又成为城区防洪的重要市政工程。星溪辖区的东峰防洪堤，自范屯洋至梅龙溪口，全长3.5千米，保护农田140公顷、人口1100人。外屯辖区修建的7处防洪堤，以“三屯”为重点，自昌岐洋至池栋全长15.36千米，保护农田200公顷、人口4500人。石屯辖区防洪堤，始于官湖桥头、止于西津，全长15千米。石屯公社人民以大寨人开凿人工天河——幸福渠为榜样，制定“根治七星溪河道，彻底改变石屯旧貌”的规划，下大力实施四期辖区内七星溪河段整治项目，兴建沿岸防洪工程。前三期于1974年完工，取得开挖土石方189.4万立方米，开排灌渠8.6千米，改河道3千米，新造田53.3公顷的显著成效。最大壮举是第四期“桐岭峡”改河工程，充分发挥社会主义制度优越性，发扬人定胜天精神，创造出惊天动地的奇迹。1974年12月组织全公社劳力轮番上阵，实行大兵团作战，苦干十寒冬，投入15.2万个工日，完成土石方15.3万立方米，硬将古往今来的山岭劈成一条河道，引七星溪上游河水穿峡而过，消除沿岸933.3公顷稻田和1万多人民生命财产的洪水威胁。整治七星溪工程期间，涌现出水利排知青班和“三八”妇女班治水的动人故事。

改河战报

最高指示

中国共产党是全中国人民的领导核心。没有这样一个核心，社会主义事业就不能胜利。

24

[illegible]石屯公社改河工程指挥部办公室编

一九七一年 三月 八日

石屯公社召开加入中国共产党、共青团[illegible]大会

七星溪改河第一期工程胜利竣工

1971年石屯公社改河工程指挥部办公室编写的《改河战报》

二、工业学大庆

创办工业 “文革”期间，政和县先后成立县工业局、二轻局、经济委员会、乡镇企业局等管理机构。认真贯彻中央两次“工业学大庆”号召，在“以钢为纲”的宏伟目标感召下，贯彻建设社会主义总路线，广泛开展学大庆运动，掀起“大办工业”热潮，提出“厂举大庆旗，人学王进喜”口号，组织学习大庆人自力更生、艰苦奋斗精神，重点组织职工学习大庆人“三老四严”“四个一样”的作风。1965 年 8 月，县农械厂试产脱谷机成功，产量持续增加。1966 年创办县锯板厂、松香厂、算盘厂等企业。9 月，政和县农械厂试产一台立轴 25 型水轮机，至 1970 年生产 3 个品种 115 台/2395 千瓦水轮机，1971 年更名为政和县水轮机制造厂。省属企业铅锌矿 1967 年恢复生产，至 1978 年共生产铅精矿 690.2 吨，锌精矿5180.74吨。政和茶厂应对市场需求，1970 年由加工红茶为主改为加工绿茶为主，1976 年又改以窨制茉莉花茶为主。1970 年县化肥厂建成投产(1975 年更名为县磷肥厂)，当年生产过磷酸钙 1525 吨，次年开采硫铁矿，停产复产后，至 1976 年共开采近 4000 吨。1971 年政和酒厂实现半机械化生产。1975 年县印刷厂通过技术革新，实现双开、四开平板印刷。1975 年外屯水电站投产并和县电厂联网，时为全县水头最高、装机容量最大的一座水电站。当年全县水电发电量 484.82 万千瓦时，火电发电量49.94万千瓦·时。“四五”末期的 1975 年，全县工农业总产值比 1970 年增长 53.4％，“四五”期间年平均递增 13％，工业比重为 40％。1976 年创办政和县调速器厂(后更名为无线电厂)和香料厂。到 1976 年

20 世纪 70 年代兴建的省属企业政和铅锌矿(又称四〇一厂)厂房车间

底，全县有一定规模的地方国营企业达10家，总产值1216.4万元，实现利润51万元。酱油生产以县酒厂和东平合作社酱油厂为主。创办工业有忽视客观条件急于求成倾向，经过调整整顿后稍有改观，使国有工业在曲折中前进，手工业企业得到持续发展。

生产竞赛 工交战线开展以优高产、多品种、低消耗为主要内容的社会主义劳动竞赛，推动了全县基础工业和交通运输建设发展。对职工进行质量第一的思想教育，提高优等品率、一等品率意识。倡导技术革新，开展增产节约。改善调度管理，两班制改三班制，保证正常供电。县水泥厂，至1974年生产普通硅酸盐水泥突破万吨，425＃华厦牌早强型普通硅酸盐水泥质量不断稳定提升。水轮机品种从1966年的1种增加至13种，产量达112台/16130千瓦。其中两个系列产品曾获国家机械工业部授予的研制节能奖和节能产品奖。1966年，国营政和锯板厂开办，当年生产锯材2077立方米，至20世纪70年代中后期生产规模在6000至10000立方米之间。县松香厂1969年至1976年生产松香油3699吨。政和茶厂20世纪60年代改皮带传动为电动机传动，实行机械化流水线生产；20世纪70年代所产的茉莉花茶先后7次获省优和国家商业部、轻工部双部优产品。1975年东平酿造厂高粱酒被评为闽北名酒，连续被评为地区一级酒、优质酒、名酒和福建省白酒类优质酒第三名，连续两年在全省评酒会上，获得清香型白酒评比第一名，为省优产品。政和二轻集体手工业坚持为农业服务的方针，开展铁制农机具维修服务，开拓竹制品、石雕工艺品外贸出口生产等，手工业企业得到持续发展。"文革"期间，全县工业、手工业战线克服各种困难抓生产，主要指标基本完成，有的超额完成计划。同时，工交系统两三年召开一次先进竞赛表彰会，树立一批先进单位和先进个人，其中佛子岩道班"文革"期间获省、市、县级先进集体十余次，成为交通战线的突出典型。

三、基本设施建设

交通建设 "文革"时期，政和县继续大规模修建公路，以城乡公路为主。资金以乡村自筹、群众集资为主，辅以国家补助和县财政、林业、供销、交通、水电等部门投资。路面均为泥结碎石路面和土路面。

省道　自开通第一条公路“赛浦公路”后，瓯政、稻安、大镇3条省道公路先后通车。“瓯政公路”经多次修整，于1968年4月全线正式通车。它始于建瓯县城，经东峰、东游、川石和石屯，至政和县城止，全长89千米，政和境内20千米。历经10年8次艰难整修而成，达到三级公路标准，由县道升为省道。1969年5月全线动工的“大镇公路”，起于古田县大桥镇，经屏南和政和县的上庄、杨源，至镇前牛脊洋止，与赛浦公路相接，总长107.4千米，政和境内25千米，于1970年6月竣工通车，达到三级公路标准，工程总造价262.52万元，全部由国家拨款，为闽北通往福州的主要公路。1973年10月竣工通车的“稻安公路”，起于政和稻香村，经铁山、江上、岭腰，终至浙江庆元县安溪镇，全长22千米，历经15年多次整修，达到四级公路标准，是政和通往浙江的一条重要公路。

县道　斜镇公路(寿宁斜滩至政和镇前)，始于寿宁县斜滩镇，途经芦时岔、平溪、南溪，进入政和境内的牛途、新康、暖溪、澄源、前村、富垅，至镇前止，与赛浦公路相接，全线长78.8千米，政和境内32.9千米，采取“民办公助”办法修建，前后工期8年。第一期修建镇前至澄源16.5千米简易公路，成为当时最长的乡村公路；第二期修建澄源至下暖溪5千米路段；第三期修建澄源至牛途11.3千米路段，至1967年10月与寿宁段接通，全线通车，达到四级标准。

成为要道的有：1966年动工、1968年4月竣工的西津至东平公路，全长15.5千米，按三级标准公路施工，不仅联结了石屯与东平两个公社，还贯通了城关至东平，并打通了东平出县至建瓯的道路。1968年3月动工、7月建成通车的柯厝至东平公路，起于松溪与政和交界的柯厝桥，经营前、前蓬，终于东平镇，长度4.1千米，全线按山岭区三级公路标准施工，成为建瓯经东平直通松溪的要道。

直通重点厂矿路和生产基地的公路有：20世纪70年代初，修建了首条铁山至夏山厂矿(政和铅锌矿)公路。1973年12月又建成下洋至柿田公路，该线路起于“西茶公路”线上的下洋村，经东平公社电站、县瓷器厂、源头，止于碗厂柿田村，全长 8.1 千米。全县建有林业公路 4 条 55 千米、毛竹公路 8 条 73.5 千米和乡村等外路 9 条 52 千米，方便了生产运输和出行需求。

客运　“文革”初组成政和县三轮车运输组，客货兼营。瓯政等 4 条省道通车后，揭开政和交通运输业新篇章。赛浦公路政和至浦城段通车，有了国营政和车站，开通了前往南平的班车；赛浦路全线通车后，每日与南平对开一班、每日一班至福安。1968 年西津大桥通车后，政和客车改从西津直达南平，比原经松、浦、瓯、南线路缩短 166 千米。1970 年大镇公路通车，开通至省城的班车（经松溪至福州）。1973 年稻安公路与庆（元）安（溪）接通，又开通了政和至庆元的省际班车。1973 年 6 月，政和汽车运输站改属省汽车运输公司管辖，更名为松政县政和汽车运输站。1975 年增开政和至福州班车。县内客运始于政和至西津，而后开通至澄源，20 世纪 70 年代又先后开通至石屯、外屯、东平、杨源、锦屏、铁山等线客运，全县 8 个公社均开通客车。开通县内外和省际班车后，客运业务迅速发展，国营客运从 1965 年客运量 10.89 万人次、客运周转量 417.85 万人千米，上升至 1975 年客运量达 41.46 万人次、客运周转量达 1648.98 万人千米。同时，工矿企业铅锌矿自购一辆 40 个座位的客车，每天往返城关一趟。

水运　七星溪城关至西津筏道，自浦赛、瓯政路通车后，即告退历史舞台；1968 年后，随着公路交通的发展，政和境内松溪水运锐减，航道逐渐荒废，小木帆船成为历史记忆。

城市建设　“文革”期间，克服“左”的影响和经济困难，千方百计改变县城旧貌，陆续改造街道和兴建、改建一批公用楼房。街巷桥梁建设，20 世纪 60 年代拓宽解放街，并将招待所至粮食局的泥砾路面改为水泥路面。20 世纪 70 年代改造拓展西门街的城关粮站至石油公司，南门街的县工商银行至农业局，并将泥砾路面改为水泥路面，使西郊、南郊不复存在。同时，改建南门桥、解放桥为石拱大桥。主要楼房建筑，20 世纪六七十年代新建县百货公司、饮食公司、食杂公司、医药公司、新华书店、政府招待所、邮电大楼、影剧院、中小学校等三层砖混结构的公用楼房。1966至1968、1971至1972和1974年这六年,共建商业服务用房4200平方米。1965年建成1000平方米的南门电影院,1976年建成1200平方米的县文化馆。1966至1976年间,共建成办公用房8800平方米。

第三节 “上山下乡”与隶属变更

一、知识青年“上山下乡”

接收管理 为响应毛泽东主席“农村是一个广阔的天地,到那里是可以大有作为的”号召和“知识青年到农村去,接受贫下中农的再教育,很有必要”的指示,1967年7月9日《人民日报》发表“坚持知识青年上山下乡的正确方向”社论,全国形成知识青年上山下乡高潮,并逐渐成为调节城乡劳动力的重要一环。1968年12月,政和县革委会成立“四个面向”(面向农村、工矿、基层、山区)办公室。1969年1月,县革委会召开全县上山下乡动员安置工作会,石屯公社石门大队做了积极做好安置准备工作的经验介绍。当年,全县接收上山下乡知识青年915人,其中县内知青268人,福州知青647人。此后近十年每年都有接收安置知青几十甚至上百人。1973年6月,毛泽东主席给知青家长李庆霖复信之后,知青上山下乡再掀高潮。1973年7月“四个面向”办公室改称为知识青年上山下乡办公室,各公社亦均成立上山下乡办公室,动员城镇初高中毕业生和城镇居民上山下乡。1972年起,政和县接收安置284人,其中本县知青126人,福州知青133人,外地知青25人。全县先后接收知青2315名,其中福州知青1270人,县内知青904人,外地转点知青141人。为确保知青安心生产生活,县、社、队逐步落实口粮、住房、医疗等方面问题,采取单独办场队、社队办场队、插队落户、办五七茶场等形式,做好安置工作。1969年至1974年主要是分散插队或建集体户，之后以建立集体知青点或知青场为主。1973 年至 1978 年安置在知青点人数达 641 人。全县历年累计建集体知青点(场)37 个，建知青房 50 幢、984 间、1.97 万平方米，可容纳 960 人居住；知青点集体办食堂 36 个，参加食堂人数 574 人。

知青接受贫下中农再教育 2000 多名知青在政和“接受贫下中农再教育”，在社会主义建设事业中轧出了深深的奋斗足迹，并涌现出许多青年榜样。1977 年 9 月，县委知青领导小组表彰在农业学大寨、普及大寨县运动中做出显著成绩的知青先进单位和个人，有石屯公社革委会等 7 个知青工作先进单位、东平公社护田大队知青点等 12 个知青先进集体和 110 名先进下乡、回乡知青。其中，有在根治七星溪大战中成立的石屯公社知青水利排，他们战天斗地五春秋，双手筑起一条 16.33 千米的防洪大堤，疏通河道 4 千米，挖开两条计 7 千米的中心排灌渠，修建一座拦河大坝，共完成土方 530 万立方米，保护良田 660 多公顷，扩大耕地 133 多公顷。其间水利排团员知青林金官为保护七星溪大堤光荣牺牲，建阳地委授予他“模范上山下乡知识青年”光荣称号，全省开展学习和宣传林金官同志先进事迹活动。石屯公社西山坂农场知青向建瓯 15 个知青场(队)、点提出《应战书》，并向全县知青场(队)、点提出“学五卷、学大寨、学雷锋，开展社会主义劳动竞赛”的“三学一赛”友谊挑战，促使全县掀起学、批、赶、超热潮。城关公社东峰大队始终把“再教育”作为一项大事来抓，成为全县知青先进典型之一。

开展学习和宣传石屯知青水利排林金官同志先进事迹活动宣传照

二、隶属变更

政和县隶属建制，新中国成立后多次变更，自隶属第一专区（建瓯专区）起，先后隶属建阳地区、南平专区、福安专区，至1975年隶属南平市等。其间，与松溪县“两合两分”。1960年2月，政和县与松溪县合并为松政县，县人民委员会驻原松溪县城关，政和增设政和镇，隶属福安专区。1962年8月1日，松政县分县，恢复政和县建制，隶属福安专区。1970年7月，政和县再度与松溪县合并为松政县，松政县革命委员会建立党的核心小组，县机关驻松溪，隶属建阳地区。1973年4月，成立松政县革委会政和办事处。1975年3月15日，松政县再次分县，恢复政和县建制，隶属建阳地区，但原属疆域均不变。

辖区内县以下行政区划不断完善。1969年将1965年的小公社制调整为大公社制，全县由6个区39个公社128个大队，重新划分为8个公社76个大队。1970年“松政并县”时8个公社不变，但大队建制划小为102个。1975年“松政分县”时，全县辖城关、石屯、东平、铁山、外屯、镇前、杨源、澄源8个公社105个大队。

第四节 国民经济逐渐复苏

一、综合指标略有增长

“文革”期间，政和经济社会发展受到巨大冲击。县委面对政和实际，克服“左”倾错误影响，“文革”后期响应“抓革命、促生产”号召，贯彻“学习理论、安定团结和把国民经济搞上去”以及“对各方面进行整顿”的指示，逐步整顿全县经济，国民经济被动局面开始有所好转。总人口不断增长，1970年为124347人，至1976年达到148411人，增长19.4%。工农业总产值在国民经济计划“三五”时期末的1970年，达到2887.3万元，比1965年增长50.7%。“三五”

时期年平均递增8.3%，农业比重占74.9%，工业比重占25.1%。在国民经济计划“四五”时期末的1975年，工农业总产值4429.6万元，比1970年增长53.4%。“四五”时期年平均递增13%，农业比重占60%，工业比重占40%。国民收入，1970年为1664.97万元，人均133.9元，比1965年增加372.27万元。1975年为2880.78万元，人均199.68元，分别比1970年增加1215.8万元和65.78元。1975年国民生产总值达3113万元，首次跨3000万元，比1970年增加1220万元，比上年增长5.2%；其中第一产业1189万元，第二产业892万元，第三产业1032万元。地方财政收入344.9万元，是1970的3.2倍，比上年增长21.8%；财政支出442万元，是1970年的1.5倍。全社会消费品零售总额1273万元，比1970年增加495万元，比上年增长21.8%。城乡储蓄1975年达323.1万元，人均储蓄22.4元，分别是1970年的2.4番和2.1番。全社会出口供货总值85万元，是1970年的2.7倍。固定资产投资“三五”时期比“二五”时期增长13.8%，“四五”时期比“三五”时期增长70%。城镇职工工资收入逐渐提高。城乡储蓄额，1975年达323.1万元，是1970年的1.4倍。全县人均储蓄余额，1975年人均22.4元，是1970年的1.4倍。

二、农村经济稳步发展

县委组织干部下农村，帮助社队搞整顿，解决“软、懒、散”问题。落实党在农村的经济政策，做好人民公社分配，做到“三兼顾”，保证完成国家征购任务，安排好社员生活，并按省“十六条”标准落实畜牧饲料粮。加强农村经营管理，建立健全社队财务和民主理财制度，贯彻勤俭办社、民主办社方针。划给农民自留地、自由山，允许农民适度经营家庭副业。在坚持做好集体经济的前提下，鼓励和支持社员个人发展正当的家庭副业，划清正当家庭副业与资本主义界限、按劳分配与物资刺激界限、小段包工与包产到户界限，从政策和措施上保证了在抓好粮食生产的前提下恢复和发展多种经营与社队企业，有效推动生产全面发展。1975年全县农林牧副渔总产值达1969万元，比1970年增加312万元，比上年增长6.1%；全县实有耕地面积13965公顷，其中水田面积13121公顷；农作物总播种面积25675.3公顷，其中粮食作物面积20409.1公顷，分别比1970年增加4043.1公顷和2574.8公顷；粮食总产量51937吨，比1970年增产5242吨；茶叶面积2713.67公顷，比1970年增加2244.6公顷，茶叶产量688吨，比1970年翻了一番；农民人均分配的粮食“三五”期末为274千克，比“调整”时期平均递增6%；农民人均收入“三五”期末为65.8元，比“调整”时期平均递增5.6%。

三、工业完成生产计划

1975年全县工业总产值达1565万元，首次超千万元，是1970的2.6倍，比上年增长3.9%。其中轻工业总产值达1047.2万元，是1970年的3.1倍；重工业总产值达517.6万元，比1970年接近翻一番。乡及乡以上轻重工业产值1976年分别达到1114.2万元、540.8万元，分别比1966年增长67.4%和1.7倍。1976年底，全县地方国营工业企业有10家，总产值达1216.4万元，实现利润51万元。工业构成发生明显变化，轻工业由1970年的55.4%发展到1975年的66.9%，而重工业由1970年的44.6%发展到1975年的33.1%。16种主要工业产品产量与1970年相比，除3种产品外其余均有较大幅度增长，其中成倍增长的有：硫酸（折纯吨）增长5.1倍，磷肥（折纯万吨）增长3.5倍，水轮机（千瓦）增长2.6倍，水泥增长2.3倍，瓦片增长1.7倍，松香增长1.2倍，日用陶瓷增长1倍。精制茶叶1975年1059.3吨，比1973年933.4吨增长14.7%。能源工业的电力工业，改善调度管理，扩大规模，增加机组多发电，基本保证了工农业生产和生活低水准用电。基本建设投资1975年320万元，比1966年将近翻两番。

四、商贸流通保障供给

政和县先后成立商业局、供销社、物资局、外贸局、烟草局等商贸职能机构，增加商业设施投资。1966年东平公社圩集改为十日一圩，之后增设铁山、镇前两个公社圩期，活跃农村集市贸易。1973

20 世纪 80 年代东平镇圩集交易情景

年生猪收购 4440 头，鲜蛋收购 8.8 吨；1976 年毛竹收购是 1964 年的 20 倍；被列为省定 22 种物资之一的笋干，全县统一收购，建成 10 个基地，20 世纪 70 年代末年收购 50 吨以上，香菇年收购 5 吨左右。百货经营品种扩大至 4000 种，农资专营 70 年代末化肥近万吨，是 1965 年的 5 倍。1976 年开始，陆续从城镇待业青年、上山下乡知识青年中招收集体所有制职工，采取全民带集体办法，加强国营商业队伍力量。1975 年 3 月松政第二次分县后，恢复建立政和县国营商业，设百货、食杂、食品、医药、饮服、土产、农资、外贸 8 个公司和各公社基层供销社以及健全农村代购代销站、点。其间，全县财贸战线广泛开展各种形式社会主义劳动竞赛活动，农村代购代销店等商业网点普遍进行整顿，促进了商业服务态度的改善和服务质量的提高。国营商业企业普遍健全各种财务制度，加强经济核算。加强市场管理，打击投机倒把、贪污盗窃活动，端正经营方向。

第九章
实现历史转折和改革开放

1976年11月至1992年1月，政和县贯彻“抓纲治国”战略，实行拨乱反正，坚持“一个中心、两个基本点”，实现工作重点的战略性转移，精心实施“三步走”发展战略，解决了人民生活的基本温饱问题，有序推进改革开放，迎来了社会主义建设新的春天。

第一节　工作重心战略转移

一、开启政治领域改革

拨乱反正　政和县委以中央改革纲领性文献《党和国家领导制度的改革》为指导，纠正“文革”及其“左”的影响，贯彻解放思想、实事求是的思想路线，实现思想路线的拨乱反正；抛弃“以阶级斗争为纲”方针，把全县工作中心转移到经济建设上来，实行改革开放，实现政治路线的拨乱反正；把全县干群统一到“四项基本原则”策略上来，统一到德才兼备、任人唯贤的组织路线上来，实现组织路线的拨乱反正。1978年2月，全县掀起“一批二打三整顿”运动，揭出贪污盗窃、投机倒把案件52起。7月，对“文革”“四清”“反右”“整风”“拔白旗”“整风整社”“肃反”等历次运动中的案件，进行全面复查。先后复查1263起案件，平反纠正935起冤假错案，并解脱大批受株连的同志，消除了政治影响。1979年1月，对多年遵守政府法令、老实劳动、不做坏事的“地、富、反、坏分子”，经评审批准，一律给予摘帽；对在“文革”中蒙受不白之冤的645名基层干部、群众平反纠正，落实政策。

党政分开 1978年1月，开始恢复县人民代表大会制度。7月，中共政和县第四次党代会召开，选举产生中共政和县第四届委员会和纪律检查委员会，县委书记仍兼县革命委员会主任。1980年10月29日至11月2日，政和县第八届人民代表大会第一次会议，选举产生县人大常委会组成人员和“一府两院”领导人员。11月15日撤销县革命委员会，恢复县人民政府建制，原县革委会工作机构改为县人民政府工作机构。1981年1月，改“一元化”领导为县人民政府与县委分开办公，建立县长办公会议制度。11月，召开中国人民政治协商会议政和县一届委员会第一次会议，选举产生了县政协一届常务委员会。贯彻新中国第一部刑法和刑事诉讼法，民主

政协政和县第一届委员会第一次全体会议人员合影

法制建设步入法制轨道。1984年12月，召开中共政和县第五次代表大会，通过《解放思想、振奋精神，大胆改革、锐意进取，为振兴政和县经济而奋斗》的工作报告。1986年6月，中国人民解放军政和县人民武装部改为地方建制。

撤社建乡 1981年11月，撤销人民公社革命委员会和大队革命领导小组，成立人民公社管理委员会和大队管理委员会。改变人民公社“政社合一”、统购统销的经营管理体制，打破了“三级所有、

队为基础”的生产关系。1984 年，根据中共中央、国务院《关于实行政社分开　建立乡政府的通知》，恢复建立乡（镇）人民政府，全县设立 8 乡 1 镇；108 个大队改为村民委员会，782 个生产队改为村民小组。同时，按照“四化”（革命化、年轻化、知识化、专业化）要求调配领导班子。1988 年，根据《村民委员会组织法》组织全县乡村选举，农村基层民主政治建设开始步入法制化阶段。

二、农村经济体制改革

联产承包　政和县经济体制改革第一阶段由农村开始。1979 年 2 月 4 日，县委召开为期 7 天的农业劳模暨四级干部大会，在千人大会上传达贯彻了党的十一届三中全会、中央工作会议和省委工作会议精神，落实中央《关于加快农业发展若干问题的决定（草案）》《农村人民公社工作条例（试行草案）》（即“新六十条”）等党在农村的各项政策。1980 年上半年，首先在石屯、东平两个公社试行农业经济体制改革，建立以家庭为主的联产承包责任制。9 月《中共中央关于进一步加强和完善农业生产责任制的几个问题》下发后，县委、县革委会大力加以宣传贯彻。1981 年春抽调一批老中青相结合的干部到各公社当责任制工作队，宣传贯彻中共中央[1980]75 号文件，加快推行家庭联产承包责任制步伐，农业生产责任制得到全面落实。全县有 781 个基本核算单位建立大田生产责任制，至年底大田生产责任制扩大到 846 个生产队。其中小段包工、定额计酬 49 个队，包产到组、联产计酬 267 个队，包产到劳 145 个队，大包干到户 360 个队，“双田制”15 个队，专业承包 10 个队。1982 年中共中央批转《全国农村工作会议纪要》，成为改革开放后中央第一个一号文件，肯定了多种形式的责任制，特别是包干到户、包产到户。是年，政和县家庭联产承包责任制由平原区向高山区扩展，全县有 807 个生产队实行家庭联产承包责任制，各种承包专业队（组）有 599 个，广大农民吃了“顺心丸”。把农村集体土地所有权与经营权分开，将土地经营权承包给农民，农民只要将生产收入扣除成本，交足国家的（征购粮、加价粮）、留足集体的（集体用粮和公积金、公益金、管理费及合理义务工负担)，余下全归自己，体现多劳多得、按劳分配原则。

家庭联产承包责任制赋予农民生产经营自主权、产品支配所有权，很快向林牧副渔和社队企业等生产领域推开。全县乡办、村办林茶果渔场全面落实形式不一的生产责任制。在42个林场普遍落实小段包工、定额计酬责任制；在115个小茶场实行专业管理、定额计酬45个，专业承包、联产计酬38个，包干上缴利润32个；在51个果场、4个渔场分别采取承包到户、定额利润和定额管理、固定报酬等责任制。家庭联产承包责任制的全面实行，从体制和机制上解放了农民，提高了农民生产积极性，从生产关系方面解决了生产力水平不高的问题，农业生产得以全面发展，实现了农业生产关系继“土地改革”手中有田之后的第二次飞跃。1984年中央一号文件《关于1984年农村工作的通知》下发，政和县落实延长土地承包期，使农民吃了“定心丸”。1985年中央一号文件《关于进一步活跃农村经济的十项政策》下发，从此，30年来的农副产品统购统销制度被取消。贯彻1986年中央一号文件《关于1986年农村工作的部署》，政和县始终摆正农业在国民经济中的地位。至1988年全县农业总产值6404万元，农民人均纯收入519元，人均口粮463千克，农民生活水平有了很大提高。

结构调整　政策主导调整。政和县坚定不移地贯彻落实1982—1986年中央连续5个以“三农”为主题的一号文件，结合实际逐步调整农业产业结构，推动农业保持了10多年的高速增长。1983年2月，中央一号文件(关于印发《当前农村经济政策的若干问题》的通知)提出“两个转化”，即促进农业从自给半自给经济向较大规模的商品生产转化，从传统农业向现代农业转化，政和县在继续完善生产责任制的同时，积极鼓励发展专业户、重点户，开始打破单一结构模式。全县专业户、重点户发展到3696户，其中从事农业生产者1259户，占“两户”的34.06%；林业920户，占24.89%；畜牧业466户，占12.61%；工副业1023户，占27.68%；渔业28户，占0.76%。同时，经济联合体504个，参加户数1145户。贯彻1984年中央一号文件后，将人民公社企业管理局改称为乡镇企业管理局，乡镇建立经济联合社，实行政企分设，乡镇企业和多种经济得以迅速发展，全县达到121家，总收入1525万元。大力贯彻1985年中央一号文件《关于进一步活跃农村经济的十项政策》和“绝不放松粮食生产、积极发展多种经营”方针，加大调整农村产业结构力度，发展畜牧水产和林业，大力支持乡镇企业，全县农民集资企业和个体企业发展到516家。1987年各种有规模的经济联合体283个，总户数2000户。

市场引导调整。政和县贯彻“有计划的商品经济”和“国家调节市场，市场引导企业”政策。“六五”期间，政和农业占全县工农业总产值比重为53%。1986年，发动农民田里搞集约经营，山上发展多种经营，水里发展淡水养鱼后，促进农村产业合理调整。全年社会总产值中第一、二、三产业分别占41.2%、38.4%、20.4%，第一产业与第二、三产业的产值之比，由1985年的53∶47调整到41∶59。在大农业中，农业与林、牧、副、渔的产值，从1985年的59∶41调整到57∶43；在种植业内部，粮经比例从1985的71∶29调整为60∶40。折射出工农业结构开始向合理方向发展。至1988年农业比重占工农业的49.6%，1988年与1978年相比，大田农业比重降为58.1%，林、牧、副、渔业比重均有所上升，分别为14.4%、12%、14.5%和1%，改变了农业产业发展比例失调的状况。1988年，乡镇集体工业56家，职工1661人，当年总产值1748万元，占全县工业总产值的16.2%；村办集体工业141家，职工730人，当年总产值323万元，占全县工业总产值的3%。1989年乡镇企业快速发展，全县乡镇、村及个体私营农村工业企业647家，年总产值3503万元；种植业、养殖业及农产品粗加工作坊等农业企业511家，年产值1504万元；全县乡镇、村商业服务业876家，年产值994万元。1990年农业三产结构比例为54.2∶23.4∶22.4。全县农业总产值6326万元，比改革前的1978年增长267.7%；粮食总产量7823吨，比1978年增产1730吨；农民人均纯收入达630元，是1978年的5.73倍；农村购买力开始从低档商品向中高档商品转变，部分农民盖起三四层钢筋混凝土楼房。至1991年农、林、牧、渔产值结构分别为

59.3∶25.4∶13.7∶1.6;农业种植面积结构比例,粮食作物、经济作物、绿肥分别为82.4∶9.6∶8.1;粮食作物种植面积结构水稻、甘薯、马铃薯、杂粮玉米、大豆等分别为79.9∶6.1∶4.9∶1.2∶3.8,农业结构进一步趋向合理。

林业“三定” 政和县认真贯彻中发〔1981〕12号《关于保护森林发展林业若干问题的决定》,1981年5月成立政和县林业“三定”(稳定山林权、划定自留山、确定林业生产责任制)领导小组,抽调206人组成林业“三定”工作队,分三批进驻8个公社107个大队,集中两年开展“三定”工作。至1983年5月全面结束,取得“六个成果”:澄清了山林权属,全县山地面积143873.27公顷,已确定权属142811.47公顷,占99.3%;有林地面积97887.27公顷,落实权属97101.1公顷,占99.2%。审定国有林面积,确定国营伐木场、林场经营面积15418.9公顷。划定农民自留山,全县各大队和生产队共划分农民自留山14581.6公顷,占集体山林的11.7%,平均每户11.3亩、每人1.9亩。调处林权纠纷,“三定”中调处山林权属纠纷案件81起,面积3516.3公顷,占积案的81.7%;调整“插花山”4380公顷,占原有“插花山”的96.3%。清理兑现社员林木入社折价款,共清理价款98.19万元,“三定”中兑现9.7%,其余拟订分年兑现计划。落实林业生产责任制,全县107个大队122个生产队774个小组,共签订山地造林合同89765.6公顷,占全县林地总面积的99.7%。严格控制采伐量,大力植树造林,仅1982—1988年年均造

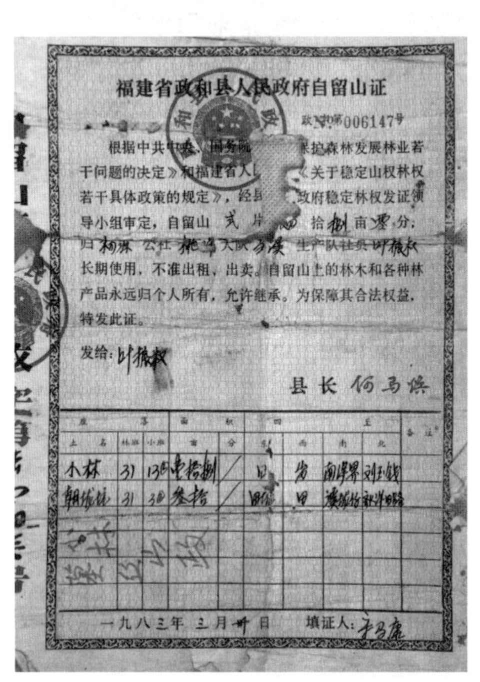

福建省政和县人民政府自留山证

No 006147号

根据中共中央、国务院[illegible]保护森林发展林业若干问题的决定》和福建省人[illegible]《关于稳定山权林权若干具体政策的规定》,经县[illegible]政府稳定林权发证领导小组审定,自留山 贰 片[illegible] 拾[illegible] 亩[illegible] 分,归[illegible] 公社[illegible] 大队[illegible] 生产队社员[illegible]长期使用,不准出租,出卖。自留山上的林木和各种林产品永远归个人所有,允许继承。为保障其合法权益,特发此证。

发给:[illegible]

县长 何马[illegible]

一九八三年 三月[illegible]日　填证人:[illegible]

1983年政和县人民政府颁发的林业“三定”自留山证

林 1766.67 公顷。

三、工矿企业松绑放权

经济责任制　1977 年县委从机关抽调干部组成工作队，深入水泥厂、化肥厂、农械厂等重点企业，开展改革和后进企业整顿工作。1978 年后，以搞活国有企业为中心，全面展开企业改革，全县工业进入新的发展时期。

国有工业企业，通过扩大企业自主权，推行承包经营责任制，扩建、技改、新产品引进和开发，不断增强企业后劲。在全民和集体企业建立健全以职工代表大会为主要形式的民主管理制度，企业经济效益明显提高。工业产品的品种、产量增加，质量提高。1981 年县属国营工业企业分配关系改为扭亏包干责任制，微利企业实行定额上交、超收分成，亏损企业实行亏损包干、减亏留用，森工企业仍实行提取企业资金的办法。1982 年后，全民所有制工业、交通运输业、商业等逐步推行经济责任制，打破固定工资制。1984 年 10 月，党的十二届三中全会通过《中共中央关于经济体制改革的决定》，确立发展“公有制基础上的有计划的商品经济”，国营企业实行第一二步利改税，中等企业按计划利润征收所得税 55%，税后利润减去企业合理留利后，以调节税和利润全部上交；小型企业按八级（新八级）超额累进税率计征所得税。县无线电厂等 3 家国企实行厂长承包责任制。自 1985 年县水泥厂试行厂长负责制和企业工资改革、企业自主经营之后，有 13 家国企实行多种形式经济责任制。1986 年，县政府下放给国营企业机构设置、干部任用、招工用工、晋级奖励、违纪处罚、生产经营、产品销售、五金提留使用、原材料协作、技术人员招聘、产品定价、工资形式、多余固定资产处置、横向联营等 15 种权限，扩大了企业自主权。

二轻工业企业，1978 年后明确企业脱产人员和二轻手工业企业集体人员归口管理。1979 年企业实行独立核算、自负盈亏、厂车间班组三级核算。工资制度实行固定工资、计件工资、比例分成工资、固定工资加定额、交纳“三金”等形式。1985 年二轻企业有 16 家分别采取集体经营、自负盈亏，厂长负责、集体承包、分线包干，工资浮动、联产计酬，计件工资等四种经营责任制。乡镇企业，从无到有、从小到大。1978年后，为发展社队企业，县里成立社队企业管理小组，解决社队企业发展中的突出问题；成立政和县企业供销公司，为乡镇工业企业提供原料销售产品，使以开发地方资源为主的林产化工、竹木加工等乡村工业蓬勃发展。

厂长(经理)任期制 1987年在13家国营企业实行厂长(经理)任期目标责任制。1988年全县50%国营工业企业实行“一定三年”的经营承包责任制，给企业松绑放权，极大地促进了发展。当年，全县24家国营工业企业总产值达7122.5万元，完成税收410万元，实现利润823万元，分别比1985年增长119.3%、185%和186%。1979—1988年，铅锌矿共生产铅精矿3251.4吨，锌精矿13855.9吨。县农械厂1980至1988年生产脱谷机近5万台。至1988年，全县有采选矿、机械、化学、建材、电力、电子、食品、饮料、纺织、服装、印刷、工艺美术、竹木加工等25个门类469家企业，职工8770人；年末固定资产原值4922万元，净值3693万元；省部优产品12个；工业总产值10825万元，占全县工农业总产值22708万元的47.7%，其中全民所有制工业占65.8%，集体所有制工业占25%，村及村以下工业占9.2%。1988年，17家二轻集体企业全部推行各种形式的承包经营责任制，同时改革分配、工资办法。企业产值、利润分别比上年增长15%和17.2%。公交企业普遍建立和推行岗位责任制，加强经济指标考核，实行计件工资和企业奖金制度。

四、商品贸易放宽搞活

放开供应 1978年后，执行“对外开放，对内搞活”方针，商品供应除口粮、口油仍按计划外，其余商品全部敞开供应。国家统购的一二类商品逐渐减少，经营逐步放开，推行多渠道、少环节、开放型的流通体制。恢复国营、集体、个体多种经济成分并存，实行多种经营方式和经营承包责任制。县里对个体经商者贷款、设点审批等方面提供方便，使各类商业有很大发展。1979年后，县内外农民和商人赶圩者日益增多。1989年后，日用工业品逐步打破封闭式的调拨体制，建立放活的批发体系。同时，打破固定供应区域、固定供应对象、固定倒扣作价率的限制，国有百货、糖酒、五交化、商业贸易等批发公司均改为自由经营的经济实体，形成新的商品购销体制。1990年后，随着市场经济的发展和农业结构的调整，茶笋菇、锥栗以及反季节蔬菜等特色农产品生产逐渐规模化，本县流通队伍不断扩大，外地客商也不断进入境内收购，农副产品销售完全走上市场化。

转换机制　1980年，全县集体商业企业推行经济责任制，改革企业内部分配制度，试行固定工资加奖励、税后利润分成、部分工资浮动等奖励办法。供销社改“官办”为“民办”，改革商业批发体制。1981年起饮服行业实行经营承包责任制，调动职工积极性。1985年初，取消农副产品派购，缩小日用工业品计划商品范围，打破商业流通的僵化模式，放宽流通渠道。转换商贸企业经营机制，实行企业放权改革，给企业注入生机，集体经济和个体经济逐步恢复和发展。1988年，全县商业、供销系统按大中型企业、小型零售商店、照相理发等服务业、条件较差的饮食店等微利企业、屠宰行业和政策性亏损企业等不同类型，分别实行不同特点的经营承包责任制。至1988年，全县社会商品零售总额达8755万元，全民、集体、个体所占比例分别为39%、26%、35%。1989年，继续完善企业经营承包责任制，实行全员风险抵押，参加职工390人，占职工总数的90%。企业全部放开经营，除国家明令禁止不得经营的商品外，其余商品和相关行业均可经营。1992年，国有商业系统在“三不变”（企业性质不变、隶属关系不变、职工身份不变）的前提下，陆续分柜组、分门点招标经营承包，实行人员自由组合，包上交任务、资金自筹、费用自理、盈亏自负、超收全留、歉收自补。

五、财税价格配套改革

财税金融　政和县经济体制改革继农业、工业后逐步向财政、税收、金融、计划、价格等领域推进。财政体制1978年打破“高度集中、统收统支”原则，逐步实行“定收定支、收支挂钩、差额缴补、超收分成”“增收分成、收支挂钩”“递增缴补、分级包干”“增收留县、分级包干”等一系列财政体制改革，调动地方财政积极性，有力促进当地发展。银行实行大包干，1980年起信贷指标管理改为贷款资金大包干，在存差不减少、贷差不突破的前提下，可多存多放。1988年底，存贷款额分别比1978年增加近10倍。

计划价格 取消农产品统派购制度，除粮食等重要农产品实行“双轨制”外，其他农产品实行市场调节。发展新经济联合体，出现跨行业、跨地区、跨所有制“经联体”，其中工业企业8家；部分农民逐步开始从田里走出来，搞贩运、做生意，发展个体经济、合资经济和合营经济，成为专业大户和经纪人，“两户一体”(专业户、重点户、经济联合体)不断涌现。“改革、开放、搞活”方针，极大地解放了生产力，给政和经济注入新的生机和活力。1985年工农业总产值首次突破亿元大关，达到10280.4万元，比1980年增长57.1%；1987年全县财政收入达1080万元，首次突破千万元大关；1988年，全县工农业总产值达12924万元，比1985年增长25.7%。至1992年，国民生产总值达25479万元，比1978年增长6.25倍；农业总产值达17077万元，工业总产值达16705万元，分别是1978年的7.23倍和8.57倍。

第二节　老区建设倍加重视

一、领导关怀

党和政府历来十分关怀政和老区。党的十一届三中全会后，政和老区同全省老区一样迎来了第二个春天。1980年项南同志主政福建后，项南、胡平等主要领导多次召开全省老区代表大会和老区脱贫致富会议，强调要加强老区建设工作力度。省委、省政府做出《关于加强革命老根据地建设的决定》，确定了老区扶贫扶建方针。1982年7月，福州军区老区慰问团访问政和老区，并为“五老”人员及基点村解决了一些生产生活问题。1981—1985年,省、地拨给政和县老区建设专用款111.3万元,先后重点扶持革命早、贡献大、受摧残严重、生活困难的老区基点村生产建设事业。省、地、县各部门投资48.6万元,支持老区生产建设。1985年7月31日,时任省长胡平视察政和,提出“三年脱贫,五年摘帽,八年做贡献”要求。1986年起,时任省长王兆国挂点政和县,从此每一任省长都挂点政和。1986年9月,开国中将、原济南军区司令员饶守坤,福建省军区原副政委钟大湖一行20人视察政和县革命老根据地。11月,省人大副主任、原政和县县长侯林舟一行视察政和老区。12月,时任省委副书记贾庆林率省直有关部门到杨源、澄源、镇前检查扶贫扶建工作。1987年,省人大副主任侯林舟又和省人大法制主任、省高检高法“两长”视察政和老区工作;省农工民主党发起组织第二批扶贫医疗工作队协助县医院开展扶贫医疗。1990年1月15日,时任省委常委、省纪委书记林开钦和省政协原副主席左丰美带领省、地老区慰问团一行31人,到政和老区进行为期两天的慰问活动,当晚在县影剧院举行隆重的慰问大会。次日,慰问团看望慰问武警指战员和东平镇凤头、西表与镇前乡宝岩老区人民,并帮助西表老区村解决架设高压线路资金10万元。南平地区把政和作为闽北重点扶持的老区,其中1986年6月24日,时任建阳地区行署专员许开瑞带领有关部门40多人到政和现场办公,解决扶贫资金和物质等问题,当场决定给政和拨款、贷款1200万元。

二、开展核查

政和县十分珍惜上级高度重视的难得机遇,扎实加强老区建设。1981年4月,重新设置政和县革命老根据地建设委员会,下设办公室(简称“老区办”),使中断29年的老区机构得以恢复。1983年,县老区办牵头,全面调查核实老区底子。根据“属于老区的大队超过半数,这个公社(乡)可算作老区公社(乡)”的要求,在全县9个公社(乡)、1个农茶场中,划定东平、镇前、外屯、澄源、杨源、铁山、星溪7个公社(乡)为老区公社(乡)。1985年对全县105个大队

(村)进行核实，全县老区自然村 565 个，其中基点村 261 个、副点村 121 个、人民游击区 183 个；评定老区大队(村)79 个，占当时行政村 73%；老区户数和人口分别占当时全县农业户数和人口的 69%、66%。全县人均收入低于 60 元、口粮不足 200 千克的特困户、五保户 668 户，无依无靠、生活困难的 141 人。“五老”人员 396 人(老接头户 239 人、老游击队员 85 人、老交通员 2 人、老地下党员 51 人、老苏区区乡干部 19 人)，其中健在 277 人(1989 年健在 264 人)。1986 年 3 月成立政和县扶贫工作领导小组及其办公室(简称“扶贫办”)，1988 年改为正科级的常设办事机构。

1987 年 8 月，省老区办主任蔡学仁到凤头村考察，同市县镇领导合影
左起：李永增、杨根生、赖建政、蔡学仁、李乃明、陈君冀、周作焕、范代兴

三、扶贫扶建

1980 年、1981 年以高山区镇前、澄源、杨源、外屯、铁山等 5 个老区乡镇为重点，确定扶贫对象 459 户 2500 人，占全县总农户的 4.8%，占农业总人口的 4.5%。各公社、大队成立扶贫领导小组，社、队两级都由 1 名副书记或副主任担任组长。坚持自力更生、依靠集体和生产自救为主、国家救济为辅的原则，开展老区扶贫工作。民政部门拨出经费，购置种苗，帮助贫困户发展家庭副业。按当时政策口径，1982 年扶贫对象中有 195 户脱贫，占 42.3%。1983 年，县政府抽调交通、畜牧、林业、水电、民政、教育、卫生、老区等部门组成老区规划工作队，进行为期一年的调查规划，制定老区基点村发展规划；科技部门举办各种实用技术培训，受训人员 200 多人次。

1984年，以668户五保户、特困户优先扶持为重点，扶持全县贫困户1100户，发放扶贫款18万元，扶持种养等生产项目。1981至1985年，除省、地老区建设专款扶持老区基点村生产和基础建设外，省、地、县各部门投资48.6万元，扶持老区村办林场、林业发展、茶叶生产、长毛兔苗、农田开垦和校舍维修、公路续建、自来水、水库兴建等生产建设为主的项目。

“七五”期间，省政府将政和县列为重点扶持的贫困县，老区建设重点围绕扶贫工作展开。1985年起，中央、省、地将扶贫作为一项重要事业长期来抓，政和老区扶贫工作走上了常态化道路。1985年县委五届三次全会做出《加快我县脱贫致富步伐的决定》，提出“开拓奉献、政通人和”口号，县、乡成立扶贫工作领导小组和办公室，各部门把扶贫工作纳入责任范围。从此，上级安排的老区资金和民政、老区、交通、水电、银行、教育等有关部门优先划出资金，重点扶持老区发展生产。1986—1990年共支持老区扶建资金204.56万元，涉及造林、种果、种茶、种竹、食用菌，茶叶精制、食用菌厂、碾米设备、珍珠矿开发、乡茶场，校舍、医疗站、敬老院、铺路建桥、输电线路，选送进修培训，人饮水及其设施等生产生活和公益事业领域。1986年扶持项目就有7个老区乡13个老区行政村(场)7个基点村2100户13400人直接收益，到期有偿资金重新投入周转使用32.5万元，安排生产有偿项目12项，公益事业有偿项目7项，受扶7个老区乡镇18个老区行政村，扶建项目产生明显的经济和社会效益。1989—1992年全县扶贫扶建资金500万元，其中老区扶建资金250多万元，扶贫开发资金80万元，发展多种经营项目资金70多万元，科技扶贫项目资金80万元，使老区经济建设、基础设施、社会事业等得到初步改善，农民人均纯收入大幅度增长，人均占有粮明显增加。

1981年起，加大“五老”救济优待力度。至1985年，共发救济款3万元，送给被子、衣服等各种救济物资941件(套)。对无依无靠、生活困难的141个对象，给予定期定量生活补助。20世纪90年代设立县光荣院(社会福利院)，为孤寡“五老”人员入院安度晚年创造了条件。在财力十分困难的情况下，1989 年健在“五老”人员定补标准为每月 15 元，之后适时按新标准调整到位。

第三节　基础设施实现“五通”

一、交通条件大为改观

政和县在“大跃进”和“文革”时期打下交通建设的基础上，持续筑通途，“路通”全面实现从无到有。至 1988 底，全县各类公路 74 条，总长 695.8 千米，建成以县城为中心的公路交通网络。县境内公路密度为每 100 平方千米有公路 38 千米，其中省道 4 条（132 千米）、县道 1 条、乡道 51 条、林业公路和等外路 18 条，全县 100％的乡和 70％的行政村通车。汽车站开通 25 个县市客车和本县境内短途客运，县城客车运营班次每日达 123 班。1991 年，县委、县政府把交通作为“先行工程”来抓，努力实现路通从“够”到“好”的转变，分步拓网和提升。赛浦路等省道提升为二、三级，均上了一个等级以上。县道经过新建和整并，由 1 条增至 3 条，均为标准四级公路。村道“村村通”工程完成 131 千米，全县行政村全部通路通车，交通得到根本性改变。

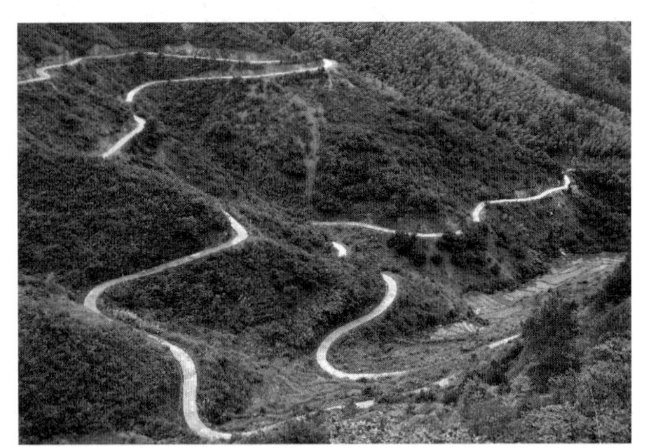

镇前镇横坑头村富宅在老区政策扶持下修建的通往外界的水泥公路

城区交通桥梁，1982 年 9 月新建成 9 米宽、139 米长的城东大桥，1986 年 7 月城西大桥建成通行。城区街道建设，南大街 1983 年起、胜利街和解放街1984年起、西大街1986年起分别改造拓宽。城区新路网，1980年开始开发东大路和下药新区、1984年开发南庄新区。自此，拉开了新城区交通网络帷幕。

二、电力建设兴起高潮

党的十一届三中全会后至1989年，制定《政和县水利电力十年规划》，实行“自建、自管、自用”的办电政策，兴建一批骨干电站。外屯电站增设1台机组400千瓦，总装机达2000千瓦；建成新口电站装机750千瓦、界溪坪岩电站装机640千瓦、西津电站装机2000千瓦和全县规模最大的九层际水电站。九层际水电站为县办蓄引混合式电站，包括“两站两库两线”。电站装机容量4×2000千瓦，总投资2116.4万元，年均发电3140万千瓦·时，为全省单机2000千瓦水头最高(406米)的水电站。10年间全县共建电站9座，装机29台，总容量14110千瓦，其中有西津、九层际等骨干电站，发电量增加至4560万千瓦·时，实现全县稳定、可靠的通电。同时，全县配套进行大规模网架建设，各骨干电站并网运行，组成一个地方性初步电力网络系统，提高了电力调配能力和供电质量，基本实现城乡同网同价。1989年着手报批列入全国第二批农村水电初级电气化建设县。同年7月，全县最大规模、装机容量最大的水电工程——下榅洋水电站动工兴建。至1992年全县建成电站82座，机组124台，装机容量20212千瓦，发电量5351万千瓦·时，全县通电户率90.6%，实现全县9个乡(镇)与县电网联网运行。

1989年政和下榅洋水电站开工典礼情景

三、通水工程逐步普及

城区供水 1987年珠山水厂日供水量从1000吨提升为3000吨,解决了城区大部分单位和居民饮用水。至1988年,建成马鼻岭供水站。1989年初珠山水厂更名为“政和县自来水公司”。1990年日供水量扩容为5000吨,供水普及率达91.8%,保证了2.3万人的饮用水。1992年投资300万元,兴建珠山日产万吨制水厂。

乡村供水 自东平成为全县率先用上自来水的公社之后,各公社(乡镇)供水逐步发展,陆续开始建水厂(池)等供水工程,日供水能力在200至1000吨不等,供应人口在2500至1.63万人不一,解决集镇大部分人饮用水安全问题。1991年东平镇取界溪水库左干渠下游水源,兴建日处理3000吨水质净化设施,满足1.6万人口饮水和企业生产用水。1991年起,村级纷纷承建自来水工程。1992年,全县共建人饮水工程92处,供水人口7.03万人,占总人口的40%。

四、通信事业飞速发展

1985年,长途电话线路达到14条,市内电话电缆下地5.22皮长公里。至1988年,农村邮路投递线达1142千米,县内干线邮路发展至248千米;市话电话发展至582部,农村电话332部。通信设备不断向半自动化、自动化发展,县内电话实现自动化,可直拨电话670部,长话路线迅速发展至27条,开通与183个国家和地区电话直拨。1989年城区邮路4条单程92千米,农村邮路7条单程243千米,农村投递线路44条单程1096千米。设置东平等4个邮电支局和杨源等3个邮电所。1990年东平镇成为南平市第一个农村电话自动化乡镇。1991年,采用世界先进水平程控交换机,长途传输线路明改暗(下地)、小容量改大容量、短波改高速率的光缆传输。1992年4月开通无线寻呼,年底政和县长途电话开始向数字传输转换;安装模拟移动电话设备,掀开境内移动通信的历史,实现全县农村电话自动化和全县市内电话交换程控化、传输数字化，成为南平市第一个、福建省第四个实现全县电话自动化的山区县，同时长途载波设备淘汰停用。

五、广播电视进村入户

广播村村响　1980年后，县广播电视局、乡镇广播站、村广播室先后成立，社社有广播专线，大队通广播率91.6%，喇叭入户率50.6%。1988年县到乡专线传输126杆千米，乡以下1280杆千米，乡、村通播率分别达100%和92.6%。1989年8月，在熊山顶建立广播调频发射台。1990年，全县各乡镇开通调频广播。40多年广播事业，实现了从收音抄录到转播，从利用电话线到广播专线，从有线广播向调频与有线广播结合，从单纯转播到转播、编播融为一体的转变。

电视进万家　1977年9月，建立第一座电视差转台。1986年6月，县电视卫星地面接收站建成，央视一套覆盖乡镇所在地达44.4%。至1988年全县有差转台26座，电视覆盖面达1127平方千米，占全县总面积的64%。乡镇所在地全覆盖，行政村覆盖90.7%，全县有电视机1.12万台，能收视中央一、二套节目。1989年卫星电视的发展，升级扩建差转台，发射节目由2个跃至13个。1992年城区开通有线电视，传送中央及省节目8套。之后，实施广播电视“村村通”工程，有线电视进村入户，丰富了老区群众的文化生活。

第四节　社会事业繁荣发展

一、科技教育步入轨道

科技推动　改革开放后，政和县积极实施“科教兴国”战略和“科学技术是第一生产力”思想，有力推动科技事业发展。1988年，全县有科研机构5个，科研团体13个，四级农科网2625人。实施

“科教兴县”战略，县直有关部门针对农业、工业、水电、卫生等经济领域特点，先后在茉莉花栽培、长毛兔良种繁育、杂交水稻栽培、高岭土开发等多方面，开展科普活动、技术培训、科技攻关，实施国家级“星火计划”项目，使新技术、新成果及时得到推广应用。广大科技工作者面向经济，服务基层，开展一系列科技课题研究，撰写大量学术论文，其中“三级茉莉花茶”“茶树良种繁育与推广”“系列水轮机”等122项科技成果获县、地、省、国家级奖励，“对政和县竹业经济搞活后的思索”“配度超载运行改造措施与效益”等多课题实验与研究的科技论文在省级以上刊物发表。

教育发展 政和县贯彻中央《关于教育体制改革的决定》和“三个面向”方针(教育要面向现代化、面向世界、面向未来)，大力营造尊重知识、尊重人才氛围。1989年以后在办学体制、教育结构、办学模式、运行机制、人事制度、招生制度等方面改革全方位推进。建立“地方负责、分级管理”的办学体制和管理机制，极大地调动了乡村办学积极性，使农村中小学面貌发生了根本变化。中小学全面通过省、市“一无二有”(校校无危房、班班有教室、人人有课桌椅)验收。

学前教育：1979年7月，设立城关镇中心幼儿园。随后，厂矿、企业相继创办幼儿园。1988年学前教育从公办多、上课多、统一要求多向民办多和多看、多听、多说、多操作方向转变，注重思想品德和知识教育同步发展。1989—1990年，全县幼儿园63所，其中公办园从19所调整为5所，民办园扩充至31所，在园幼儿2988人，幼儿入园率31.3%。1990年《幼儿园管理条例》《幼儿园工作规程》颁布后，新建实验幼儿园，进一步规范幼儿园管理。1992年，全县幼儿园81所，入园幼儿3738人，入园率40.8%。

普通教育：1977年全县设小学440所，入学儿童30200人，创历史新高。1979年小学办学多样化，除常规办学外，多样化办学23所(班)。1980年南门小学确定为省重点小学，更名为实验小学。1985年全县小学适龄儿童入学率97.6%、巩固率98.4%、毕业率99.5%、普及率94.25%，接近部颁标准。县实验小学20世纪七八十年代，先后被评为全国体育卫生先进单位、全省精神文明先进集体、全省田径传统学校先进单位等，至 1985 年发展为全县规模最大的小学。1989 年全县小学 358 所，其中中心小学 9 所，完小 119 所，教学点 230 所；学生 24223 人，教职员工 1476 人。小学生入学率、巩固率、毕业率分别为 98.3%、97.3%、99.7%。1991 年，全面实施初等义务教育。1988 年，全县全日制初中 8 所，完中 2 所，教职员工 462 人，基本满足社会需要。全县创办最早、规模最大、教学质量最高的政和一中，1980 年被定为省重点中学，更名为“福建省政和第一中学”。1988 年全校设 32 个班，初高中各半，中学生数 1608 人，教师 142 人。1989 年，全县完全中学 2 所，农村初级中学 8 所，职业中学 1 所，小学附设初中班 1 个。初中 128 个班，在校生 5975 人；高中 22 个班，在校生 955 人。教职工总数 419 人(含职业中学)。

中专教育：创办农村师范有过 10 年历史；卫生学校 20 年培养 268 名护士和医生；技工学校至 1988 年共培养 200 多人，输送中级技术人员 313 人。

职业教育：1984 至 1989 年，在石屯中学开办职业高中，培养了一批具有一技之长的学生。1991 年政和二中普通高中部改办成职业高中，设置若干专业。1992 年底正式成立政和县职业中学。

成人教育：农村扫盲工作 1976 年恢复开展，1979 年石屯公社成为党的十一届三中全会后全县第一个无盲社。至 1987 底上级验收，政和县基本达到无盲县。20 世纪 90 年代，农村出现新文盲现象，扫盲任务进入攻坚阶段。1990 年，全县各乡镇组织入学的扫盲学员 1413 人，业余高小班学员 1054 人，巩固班 1439 人。1991 年，全县扫除文盲 2135 人，巩固班结业 1009 人，高小班结业 887 人，超额完成了南平地区下达的扫盲、巩固提高的办学任务。连续三年超额完成地区下达的农村成人教育各项办学任务，实用技术培训也超额完成地区下达的培训任务。单位文化补课自 1981 年开始，各单位纷纷开办职工文化技术实习班、培训班。1982 年县里成立职工教育委员会，抓青壮年职工文化补课。1984 年全县入学 2414 人，各类结业 767 人。之后，发放职工初中文化合格证和转入岗位职务培训。机关干部业余学校与进修学校合署复办的5年,共招初高中学员998人,单科结业827人,1987—1988年学员中五科成绩及格准予毕业的131人。此后,转为成人中专教育和广播电视教育、函授教育和自学考试的业余进修。

二、文体事业同步发展

改革开放以后,坚持“百花齐放,百家争鸣”方针和为人民服务、为社会主义服务“二为”方向,落实“芳草计划”“百花计划”,政和文体事业蓬勃发展。

文体设施 1979年后,先后成立县文化局、体委、文化馆、图书馆、电影公司等文体机构。全县多渠道筹集资金,先后建成县政府广场、文化馆、图书馆、东门电影院、南门电影院、越剧团、青少年宫、工人俱乐部、新华书店、体育中心、田径场、灯光球场、老人门球场、离退休干部和老干部活动中心、飞凤山公园等。农村逐步恢复和建成公社文化站,兴建电影院,组建公社、大队(部分)电影放映队。全县除熊山镇外各乡镇先后均建成文化中心(站)、电影院,有65个村俱乐部,上百个村图书室。其中石屯文化中心、东平影剧院颇为壮观。

文艺创作 改革开放头十年,是政和改革开放后文化事业繁荣的第一个高潮期。至1988年,全县共有13人加入省作家、戏剧家、音乐家、民间文艺家、摄影家、舞蹈家协会。文学方面,有30多篇小说、320篇诗歌、15篇报告文学和散文、1部电影文学剧本在全国和省、地刊物发表。戏剧方面,创作11部大小型戏曲剧本,其中7部参加省、地调演或会演。音乐舞蹈方面,采集县内民间歌谣300多首,其中16首收录《福建民间歌曲集成》;汇编《政和民歌》3集,创作汇编《卫生儿歌集》印发全国各地,20多首原创歌曲在省、市等刊物发表。美术书法方面,1978—1988年举办书画展9次。摄影方面,举办多期摄影培训班,多幅摄影骨干作品入选省影展。民间文学方面,收集、采写民间故事160多篇,在全国及海内外刊物发表30余篇。1992年,县民间文学编纂委员会收集、编纂、出版《政和县民间文学集成》3 套(卷),得到省、市有关部门好评。文化部门先后举办书画、摄影、美术、文物、花卉展览 600 多次,书、画作品参加省、市美展 100 多幅。此外,还有 1990 年 2 月,闽浙毗邻六县书法篆刻作品展览、1992 年“圩日风情”“洞宫风情”摄影展等。石屯镇文化中心自办《小石堆》诗刊,成为全县第一个有文学刊物的乡镇。1991 年 3 月,石屯文化中心成为全省实施“芳草计划”100 个示范点之一,是年始石屯镇决定每年重阳节为“农民诗文化节”。全县开展文化中心户和文化之家评选。成立和完善各类文艺协会,积极推荐文艺骨干加入省级各类会员。至 1992 年,全县有文学、戏剧、曲艺、摄影、书法、民间文艺、美术、音乐、舞蹈等协会 8 个,共有会员 356 人,其中加入省级各类专业协会 53 人。作品获奖频频,其中小说、诗歌、报告文学、散文、电影文学剧本,在省市以上比赛中获奖 20 多篇,书画作品获奖 30 多幅,民间文学获奖 10 篇。有歌曲《少年的五彩梦》获“宇宏杯”全国少年儿童歌曲作品电视大赛二等奖,书法获全国“水电杯”比赛二等奖,摄影获第二届“庐山杯”全国大赛三等奖等。

20 世纪 90 年代活跃在“石屯农民诗文化节”上的农民唢呐队

文体活动　县越剧团 1979 年恢复演出,其中《霹雳剑》《冷月照秦宫》等数部剧目获省地奖项,多名演员亦摘得省或地一至三等奖,在闽东北和浙南地区享有盛誉。文化工作形成了“唱响主旋律”与群众自娱自乐相结合、全方位开放的新格局。城区及乡镇所在地群众文化活跃,每逢元旦、春节、五一、七一、国庆等重大节庆或三八、五四、中秋、重阳等节日,基本都举办不同规模、不同形式的文艺活动。1989 年 5 月“熊城艺术节”、1991 年 1 月闽浙六县青年歌手赛、

1992 年 12 月精神文明总评综艺晚会等数场文艺演出，颇具影响力。1989 年城关诞生第一家个体玫瑰歌舞厅后，城乡歌舞厅、卡拉 OK 厅、录像厅迅速发展，电子游戏厅、音乐茶座以及俱乐部、棋艺室、美术室、摄影室、阅览室等比比皆是，群众茶前饭后、自娱自乐地享受着现代的文化生活。加强文化市场执法，确保文化健康发展。

开展舞龙、跑龙、舞狮、拔河、棋类等活动。以元旦、五一、五四、国庆等节日为主，开展小型多样的职工体育；1978 年县茶厂被省体委评为群众体育先进单位。成立县老人体育协会、钓鱼协会、武术协会和 11 个篮球协会等群众体育社团组织，群众体育自发常态化。开展体育教育教学、课外活动和达标竞赛以及学生运动会。1979 年 5 月，县实验小学被评为全国体育卫生工作先进集体。1985 年，政和一中、二中、实小、东小、南小、外屯中学、杨源中学、镇前中学等 8 所学校体育均达到省颁达标校标准，政和一中进入一类体育传统项目先进行列，6 所学校被评为省体育卫生先进单位；1988 年 1 月，全县中小学生体育达标率 70%，名列地区第三名。1992 年政和县被评为省学校体育达标县。办好少体校，组织体育训练，参加竞技比赛，培养裁判员、教练员、运动员。至 1992 年共培养国家一、二、三级裁判员 73 人，教练员和运动员 678 人，选送省、地少体校运动员 53 名，考取体育大中专校 30 人。组织开展县内各种运动竞赛会 97 次，其中一年赛会 10 次以上的有 1980 年 12 次、1985 年 17 次、1988 年 11 次。县外主要是组织参加省地、兄弟县、闽浙毗邻县、华东地区及全国(福州)等地

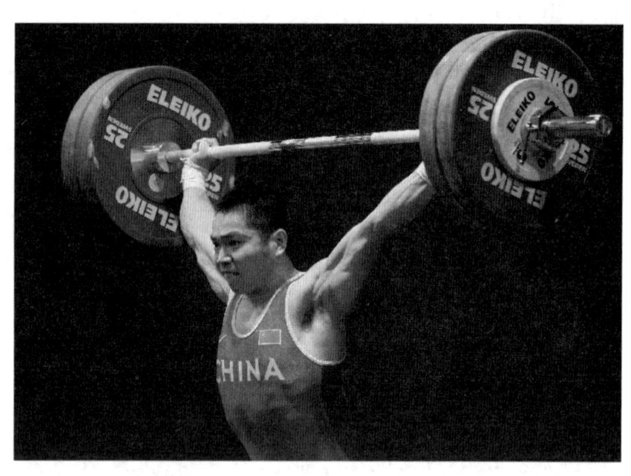

政和佛子山走出的举重健将张平在第 73 届多哈世界举重锦标赛上获得 62 千克级冠军

赛事。1978—1988年，全县参加全省和县际田径及球类赛107个项目(次)，共获得36个第一名、29个第二名，县小学生篮球代表队曾三次获地区冠军，三次代表地区参加全省比赛。1988年县体校参加全国(福州)业余体校举重比赛(分年龄组，15岁)获第二名。1989年3月，举重运动员李善富获华东协作区48千克级比赛男子组冠军。1992年少体校输送的举重运动员张平，成为政和县第二位获国家运动健将称号的运动员。

三、医疗服务不断提升

医疗卫生　改革开放以来，完善以县医院为龙头、乡镇卫生院为主体、村卫生所为基础的医疗卫生服务体系，全面贯彻中央《关于卫生改革与发展的决定》，设立和完善县医院、中医院、卫生防疫站(疾病控制中心)、卫生宣传教育站、妇幼保健院、卫生监督所等县级医疗防疫保健机构和一大批乡(镇)村、厂矿医疗机构及私人诊所。西医业务长足发展，中医国粹得到弘扬，妇女儿童保健平安。1985年起，推行以“扩大医院自主权”为核心的改革。1988年全县医疗机构有153个，其中县级两个；全县卫生队伍近千人。至1989年，县医院有医务人员209人，其中卫技人员173人，核定床位170张，综合性医院初具规模；1992年门诊数达14.6万人次，出院病人数5813人次，病房使用率91.7%，业务收入358万元，发展成为集医疗、教学、科研于一体的二级乙等综合性医院。1984年2月成立县中医院，1989年在职人员56人，开设病床50张，1992年扩大为100张，病床使用率65.6%，门诊总人数6.2万人次，出院人数527人，治疗有效率90%以上(其中中医药治疗率55%)，年总收入70万元，发展成为集医疗、教学、科研为一体的二级乙等中医医院。1979年11月从县防保站妇幼股分设成立的县妇幼保健站，主要承担与妇女儿童健康密切相关的基本医疗服务业务。基层医疗机构自1976年将公社保健院更名为卫生院后，至1989年全县设9个乡镇卫生院，东平、镇前卫生院为中心卫生院，乡镇院共有工作人员198人，其中卫技人员150人。村级医疗单位中，1989年全县有120个卫生所、34个卫生室。药品经营在计划经济体制下，县医药公司统一经营70%以上，基本满足医疗卫生对药品的需求。1992年起，卫生系统朝着市场化改革目标进军，开展医院分级管理和创等级医院活动，县医院建设成为综合性医院，推行乡村医疗机构一体化管理，卫技人员实行执业准入制和专业技术职称聘任制，进一步提高了医疗安全和医疗技术水平。加强人饮水、食品场所、职业卫生、计划免疫、卫生监测、疾病防治、健康教育等相关卫生工作。群众平均寿命由1981年的67.21岁提高到了1988年的69.43岁。

计划生育　政和县计划生育历经了提倡计划生育—“晚婚晚育、控制多胎”—“一个不少、两个正好、三个多了”—“一胎上环、两胎结扎、计划外怀孕补救措施”等过程，盲目的、高速的人口增长得到明显控制，1979年政和县被省政府授予计划生育工作先进单位。至1980年全县少生两万多人。中共中央《关于控制人口增长问题致全体共产党员、共青团员的公开信》发表后，推行非农业人口一对夫妇只生育一个孩子，农业户一对夫妇生育二胎后落实长效节育措施。1982年计划生育确定为基本国策后，正确处理以人口为关键，经济建设与人口资源环境协调发展的关系，每年开展三四次全县性计划生育大会战，落实干部、职工、居民一对夫妇只生育一个孩子的政策；层层常态化签订计划生育责任状，把重点放在农村二胎结扎，机关、企事业单位工作人员计划外生二胎的，采取党纪、政纪、经济、计生等措施，多管齐下落实计生措施。其间，澄源公社牛途大队被省政府授予“全省计划生育工作红旗单位”，石屯乡被授予“全省计划生育工作先进单位”。实行“一票否决”，狠下决心，为甩掉计划生育落后县帽子，采取一些十分强硬的措施，甩帽达标，农村全面实行二女结扎。至1991年，全县累计少生75000多人，人口自然增长率控制在13‰左右，人口盲目增长得到有效控制，人口质量逐步提高。

四、精神文明逐步展开

党的十一届三中全会后，政和县贯彻“两手抓，两手硬”方针，围绕“经济繁荣发展，社会团结稳定，道德风尚良好，科技文化先进，环境整洁优美，人民生活富裕”的总体目标，抓好精神文明建设。总结出抓点（家庭、单位）串线（街道、行业）连片（城镇、乡村）的经验，突破三街（解放—胜利主街、南大街、北大街）一路（东平—镇前沿线文明路）一河（七星溪河）重点，推进思想、道德、文化、法制、理论和环境等建设，为全县改革、发展、稳定提供了思想保证、精神动力和智力支持。

共管工程　以“一把手”负总责为先导，推进齐抓共管。1982年3月，开展“全民文明礼貌月”活动。1983年成立县“五讲四美三热爱”活动委员会及其办公室，1989年组建县委精神文明建设指导委员会，下设正科级办公室，把精神文明建设作为考核领导干部政绩重要依据。1990年，城区组建8个共建片区、4个文明安全片区和10个文明安全小区的齐抓共管格局，涌现出以南平地委、行署授予“文明理事会”的青龙庄文明理事会为代表的一批先进群体。

素质工程　以培育“四有”新人为目标，加强思想道德建设。着力从文明教育、行为规范、道德建设入手，把“政通人和、开拓奉献”的政和精神作为精神文明建设重要内容。石屯长城小学生杨韩非抢救两名溺水同学而牺牲，团中央授予其“全国学赖宁积极分子”称号，省政府批准其为革命烈士。此外，还开展《政和县公民文明守则》行为规范教育，实施“爱心工程”，组织“青年志愿者行动”“送温暖、解忧愁、办实事”等活动。涌现出机关干部捐献三个月工资支援重点水电工程和全县人民踊跃集资修建二级路、入闽通道、“平津路”、建松政革命根据地纪念碑等的感人画面，营造了“学科学、爱科学、用科学”的文明风尚。

创建工程　以“窗口”和村镇为抓手，持续抓好创建工作。广泛开展以“创文明机关，做人民公仆”“爱岗敬业、廉洁勤政、乐于奉献”“满意服务、情暖政和”为主题的创建活动。涌现出扎根政和高山区教育事业的全国“五讲四美三热爱”为人师表先进个人廖淑贞，被誉为“高山鸿雁”的邮电系统全国劳动模范李永福。全县获得省级文明安全小区1个、市级2个、县级6个，评出文明行业6个，满意窗口37个，县中心农贸市场荣获“全国文明市场”称号，建行政和支行

全国"五讲四美三热爱"为人师表先进个人
廖淑贞老师在政和高山区梨洋小学教学情景

1977 年,政和邮电局镇
前支局局长李永福被评为
邮电系统全国劳动模范和
省劳动模范

第一储蓄所为省级"创文明行业、建满意窗口"示范点。开展以城带乡、城乡互动的文明村镇创建和文明户评选活动。突出毗邻村镇文明共建,开展毗邻村镇乡规民约、计划生育、森林防火、社会治安等工作交流与合作,营造和谐边界的文明新风。

形象工程 以创造优美环境为突破口,树立文明形象。投入大量人力、财力,强化县城环境卫生、交通秩序、集贸市场、建设工地、户外广告、环境保护、给排水排污系统等市政建设和科教文卫场所设施建设,使一批舒适市政设施和优美环境展现在人们眼前。

五、刑事犯罪严厉打击

根据中央关于加强政法工作的指示,1982 年 9 月成立县委政法委员会。1983 年 3 月,遵照中央《关于严厉打击刑事犯罪活动的决定》《关于严惩严重危害社会治安犯罪分子的决定》(简称"严打"),依照"从重从快、一网打尽"方针,政和县开展了持续三年的严厉打击严重刑事犯罪活动。

宣传攻势 1983 年 6 月,县委、县政府决定每年 6 月为法制宣传教育月。编写《关于严惩严重破坏经济的罪犯的决定》讲话提纲,通过广播录音播放;组织骨干力量宣传宪法草案 1066 场次,召开县人大代表、政协委员、政法干警和工青妇、教育界等人士座谈会 115 场；印发宣传材料 5600 份，颁发法律知识材料 2.3 万份，印制图片 5000 张；组织 167 支工作队，深入 58 个重点大队开展宣传，受教育 14 万人次；向全县各类学校 3.5 万余名学生上法治课，以及放映电影、宣传车、文艺活动等形式，扩大宣传面，提高“严打”震慑力。同时，发动群众揭发违法犯罪线索。“严打”后，1986 年国家开始实施第一个五年普法（法制宣传教育）规划，持续开展每个五年普法活动。

“三个战役”　1983 年 8 月 18 日，“严打”第一战役在全县范围内展开，对各种刑事犯罪分子进行统一集中搜捕。打击对象是杀人、放火、爆炸、投毒、强奸、抢劫、重大盗窃犯，拐卖妇女儿童的人贩子和现行破坏活动的反动会道门头子、劳改逃跑犯，书写反革命标语传单、挂钩信、匿名信的现行反革命分子及现行破坏分子。全县公安、武警、民兵、治安积极分子共两千余人投入战斗。搜捕各类刑事犯罪分子 180 人，捣毁犯罪团伙 8 个。召开公审大会，进一步扩大“严打”宣传效果，营造“严打”声势。1984 年 9 月起开展“严打”第二战役，集中打击漏网和隐藏较深的严重刑事犯罪分子，破获各类刑事案件 161 起，搜捕犯罪分子 151 名。1986 年 4 月至 12 月，“严打”第三战役，主要是破大案、反盗窃、抓流窜、扫除社会丑恶现象，共侦破刑事案件 96 起，治安案件 443 起，捣毁犯罪团伙 10 个，搜捕犯罪分子 188 名，缴获赃款赃物折款 6.9 万元。

20 世纪 80 年代“严打”战役中召开公审逮捕大会情景

1983—1986 年，“严打”行动共搜捕犯罪分子 522 人，批捕 209

件 385 人,起诉 173 件 345 人,免诉与其他处理 36 件 40 人。对一批罪行特别严重、情节极为恶劣的罪犯判处死刑,并送一批判重刑的罪犯到边疆劳动改造。“三个战役”之后的几年,按照“打击、预防、管理、教育、建设相结合”原则,巩固和发展“严打”成果,加强社会治安综合治理,为“两个文明”和脱贫致富创造了更加安定的社会环境。

第五节　扶贫开发喜结硕果

政和县由于诸多因素,至 1985 年仍未彻底摆脱贫困。1986 年 3 月,省政府将政和确定为重点扶持的 17 个老区贫困县之一。历届县委、县政府有组织地、大规模地开展整体性扶贫工作。

一、“输血”帮扶解决温饱

1986—1990 年,全面实施国家“八五”脱贫致富计划。从 1986 年时任省长王兆国挂点政和县起,每一任时任省长都接续挂点政和,省、市工作队连年进驻乡村。自此,全县范围内开展了有组织、大规模的扶贫工作。县委、县政府以 1985 年中共中央、国务院印发的《关于帮助贫困地区尽快改变面貌的通知》为指导,深入贯彻省委、省政府《关于开展革命老根据地两个文明建设的决定》和省委 1986 年《关于加强老少边岛贫困地区脱贫致富的决定》,把脱贫致富工作作为全县经济工作的中心和农村工作的主题。1986 年 3 月成立县扶贫工作领导小组及其办公室,摸清 1985 年底贫困状况,全县有 5 个贫困乡、37 个贫困村、9353 户贫困户、4.9 万贫困人口,分别占全县农户 33.4%和农村人口 32.4%,全县财政收入仅 662 万元,农民人均纯收入仅 363 元,人均占有粮仅 303 千克,全县仍有 87 个行政村“三不通”或“五不通”(公路、电、电话、广播电视、自来水),农村普遍存在“三靠”(吃粮靠返销、用钱靠救济、生产靠贷款)现象。同年 5 月,县委做出《加快我县脱贫致富步伐的决定》,提出“二四六”战略目标：两年脱贫，四年摘帽，六年做贡献。省委派出51个部门组成扶贫工作队和讲师团，挂钩帮扶5个老区贫困乡和60多个贫困村，先后投入资金3000多万元，扶持项目180多项。全县集中人力、物力、财力开展扶贫“大合唱”。1988年6月，扶贫办确定为常设的正科级行政机构，县六套班子20多人与51个乡村建立扶贫工作联系点，县乡500多名干部驻村挂点，100多名到贫困村任职，68个单位挂村帮扶，3800名党员联系5800个贫困户。从此，扶贫工作迈上常抓不懈的道路。政和县积极用好省委、省政府赋予贫困县67条优惠政策，努力将扶贫政策、资金、项目、科技、人才帮扶到位，为贫困户、特困户发展种养业和解决生活困难送钱送物，为贫困乡(镇)、贫困村减免农业税，解决扶贫贴贷、小额信贷。实施造福工程和科技培训、技术服务、医疗扶贫等项目，给贫困户和贫困村不断“输血”，加快脱贫致富步伐。“七五”末期(1989—1990)，上级支持政和老区扶建资金109.4万元，其中无偿资金62.5万元，主要帮扶种植养殖、人饮用水、修桥铺路、开机耕道、修建校舍、兴修水渠和防洪堤等。1988年底，按当时“温饱线”标准已脱贫8987户，占贫困户总数的96%。1989年财政首次突破千万元大关，5个贫困乡经济发展增幅高于全县平均水平。1990年粮食总产量达8万吨，比上年增长1600吨；财政收入1549万元，比增134%；农民人均纯收入630元，比增267元。“输血”扶贫基本解决了贫困乡村群众低标准温饱问题，“三靠”现象已成往事，实现了国家“八五”脱贫致富规划的阶段性目标。

二、“造血”扶持增强后劲

1991—1992年，贯彻“决心不动摇、政策不改变、资金不减少、工作不放松”精神，扶贫工作从注重给钱给物加减免为主的“输血”方式向增强自我“造血”功能和防止返贫方向转变。农村工作以脱贫为“先导工程”，走“特色开发、带动加工、促进开放”“山田互补、种养配套、长短结合、特色规模”和“田攻高稳产，山种林茶果，户养畜禽鱼，乡村办企业，种养加开发”的发展路子，实行项目扶贫和开发建设两手抓,领导挂点,部门挂钩。全县掀起开发性生产热潮,提出“菇菜猪起步、茶竹果腾飞”,扎实走好“山种林茶果,户养猪鱼兔,加速资源转化,综合加工致富”路子,坚持治标与治本、治穷与治愚、扶贫与抗灾齐抓。扶持集体发展林果茶等绿色企业,创办扶贫企业安排剩余劳动力,发展以专业户为主的各种形式经济联合体。以温饱靠田、致富靠山为指导,大战以林为主、花果配套的山地开发总体战,集体、个体、团体、联合体一起上,广泛掀起造林和开山种茶果竹及乡村办“三场”(林茶果)热潮,农业开发性生产突破性发展。年开发总面积是前十年的总和。全县木材生产量翻一番,水果产量增一倍,垦复毛竹增长50%。5个重点贫困乡近半数农户户均基本达到茶林果“三个一亩”。涌现出一大批种茶种果、种菇养猪、种竹种菜的典型,如公司加农户的梨洋型,捷“竹”先登的西表、高林型,开发生产的澄源、下榅洋型,选“雁”带富的前村型,多种经营的湖屯、大庙型,“以菇兴乡、脱贫甩帽”的澄源型等。“八五”期间主要扶建领域为农业、企业、基础建设、教育设施、公益事业等,修建水渠2条、机耕道5条,扶持10家乡村企业;修建公路9条共60.5千米、桥梁7座,还有水电站、输变电线;建设人饮水设施11处、电视转播台5座、校舍13座共5006平方米等。通过7年扶贫,1992年全县财政收入达2031万元,是1985年的2.9倍;农民人均纯收入达1121元,是1985年的3.1倍。实现了从注重解决千家万户温饱向区域性开发生产转变,从短平快项目向中长期项目转变,绝大多数贫困户增添脱贫后劲,稳定地解决了温饱问题,部分脱贫户开始步入致富行列。

第十章 市场经济体制的逐步建立与完善

1992年2月至2012年11月，政和县以邓小平理论和“三个代表”重要思想、科学发展观为指导，以建立社会主义市场经济体制为总目标，围绕“海西绿色腹地”建设，加快“绿色经济强县”步伐，努力实现政和新发展。

第一节　农村改革持续深化

一、持续改革农业机制

土地延包　进一步完善家庭联产承包责任制，1992年2月，县委、县政府选择东平、石屯两个镇试行“双田制”（口粮田、责任田）的双层经营体制试点，至年底推广到全县9个乡镇112个行政村。1994年，县委、县政府批转县农委《关于加强耕地承包管理的意见》，遵循“大稳定、小调整”和群众意愿的原则，对部分耕地进行调整。至1998年全县共签订农业承包合同4.4万份，签订合同农户37324户。当年秋，及时贯彻中央、省关于进一步稳定和完善农村土地承包经营的通知，县委、县政府下发《关于稳定和完善农村土地承包工作方案》，突出“延长土地承包期30年不变”政策。1999年，全县832个村民小组中有814个延包30年不变，占97.8%，并颁发《农村集体土地经营权证书》43495份，占农户98.2%。另3个村民小组对责任制做“大调整”，15个村民小组做“小调整”。随着“双田制”的推行和城市各项改革的深入，劳动力逐渐大量从农业转移出去，出现了以转包、转租方式将土地流转给种田大户或亲朋好友或外来劳力耕种。2005 年底，全县有 4 个乡镇、49 个村、6960 公顷稻田流转到种田能手或种田大户耕种。

农业产业化　“双田制”施行后，长期固守“一亩三分地”劳作的格局被打破，应运而生了种田大户或专业耕种，为农业产业化创造了条件。县委、县政府成立农业产业化领导小组，按照“调高产品档次，调大基地规模，调新开发方向，调活运作机制，调优区域经济，调强新兴产业”精神，围绕当地茶叶、锥栗、烤烟、蔬菜、食用菌、茉莉花、生猪、竹业等特色产业，加快农业产业化进程。1993 年种植茉莉花面积 357 公顷，产量 1772 吨，加工花茶近 2000 吨，成为全国第二、全省第一茉莉花生产县。石屯乡被授予省级花卉示范基地称号。至 2003 年，全县茉莉花种植 442 公顷，产量 2700 吨，创历史新高。1995 年，全县大力发展蔬菜产业，种植面积达到 2279.4 公顷，产量达 41124 吨；之后镇前、杨源、澄源等高山区发展反季节蔬菜获得成功，并形成常态种植、大棚种植和反季种植相结合的经营模式。2005 年全县蔬菜面积达 4738.1 公顷，产量 84639 吨，涌现出一批产业化的农业公司、合作社。1992 年诞生的政和县高山农业开发总公司，以“公司＋农户”模式，发展订单农业，吸纳集体和合作龙头企业 15 家、农户 1.12 万户、乡镇 9 个、村 87 个加盟，经营食用菌、茶、果、芦笋、魔芋、甜椒、萝卜、荷兰豆、西红柿等农业生产项目，当年产值 12942 万元，有力带动了农业产业化发展。

闽北日報

MINBEIRIBAO

1994年8月2日　星期二　农历甲戌年六月廿五

第879期　国内统一刊号　CN35—0052　代号33—35

路，越走越宽

——“公司＋农户”在政和县得到完善与发展

政和县推行“公司＋农户”模式经验
在《闽北日报》等各级报刊发表

1993年11月，时任省委书记陈光毅，省委副书记袁启彤，省委常委、南平地委书记赵学敏等领导，到政和视察调研该公司等企业。1994年9月，政和县推行“公司＋农户”模式被国家经贸委列为全国流通领域示范点，《推行“公司＋农户”模式，发展农村市场经济》一文，被收录到《发展农村经济指南》丛书之四——《走向新世纪》。2002年，石屯镇组建全县第一个农民专业合作社——茶叶专业合作社，加盟户150户。2005年底，全县各类农民专业合作社14个，吸纳种、养、加和流通大户2800余人。

服务社会化　县乡逐步加强农技服务网络建设，为农民提供更多的新技术培训、技术指导与推广。1992年，农资建立三级连锁服务网，发挥“庄稼医院”“农资咨询站”功能；1996年开始，农业部门创办花菇生产科教示范、母猪繁育、反季节蔬菜、速生丰产锥栗等示范基地，起到新技术应用的示范和推广作用。2004年实施农民技术聘任制，聘任第一批“家门口”的技术员，次年发展到144人；村级确定科技示范户，引领农业科技进步。成立中国农村致富技术函授大学福建省南平分校政和辅导站（简称农函大），招收学员从23名扩招至804名，16年累计招收培训学员9380人。县农业、科技部门和电大、职业中学等单位，紧扣农业生产实际，经常举办农业实用技术培训班；乡镇依托文化中心（站）开展农技培训。2005年服务网点覆盖80％的村；依托乡镇农技站，建立良种供应联营服务体系；构建农机农技服务共网机制。

“科特派制度”　1999年，政和县根据南平市创新科技特派员制度“高位嫁接、重心下移、互动联动、一体运作”要求，科技特派员前五年一年一派，从少到多，首批选派12名，2000年增至近百名；2004年起三年一派，并持续加派村党支部书记、流通助理、金融助理、重点项目（龙头企业）助理；县直部门“挂村服务、互动联动”；乡镇建立“三农”服务中心和科技特派员工作站；村级实施农技、林业、综治、计生、土地等“八大员”制度。重点进驻偏远贫困村，对食用菌、茶叶、锥栗、蔬菜、烟叶等特色产业进行产前、产中、产后技术指导和营销服务，“让技术长在泥土里”，使科特派队伍成为“三农”政策的宣传队、科技创业的领头羊、乡村脱贫的带头人，深受农民欢迎。

减轻税费 2006 年，政和县把减轻农民负担作为农村税费改革的首位任务来抓，狠抓“五个取消、一个稳定、一项改革”的落实。取消乡统筹费，取消农村教育集资等专门面向农民征收的行政事业性收费和政府性基金、集资，取消除烟叶及原木收购环节特产税外的其他农业特产税，取消屠宰税，取消统一规定的劳动积累工和义务工；稳定农业税政策；改革村提留征收和使用办法。改革后，乡村两级九年制义务教育、计划生育、优抚支出，由财政预算予以安排；农村中小学危房改造资金，主要由财政安排；向农民直接征收 2000 多年的农业税终于画上句号；停征屠宰税；村干部报酬、“五保户”供养以及村办公经费，由集体经营收入开支，各级财政给予定额补助，村内集体生产、公益事业所需资金和劳务，实行“一事一议”。通过农税改革，每年减轻农民负担 877 万元，减负率达 70%。农村金融体制改革，农村信用社从农业银行脱离出来后实行经营目标管理责任制，更好地为广大农村提供便捷、优质的金融服务，减轻农民办理农业信贷负担。

二、大力实施“粮食工程”

保护耕地 1994 年政和县依法开始实施基本农田保护，首批划定农田保护面积 11933 公顷，占全县耕地的 82%(2005 年增补异地划定后，共达 12442 公顷)，严格实行土地用途管制和非农建设占用耕地占补平衡制度。耕地管理坚持开源与节流并举和“用一造一或造二”方针，旧宅基地等通过整理垦复，共开发耕地 794 公顷。2005 年耕地 13416.87 公顷(水田 12654.13 公顷)，农业人口人均 1.05亩。

农田建设 1990—1999 年，连续 10 年实施国家立项农业综合开发项目，共投入资金 1882.2 万元。其中，国家、省、市三级无偿财政资金 534.3 万元，有偿财政资金 359.9 万元，县级配套财政资金 420.1 万元。十年累计修建小(二)型水库 2 座，新建电灌站 2 座、拦河坝19处，开“排渍沟”66千米，修建引水渠和排灌沟121.1千米、防洪堤7.5千米、机耕路21.8千米，改造中低产田7326.7公顷。2002至2005年，先后实施粮食专项工程和标准化农田建设项目，建成石屯、凤头、东峰等标准化农田示范片，机耕路路肩石块切护，引水渠、排灌沟混凝土浇筑，达到渠相连、路相通、旱能灌、涝能排、机能耕的标准。

科教兴农 推广应用新的播种、育秧、插秧、灌溉等栽培措施，土壤改良、施用有机无机肥、测土施肥等改土施肥措施，植物检疫、病虫测报和病虫防治等植保措施，以及农业机械、农业资料、科技培训、栽培工具等科技含量措施。同时，扩大复种指数，确保粮食高产高效。耕作制度向连作多茬、间混套种和立体开发发展。除高山区外，稻作类型均为双季稻连作，还试种再生稻，复种指数提高到177%。1992至2001年，全县水稻种植在15000～16800公顷，其中双季稻8500公顷左右；总产量均在7000吨以上，其中1996年为最高水平，达到79458吨，比1992年增产1300吨。粮食不仅自给，而且年年完成国家征定购任务；产量不仅突破，而且品质提升。

三、提前消灭宜林荒山

实施“三五七”工程 福建省重点林区政和县一贯重视林业发展，省委、省政府实施林业“三五七”工程（三至五年消灭荒山，七年绿化八闽）后，县委、县政府下定“四年消灭荒山，绿化政和大地”的决心，做出“以林富县、兴林富民”决策，绘制“四个二”蓝图（建设20万亩速生丰产林基地、20万亩造纸用材林基地、20万亩毛竹林基地、2万亩食用菌用材和锥栗基地）。召开誓师大会，动员全社会力量造林；制定和完善集体和个人造林优惠政策，消灭荒山浪潮一浪高过一浪，形成以社队和乡村林场为主体，国有林场、义务植树、基地林和个人一起造林的生动局面。推广铁山乡大红村创办林场的经验，鼓励乡村林场大造林，至1991年全县乡村林场发展到87个，经营总面积达44900公顷。使用飞机播种造林，耗资百万元，飞播27架次，播种19.55吨，播区总面积7235.47公顷，成为创新之举，加速消灭荒山进度。1991年12月省地检查验收，全县造林面积和成活率在全省位次由第6位升为第2位，确认政和县提前一年消灭荒山，时任县委书记吴家洋被全国绿化委员会授予“全国绿化奖章”。1992年，全县高质量完成人工造林更新面积21666.7公顷，消灭荒山造林面积等于前十年的总和。至1999年，全县有林地面积达125780公顷，森林覆盖率由55%上升至77%，绿化度由66%提高为81%，立木蓄积量为359.2万立方米，到处生机盎然。1996—2000年营造速生丰产用材林等基地林。2001年实施集体林经营体制改革，“林改”5年间，年均个体造林面积占全县造林面积的37%以上。从2005年开始，大力实施以天然阔叶林和生态公益林为主的绿色资源保护工程。

山地综合开发　在大力造林的同时，发动山地开发种茶、竹、果。在林业“三五七”工程中实行“721”规划，即用材林70%、毛竹林20%、茶果林10%，从单纯林木向林竹茶果药一起上转变。1995年，县委、县政府提出“菇菜猪起步，茶竹果腾飞”的发展战略，全县山地开发再掀热潮。先后出台发展竹业、茶业、锥栗等山地经济开发政策措施。2005年全县茶园面积5333公顷，产量8000吨，是1993年的4倍；东平、大红等10个村面积均在百公顷以上、产量达150～250吨，成为全县重点产茶村。连续五年实施竹业致富工程，通过“百村千亩赛”“省竹业丰产示范基地”“小流域绿竹长廊”等措施，竹业迅速发展，成为县域经济支柱产业之一。2005年，全县

政和县拥有竹林面积46万亩，
建成全省规模最大的竹制品加工基地

竹林面积达29668公顷，毛竹总立竹量5118万根，亩均145根。水果发展，县委、县政府提出“科技兴榛、富县富民”目标，出台《政和县实施锥栗产业化意见》，发展落叶水果锥栗，建立三条万亩锥栗带，使由自发和零星开发向有组织有规模开发。2000年9月26日至27日，时任省长习近平第二次到政和调研视察时指出：政和的发展要立足本地生态优势，走山地开发的路子，进一步扩大现有优势，对形成的茶、竹、果等产业，要积极培植，做大规模。2001年全县锥栗面积和总产量居全国第二，被评为“中国锥栗之乡”。食用菌栽培一度成为政和农民致富短平快项目，1997年7月被评为“全国食用菌行业先进县”，澄源乡为“全国食用菌行业先进乡”。

2001年政和县被评为“中国锥栗之乡”，
图为央视记者在杨源乡采访锥栗种植大户

四、着力建设电气化县

政和县农村水电初级电气化建设于1991年3月经国务院批准，正式列入全国第二批农村水电初级电气化县建设。1992至1994年共投入资金4698万元用于农村电气化建设。1995年4月24日，省政府委托省水利水电厅组织有关部门在政和召开农村电气化试点县初级阶段验收会议，确认政和农村水电初级电气化建设各项指标达到水利部颁布标准。1996年4月，国家计委、水利部正式批准政和县为全国第二批农村初级电气化县。

电网形成　认真贯彻“以电养电”政策，坚持多渠道多层次集资办电，县乡村三级自筹资金总额1768.5万元，国家补助或周转金600万元，银行贷款2330万元。在恢复1998年“6·22”水毁水电设施的同时，先后完成九层际电站二期工程4000千瓦机组安装，洞宫坝后320千瓦电站建设。到1993年，全县建成电站82座，机组124台，装机容量20212千瓦；建设了政和至松溪、镇前至澄源和杨源、城关至铁山等35千伏线路43.1千米；建成110千伏变电站2座，新建铁山、澄源、杨源35千伏变电站，建成东平、镇前10千伏开关站，改造外屯35千伏升压站，建成10千伏输电线路792千米，35千伏线路88千米，110千伏线路25千米。至1994年，全县拥有电力装机容量20212千瓦，发电量5376万千瓦·时，年供电量5230万千瓦·时，其中小水电自供电量5204万千瓦·时，占全县总供应量的99.5%；年售电量4696万千瓦·时，综合网损率10.6%，符合部颁标准。变电能力58756千伏安，比1990年增加20360千伏安，以城关11万伏变电站为中心的全县各个乡镇电网与县电网联网运行，形成具有一定规模的地主性电力系统。同时，外联闽北6个县市、闽东2个县，电网联网运行上了一个台阶。1999年6月开始，对全县城乡电网全面改造。

用电达标 全县用电保证率大于85%以上的通电户率为90.6%。1994年人均用电量228千瓦·时，户均年生活用电量400.7千瓦·时，均达到部颁标准。在利用丰水期电能方面，全县以电代柴户18572户，占全县总户数的43%。保障电器用电，各种家用电器广泛进入百姓人家，农村文化娱乐设施建设用电和文化生活用电得到保障。1993年7月28日动工、1997年10月建成，时为全县最大规模、装机容量最大的水电工程——下榀洋水电站，装机容量15000千瓦，工程总投资9500万元，其中引进外资5255万元，占总投资的55%，首开引进外资办小水电的先河，多年平均发电量达4529万千瓦·时。

股份办电 2000年后兴起以市场为导向的股份制或外资开发办电热潮，给政和水电建设和经济发展注入新活力。先后利用乐溪、蛟龙溪、赤溪、七星溪、当溪和龙潭溪等流域水利资源，开发10处水电工程，开发规模4.3万千瓦。至2005年底，全县建成各类水电站55座，装机100台，容量5.709万千瓦，其中装机500千瓦以上的18座,装机容量3.989万千瓦;全县年发电量1.78亿千瓦·时,实现通电三个百分之百(通电乡镇、通电村、通电户)。

五、抗灾自救重建家园

洪涝灾害 1998年6月22日,闽北发生百年不遇大范围洪灾,政和连降11天暴雨,过程雨量达686.9毫米,为历年最大降水过程,最大降雨量24小时达150.5毫米,三次超警戒线、危险线。全县受灾10个乡镇、123个行政村、17.3万人,受灾人口占全县人口80.8%。重灾区有外屯、铁山、石屯、星溪等乡镇83个村6.5万人,淹没村庄17个,被困群众2.2万人,死亡34人,失踪6人。淹没耕地5400公顷,毁坏房屋3795幢4.1万间。全县直接经济损失8.59亿元。其中外屯乡车潭村老碓厂自然村山体大面积滑坡,整个村子9座民房全数被山体和洪水淹没,34名村民遇难。县委、县政府先后召开八次紧急会议,县委书记、县长坐镇指挥,五套班子分赴重灾区与乡镇干部投入抗灾一线,及时部署和抢险救灾。灾情当夜,县乡组织公安民警、武警、机关干部130多人顶着暴雨紧急抢险、安置灾民;同时,组织抢险队78支1560多人和数万名抗灾人员,开展全县抢险救灾工作。省委、省政府和市委、市政府十分关心政和灾情,及时下拨救灾物资和资金,并派出多个工作组深入灾区指导工作。时任省委书记陈明义、省人大常委会主任袁启彤、省长贺国强两个多月里均两次亲临政和察看和指导抗灾,并直达特重灾区老碓厂。陈明义书记第二次还与省委常委、组织部部长陈营官一同深入灾区,帮助解决救灾资金和物质等实际问

1998年11月18日,全省灾后重建第一村政和县西津新村落成

题。驻地武警、预备役民兵、民警组成抢险队涉水救助，人民解放军百名官兵支援抗洪救灾，社会各界伸出救援之手，台湾地区等海内外慈善机构和爱心人士赈粮募款，政和在外创业人员赈灾济困，给灾区人民以强大的精神动力，很快战胜了百年不遇的特大洪灾，基本恢复正常秩序。排除堤防、水库险情267处，抢救受伤群众325人，转移、疏散被困群众和受山体滑坡威胁的群众40个村庄20350人，安置灾民生活3.5万人，新建灾民新村25个，安置灾民5027户，恢复灌溉面积1000公顷，保护面积1533公顷，减少洪灾损失3.5亿元。1998年12月，石屯镇重灾村西津灾民全面入住重建新村，省委、省政府主要领导发来贺电，当年全县24个重灾村1499受灾户搬入新居喜迎春节。

旱雹灾害 2003年上半年总降水量与历年同期相比减少1/3，酷暑的六七月气温最高达40.4℃，创50年来最高纪录，连续26天过程雨量仅0.4毫米，同期蒸发量318.8毫米，出现百年不遇的初夏大旱，仅受旱农田达8000公顷。9月25日起一个半月内，过程雨量仅2.0毫米，受旱农田达7970公顷。县委、县政府紧急部署人工增雨作业，连续多日先后在范屯洋、下园、鹤都岭、官湖桥、范屯等5处，累计发射火箭弹120发，有效缓解严重的旱情。2004年又遇秋旱，近50天内过程雨量仅1.7毫米，同期蒸发281.4毫米，受旱农田2300公顷。县委、县政府除组织落实常规抗旱措施外，继续启动人工增雨预案，先后作业9次，使旱情基本消除，取得良好经济和社会效益。1995年4月16日特大龙卷风冰雹灾害，县里成立抗灾工作指挥部，南平市委、市政府领导带领有关部门指导抗灾并紧急落实抗灾物资和资金，民政部、省民政厅深入灾区访贫问苦指导抗灾，时任省委书记贾庆林、省人大常委会副主任黄文麟、副省长潘心诚带领省直厅局视察灾情指导抗灾，全县干群不等不靠，干部带群众，大村帮小村，轻灾帮重灾，多劳帮缺劳，无灾帮有灾，共渡了雹灾难关。

第二节　企业改革不断深入

一、工业企业深化改革

建立现代企业制度中，突出国有企业“两改一加强”（改组、改造，加强管理）和“抓大放小”的改革。1993年，对水泥厂、水轮机厂、化工厂等6家国企和竹木厂等12家二轻集体企业“松绑放权”。当年，全县有10家国企1808名员工依法与企业法人代表签订劳动合同，203名员工采取厂内退休、厂内转业发展三产或停薪留职等形式安置。1997年开始，对部分国有工业企业进行产权制度改革，县化肥厂、铅锌矿、水轮机厂、印刷厂、化工厂等10家企业改制为民营企业，原企业职工采取由新企业聘用，置换身份或厂内退休等形式进行分流，县水泥厂、水轮机厂、化工厂、东平酒厂分别改制为华厦水泥有限责任公司和水轮机制造有限责任公司（2004年6月又改为股份制的七星水轮机制造有限公司）、化工有限责任公司、政和东平酒业有限公司。县电力公司1996年9月实行发电、供电分离为两个独立核算企业，1999年7月划归为省电力公司代管，至2002年12月实行厂网分离。1990—2005年，经过全面改革，水泥厂、水轮机厂、磷肥厂、酿造厂完成股份制改革，陆续组建为有限责任公司。县印刷厂、铅锌矿租赁经营，无线电厂、燃料公司实行关闭，针织厂、苎麻厂、酒厂实行破产，县茶厂、化工厂、香料厂、无线电厂5家企业“退二进三”（退出第二产业，发展第三产业），县建材厂实行拍卖，县电力公司上划为公司制。至2005年，全县国有和国有控股企业仅为5家，经贸口工业企业解除劳动合同职工3364人，其中1104人由原企业返聘上岗，2260人自谋职业。改革后，工业战线打破了长期的单一公有制经济，出现多种工业经济成分并存的新格局，从长期自我封闭和自我循环束缚中走向全方位开放，吸引外资兴办中外合资、合作企业和独资企业，促进产权结构的调整，破解了企业在激烈的市场竞争中面临的困境和问题，以全新的面孔、全新的机制赢得生机。股份制合作企业从 1994 年 113 家，发展至 1996 年 457 家；有限责任公司 1997 年有 3 家，股份有限公司至 1999 年达到 7 家，联营企业 1996 年 454 家，私营企业 1997 年 903 家；港澳台商投资企业 2005 年达到 10 家，外商投资企业为 5 家。

二、乡镇企业成长壮大

20 世纪 90 年代初，随着农业产业化、商品化发展，大批剩余劳动力逐渐转移至乡镇企业等非农产业，县里成立乡镇企业局，乡镇成立经济（联合）委员会，为副科单位，加强对乡镇企业管理。下达年度指导性生产计划，其中工业总产值、工业增加值、外引内联三项指标列入县对乡（镇）年度经济发展目标管理考核内容。县、乡两级相继出台鼓励多种形式参与兴办乡镇企业的政策措施，全县乡镇企业呈现“四个轮子”一起转、“六大产业”一起上的态势，“离土不离乡”的乡镇企业迅猛跻身于经济大潮。贯彻地区行署“大力推进乡镇企业发展”“加快个私经济发展”“开展企业管理年”等精神，至 1995 年全县乡（镇）办企业 135 家，从业人数 7515 人，总产值 25950 万元，创税利 2007.7 万元，乡镇企业一度成为工业一支重要新兴力量。2001 年达到 1686 家，从业人员 10006 人，年总产值 42404 万元。2002 年，地区提出“突出工业、突破工业”后，乡镇创办工业园区，吸引外商进园区办企业。至 2005 年，先后引进下榅洋水电、鑫奎食品、富士岛食品、继升工艺等 15 家外商投资企业，总投资 17630 万元。推行现代企业制度改革后，实行“抓大放小”“一厂一策”等措施，改革乡村集体企业产权制度，乡镇办和村办企业陆续转为私营企业和个体企业。

三、民营企业后发赶超

1992 年党的十四大召开，政和民营经济呈现上升趋势。1993 年，全县经核准登记发照的个体工商户 3733 户，资金 960 万元，私营企业 32 户。1996 年，全县个体工商户登记 3448 户，资金 1676 万元；私营企业90户，总产值达6017万元，销售总额37409万元。2005年底，全县个体工商户登记从业人员4564人，资金5494万元，以商业、饮食服务业为重点；全县个体私营企业183户，营业额2521万元，其中私营手工业120户，手工业总产值3460万元。规模以上企业5家，年产值200万元以上的私营企业37家，1000万元以上7家。民营经济成为社会主义市场经济的重要组成部分。

政和县积极落实中央“两个平等”政策，逐步形成了一批以规模化、专业化为特征的企业，并涌现出一批在全省、全国有一定知名度的民营企业。2004年，富士岛食品、京泰茶厂等3家企业被确认为农村信息化示范企业，政和熊峰锅炉制造有限公司被确认为南平市制造信息化应用示范企业。2005年，白牡丹茶叶有限公司被确认为县农村科技信息化示范企业。一些民营企业与科研院校、高等院校建立长期稳定的产学研合作关系，全县拥有国家高新技术企业8个。民营企业自主创新能力增强。2005年政和县熊峰锅炉制造有限公司LHGO.08-4-W高效节能立式锅炉被福建省政府授予省科学技术三等奖。2002—2005年，获批市级民营科技企业的有政和熊峰锅炉制造有限公司、政和店小二竹木有限公司、政和添龙家具厂等9家。2003—2005年，获批县级民营科技企业的有政和云寿茶厂、政和高山纯兰果菜有限公司、政和三峡子野生动物驯养繁育场等7家，民营科研机构先后有政和石屯果树技术研究所、政和星联食用菌研究所、政和强华生态工程研究所等若干家。2011年新发展个体工商户742户、企业134家，分别新增注册资金9561万元和37061万元；全县注册登记企业841户、外商投资企业27户。

四、工业企业效益彰显

效益突显 全县工业总产值、规模以上工业总产值等主要工业经济指标均逐年攀升，1992年分别为18117万元、14710万元，分别比上年增长28.3%和18.9%。2002年分别达到52634万元、14112万元，同比分别增长12.3%和27%。2012年全县工业总产值、规模以上工业总产值、规模以上工业增加值和全社会固定资产投资四项指标分别达到366511万元、250681万元、75534万元、226900万元，比上年分别增长29.1%、32.8%、34%、52.1%，流动资产、固定资产和利税三个指标增幅明显。2005年，全县独立核算工业企业流动资产年均余额15660万元，固定资产原值28007万元，利税总额2163万元。主要工业产品产量均在增长。2005年发电量7671.5万千瓦·时，比1999年增加1932.5万千瓦·时；水泥10.1万吨，比1997年增加3.11万吨；水轮机68565千瓦，比1997年增加40240千瓦。2005年全县乡镇工业规模以上企业19家，占全县规模以上工业企业28家的67.9%。1992—2005年，全县独立核算工业企业流动资产年平均余额、产品销售收入、固定资产原值、利税总额等主要指标，均高于改制前水平，其中利税总额为2163万元。

质量提高 打造名优特产品，增加企业知名度。改制的华厦水泥有限责任公司主导产品仍为华厦牌425R、525R普通硅酸盐水泥，1998年荣获省级"产品稳定、用户满意产品""消费者信得过产品""重点推荐品牌""第十三届省级管理现代化创新成果三等奖""首届福建建材网上博览会金奖"等证书，产品质量合格率连续18年达100%。水轮机制造厂始终秉持"产品优质"宗旨，使产品享誉海内外。武夷牌水轮机为南平市"知名商标""全国质量稳定合格产品"、中国水电设备行业"优秀企业"，取得ISO9001:2000质量体系认证，被指定为福建省用户满意产品，产品不仅热销于20多个省市，还出口至东南亚等10多个国家。2006年，该厂员工陈玉英被授予全国五一劳动奖章。福建政和继升工艺品有限公司，年产品出口量占全省80%，先后荣

20世纪90年代政和水泥厂生产的华厦牌水泥畅销省内外

20世纪90年代，政和县水轮机制造厂生产的小水电产品远销海内外十几个国家和地区

获农业部“全面质量管理先进单位”、省“先进乡镇企业”称号。政和茗匠工艺礼品有限公司茗匠牌工艺茶具，年销售量和销售额均居全省同行业之首。2012年全县共有中国驰名商标1件，省著名商标15件，省名牌产品8件，市知名商标56件。

第三节　第三产业健康发展

一、新型商贸繁荣兴旺

“国退民进”　随着国家经济体制改革的不断深入，鼓励和引导民间投资，政和县商业、供销企业逐渐从国有退出，个体私营经济竞相迸发，走出一条新的发展路子。实行国营、集体商业服务企业体制改革和产权改制，鼓励发展个体、私营经济。结合旧城改造，实行“国退民进”，拆迁沿街原有破旧的饮服公司、五交化公司、百货公司(西门)、钟表眼镜公司、商贸公司、饮服公司南门服务楼、糖酒副食品公司等，国营商业企业经营网点全部撤销，干部职工相继转移安置，退出流通领域，民营经济尤其是商业批发、零售、餐饮服务业快速发展。国营饮服业失去竞争力退出市场(唯独保留县政府宾馆)，糖、酒及副食品等批发业1993年全部由个体经营，零售业1994年基本退出。至2005年，全县个体私营商贸经营网点发展到2268个，从业人员5337人。同时，乡(镇)商业服务业也同步发展，户数由1993年的1612户、2452名从业人员，发展至2005年的2564户、5961名从业人员。非公有制经济在国民经济中崭露头角，增添了经济活力，扩大了社会就业。

超市问世 1998年10月，政和第一家个体经营自选商场“百姓超市”开业，此后相继有“家友”“家得利”“荟华家电”“心连心”等数家超市问世，成为政和新的零售业大户，后相继出现“才子”“利郎”“匹克”“安踏”“爱丽斯”“兴隆”等80多家品牌专营店。2005年全县从事零售业的个体经营户为1900户，从业人员4000人，年销售总额34318.2万元。全县社会消费品零售总额2005年为54002万元，比2004年增长了15%；2012年125552万元，比上年增长了16.7%。城区步行街从第一条七星商业街开始，之后分别建成白鸽岭商贸中心、福地步行街、胜地步行街等，每条步行街都有上百家民营的超市、连锁店、高档和特色专营店，汇集了大量的人气和商气，实现了从传统商贸流通到现代新型商贸服务业的重大转变。

二、房地产业逐渐兴起

住房制度 1993年县政府成立经济体制改革委员会，出台《关于深化城镇住房制度改革的决定》，实行公有住房租金改革—出售单位住房和集资建房—建立住房公积金制度三大步骤改革。首先对全县“公房”进行租金管理体制改革，采取折旧费、维修费及管理费相结合的计租办法，将房租调整到双职工家庭平均收入的8%的水平。调整后，全县“公房”房租按使用面积、房屋结构定租，对住房面积按不同级别分别给予限定，超面积的加收月租。实行公有住房出售和集资建房，至2000年底，全县共有65家单位出售公有住房78幢1153套，总面积为8.07万平方米。同时，允许单位集资建房，1989至2000年，全县共审批单位集资建房21个，建房430套，总面积36500平方米。建立住房公积金制度。1997年5月，根据国务院《住房公积金条例》，县政府出台《政和县公积金实施办法》。2003年12月调整缴费比例后，真正全面实施。为促进住房商品化，县建行为县房地产开发公司贷款850万元，2000—2005年，县农行、建行发放个人消费、住房贷款7695万元。至2005年底，全县共有8600名职工缴存住房公积金。

房地产市场　1994 年，县政府出台《关于城市房屋拆迁补偿安置办法》《关于旧城改造的若干规定》，成立政和县旧城改造工程指挥部。是年，投资近千万元，以改造解放街主街西、中段为主，共拆除旧建筑占地面积 2128 平方米，建筑面积 4509 平方米。三年后，旧城改造步伐明显加快，当年投资 3000 万元用于南大街改造和北大路拓宽工程，共拆除旧建筑占地面积 9240 平方米，建筑面积 16650 平方米，建成建设大厦、南凤楼、高雄楼、国土大厦、解放大厦、商业大厦、龙宫花园、防疫站综合楼、南大街建筑群、法院宿舍楼、粮食局综合楼等。房地产业完全走向市场化。1999 年 3 月，县政府相应调整和完善旧城改造相关政策和房屋补偿安置办法，加速了房地产业发展。1995—2000 年，先后引进香港新东华开发有限公司、香港冠祥投资有限公司、邵武宏阳地产开发公司等，投资开发西洋楼商住楼群、水南中路房地产开发等，建筑面积 3 万平方米。2000 年后加大旧城改造力度，2001—2002 年共投资 8500 万元，实施解放街和胜利街西段二期拓宽工程，共拆除旧建筑面积 6.7 万平方米。2004—2005 年，投入 1200 万元旧城改造拆除旧建筑面积1.85万平方米，新建了胜利大厦、顺发大厦、星溪—公安综合楼、医药大楼等大楼。2003—2005 年，投资 1800 万元用于旧城改造，拆除旧建筑面积 2 万平方米，先后新建白鸽岭商贸中心建筑群，实施政府广场、北大路、东大路、南大街、西大街等拓宽改造和西门环岛工程，动工建设城区防洪工程及捆绑工程等。经过 17 年，累计完成投资 3.15多亿元，进行 20 多处(片)危旧房改造，共拆迁单位和个人旧房

1999 年 6 月政和县城防工程举行开工典礼

100多户，拆除房屋占地面积11.5万平方米，建筑面积19.3万平方米，其中住宅6.3万平方米，非住宅13万平方米。改造4条街3条路，新建5条路3个农贸市场，扩建星溪大桥。配合拆迁安置工作，开发元峰庄、凤嘴、渡头洋、南庄、暗桥5个新区。开发公司累计建设商品房宅基13幢，用地1.32万平方米，建设商品房892套，建筑面积6.6万平方米，共解决892户城镇居民住房问题。经数期旧城改造，至2011年，多层和小高层钢筋楼房取代了砖混为主的房屋，城镇住房水平明显提高。

三、公用事业长足发展

城市公交　1997年8月，城区开通公共交通，设4条线路，配置公交车17辆323个座位，日客运量5100人次，年客运量183万人次，周转量6935万人千米。随着城区框架拉开，流动人口增加，私人小型出租客运车应运而生。2005年公交客车全部更新或新购置，车辆达到19辆361个座位，日客运量5700人次，年客运量208万人次，周转量7906万人千米，客运量和周转量比1997年分别增长13.6％和14％。港田牌客运三轮摩托车276辆，分别按单双号经营客运。此外，挂靠加盟县公交公司的出租小车18辆108个座位，经营城区与乡镇客运。2011年，提升公交管理水平，不断提高运输能力，全县规模客运企业2家，出租车30辆，满足了市民出行需求。

城区供水　1993年投资300万元，新建日产万吨珠山水厂，1995年建成投产，日供水能力万余吨，供水普及率达95.7％。为解决新区开发和管网不健全的新问题，1996—1998年投资400万元改造供水管网，日供水量达到1.5万吨，供给城区4.3万人口，供水普及率达100％，水质合格率达98％。随着社会发展，出现供水新矛盾，县政府决定，2005年7月动工建设城区第二水源改造工程，投资683.6万元，从宝岭水库二级章口电站尾水引入珠山水厂，不仅彻底解决原大庙桥水源居民生活生产和企业环境污染隐患，而且日供水量提升至3万吨，适应了城镇化步伐加快的需要。

城市绿化　1992年，政府划拨土地1.87公顷，建设官湖苗圃，培育花卉、苗木、果树，为城区绿化提供保障。行道绿化树，从1993年以落叶法国梧桐为主，间或改为广玉兰、桂花、杜英、女贞和香樟、楠木等常绿树，做到拓宽必有绿，公园绿化达标，新区绿化符合比例，居民鼓励养花种草。1998年建设的七星公园，占地2.67公顷，设置人工湖、游泳池，园内设施相间种植绿化树；同年建设的塔山公园，布有花圃、人工湖。各小区绿化各具特色。专用绿地以政和一中、二中和南门小学为最，其草坪约占绿化面积的50%。亲水绿化以胜利洋河滨花园效果为佳，面积达6400平方米。2005年，城区绿化面积增加到38万平方米，绿化率达到40.8%，人均公共绿地面积7.92平方米。建于2011年的市民广场，为政和第一个广场，占地总面积两万平方米。除按广场要求布局主要建筑结构外，逐步完善各种绿化树木、花卉、5000平方米绿地、防腐木悠闲长廊等绿色设施。

燃气应用　政和群众对炊灶不断"革命"，实现了"老虎灶"—省柴灶加鼓风机—电器炊具加液化气灶—部分天然气的变迁。液化气从1992年开始闯进政和居民生活，这是对几千年来燃料的一次真正重大"革新"，既保护了"绿水青山"，又净化城市天空，提高生活质量。液化气应用，由私人投资建设贮配站于金鸡山，容积125立方米，占地面积4000平方米。2005年供气总量约1万吨，使用户数达10908户。

四、金融保险快速发展

金融储贷　随着各银行逐步改为商业银行，人民银行对信贷总量宏观调控由直接控制为主改为间接控制为主。先后实行信贷资金单列、贷款按期限管理、储蓄所承包以及行长负责制与任期目标责任制改革。1992年投放4414万元，回笼2945万元。1996年，贯彻国务院《关于农村金融体制改革的决定》，对农村信用社管理体制实行重大改革，建立和完善以合作金融为基础、商业性金融和政策性金融分工协作的农村金融体系，农村信用社与农业银行脱离行政隶属关系，成为独立法人单位。1999年，贯彻国家整顿金融秩序精神，省华融公司、长城资产管理公司收购并经营县工行、农行、建行的历史不良资产，减轻国有银行包袱。21世纪初，设立银行业监督管理委员会南平分局政和办事处。

各专业银行、信用社、邮政储蓄专柜扩大服务领域，逐步推出储蓄新种类和有奖储蓄、保值储蓄、“一本通”等措施，存贷款快速增长，至1992年个人储蓄存款年末余额迅速增至11517万元，首次突破亿元大关。实行存款账户实名制后，个人储蓄快速发展。至2005年，全县单位存款余额达24848万元，比1989年增加19742万元，增长近5倍；全县个人储蓄存款余额达到81234万元。贷款业务主要围绕农业、工商业、基本建设、专项、粮食收购、支农等几大类。农业贷款从单一的粮食生产转向支持农村商品经济贷款。1994年扶贫贷款余额近1000万元。2005年，创建信用乡1个、信用村12个，评定信用户15000户，授信金额5300多万元。2011年，全县金融机构存款余额为291447万元，比年初增加31355万元；贷款余额为134885万元，比年初增加18114万元，使企业产前、产中、产后信贷资金需求得到较好解决。

保险理赔 县保险公司在巩固老险种的基础上增加新险种，1992—1994年，相继开办自行车保险等5个险种。1996年财险与寿险分业经营。2000年后设立政和平安保险支公司、太平洋保险公司政和支公司，县保险公司分设人保公司、人寿保险公司。至2005年，财险公司共开设60个种险，人保公司共开设168个险种。至2011年，县保险公司保费收入首越千万元，财产险、责任险、农业险有新的突破。

第四节 综合改革逐渐完善

一、政治体制改革稳妥推进

在社会主义市场经济建设中，政和县始终把全县各级党组织建设得更加坚强、更加团结、更加富有战斗力。开好每届党代会，选好每届领导班子。1992 年至 2011 年 7 月，先后召开五次中共政和县代表大会，明确每个三(五)年全县改革侧重方向和重点工作，紧扣脱贫致富、振兴政和、加大改革力度、加快经济发展、实现经济崛起、推动社会进步、突出发展重心、加快小康步伐等主题。

完善人民代表大会制度与政治协商制度。县委制定《关于进一步加强人大工作的决定》《关于进一步加强政协工作的决定》等决定和规定，进一步加强党对人大、政协工作的领导，推动重大事项协商在党委决策之前、人大通过之前、政府实施之前的落实。健全县委、人大、政府、政协及其办公室联席会议制度。健全和完善人大、政协工作机构和人员队伍，保障人大、政协工作条件。加强人大、政协自身建设，充分发挥职能和代表、委员作用。乡镇 1991 年设人大主席团主席。1994 年起，县级每届任期由三年改为五年；2004 年起，地方各级国家机关每届任期明确为五年，县、乡(镇)两级换届选举 2005 年起同步进行。

1992 年 9 月起，贯彻实施《人民警察警衔条例》，由公安部授予一级警督 2 名，二、三级警督由省公安厅授予。次年实施《法官法》，逐步颁发法官证书。至 2005 年全县四级高级法官 11 名，一、二、三级法官 27 名，五级法官 1 名。1995 年 7 月实施《检察官法》后，首次核准各级别检察官共计 36 名。之后，警督、法官、检察官人数逐渐增加。

1997 年 3 月到党的十八大前，政和县先后开展 4 次党政机构改革，逐步从“外延式”改革向“内涵式”改革转变，切实转变政府职能。1997 年开始公务员和党政机关工作者考试录用。1999 年起进一步加强机关事业单位工作人员年度考核，而后公务员制度正式入轨运行。加强干部考录聘用、交流培养、编制管理、竞争上岗、人员分流、选拔任用、人才队伍等管理与改革，公务员考录做到全程政务公开。强化公务员通用法律和知识培训考试，提高公务员队伍水平。2006 年《公务员法》实施后，部分岗位向公开选拔和竞争上岗迈出步伐。

二、经济改革重大突破

财政改革　20世纪90年代初，按照“三保三压”（即保农业、保教育、保改革，压缩行政经费、压缩公用经费、压缩社团购买力）和“保吃饭、保改革、扶重点”原则，实行“划分收支、核定基数、定额缴补、增收多留、分类包干、自求平衡”的预算管理体制，严格执行经费与编制挂钩和经费首长负责制，完善预算包干办法。20世纪90年代中期，推行分税制度改革，实行“税后还贷、税后分利”体制。行政事业单位执行“核定预算、包干使用、超支不补、节余有奖”的预算管理办法。20世纪90年代末执行财政总预算、行政单位会计、事业单位会计等制度和《事业单位会计准则（试行）》等一系列财政法规，并实行借贷记账法和政府采购制度。2000年初，按照“调整结构，确保重点，压缩一般，加强管理”原则，实行“按编给钱”制度，剥离一切不应由财政负担的支出。改革农村教师工资、乡镇干部职工工资管理办法，全县农村中小学教师工资收归县管，县直机关工作人员和乡（镇）干部职工工资以及县直全额预算行政事业单位离退休人员经费纳入国库统一支付。进行部门支出预算编制改革，先后对县直行政事业单位实行综合包干定额预算和按金额预算两种办法与零基预算、定员定额编制办法，使困难财政逐步步入良性循环的轨道。2005年落实省“六挂六奖”办法，做大财政“蛋糕”，提升财政运行质量。2011年将所有部门预算提交县人大会审议，加强预算约束和预算执行。开展财政支出绩效评价，达到财政资源配置优化、资金使用高效的目标。

税政改革　秉持“为国聚财、为民收税”宗旨，深化税政改革。20世纪90年代以单轨制和分税制为主的改革，税种发生变化，工商税制共有流转税类、所得税类、财产和行为税类、资源税类、特定目税类、涉外税类和农业税类七大类37个税种。改革后确立以商品课税为主体的税制结构，形成多税种、多环节、多层次的复合税制，初步完善税收体系。1994年实施全面的、大动作的分税制改革，按照“统一税法、公平税负、简化税制、合理分权、理顺分配关系”的基本原则，确立由流转税、所得税和财产税等三大税组成的复合税制，改革后税种由37个减为23个。进入新世纪，税制改革主要是结构性、渐进式的调整。2005年实行农业税全面取消的重大改革，二千多年之久的"皇粮国税"就此退出历史舞台。2007年农村税费改革步入综合改革新阶段，全面推开农村义务教育经费保障新机制。2008—2009年，企业所得税改革迈出新步伐，增值税转型稳步推进。2012年实行营业税改增值税。

土地改革　1992年非农业用地实行"五统一"，土地出现有偿使用。东平镇首次推出土地使用权公开竞投协议出让，22块地宗出让4块248平方米、协议出让18块1240平方米，首开政和县土地有偿使用之先河。1993年后，贯彻省政府划拨土地使用权管理、房地产开发和市场管理、国有土地使用权出让和转让等一系列政策法规，坚持政府垄断土地二级市场，完善"五统一"制度，放活二、三级市场，加大土地出让和土地流转力度，逐步实现划拨和出让"双轨"制到有偿出让"单轨制"。2000年后，实行土地收集收储，加强用地审批，规范经营性土地出让招投标拍卖，实施土地利用总体规划，最大限度地保护土地和依法有序利用土地。实行基本农田保护，1994年全县划定11933公顷，至2005年共划定12442公顷（含异地协保416.74公顷）。2011年，认真执行非农用地"十个不上报、一个从严""五个不准"规定，确保全县基本农田保护面积13220公顷的总量不减少、质量不降低、用途不改变。

价格改革　20世纪90年代前期，坚持"以放为主，调换结合"的价格原则，改革不合理的价格体系和管理体制，主要农产品粮、油、棉、木材、重要中药材实行价格"双轨制"，大部分农产品实行市场调节价。其间，为有效控制物价过快上涨，适当调整价格结构，加大价格监督检查，完成物价控制目标，保持社会经济和群众生活稳定。1995—1999年，转换价格形成机制，落实企业定价自主权，政府定价商品比重大幅度减少。同时，不断健全完善政府控价目标责任制。2000年后，贯彻实施《价格法》等一系列价格政策法规指令，运用价格杠杆，促进扩大内需和经济结构调整，物价管理从传统抑制为主的常规管理转为依法治价，促进价格管理体制市场化、宏观化、法治化。

第五节　人民福祉显著提升

一、乡村建设加强

发展阶段　从20世纪90年代起，乡村建设走上有规划、成规模、求稳固、讲配套、显特色道路。编制规划，1991年完成东平、石屯两个建制镇第二轮建设规划编制调整，其中石屯修编方案摘得地区、省两个三等奖。1992年完成20个中心村“四图一书”(现状分析图、建设规划图、市政工程规划图、道路规划图、规划说明书)规划编制。其中石屯工农村、杨源西门村规划方案分别于1993年和1995年荣获地区三等奖。示范建设，前期对38个村实施整体搬迁、新建为主的“安居工程”和“造福工程”；中期以重镇、大村、重灾村为重点，推动新农村重点区域建设。如石屯镇被列为福建省小城镇试点镇，建成规划整齐、设施配套的新集镇，成为全省“移旧村、建新村”的先进典型；镇前镇借省道浦赛路改造契机，建设边贸走廊集镇；东平镇建新街建市场，发展集散贸易地；后期全县对1998年洪灾重灾的21个村重新规划，灾后重建218幢房屋。1995年，出台新村建设优惠措施，各乡镇政府也相应出台新村建房优惠办法。1997年，县委、县政府认真贯彻落实省委、省政府《关于加快村镇建设若干问题的决定》，全县有12个村开展新村建设，新房建筑面积4.95万平方米。

提升阶段　2005年“四图一书”建设规划乡镇完成100%、行政村完成82%和自然村完成10%。至2005年，全县共有8个村列为县级试点、7个村列为市级试点，加强新村建设。规划新建和改建民房总数5210户，新建民房建筑面积206.7万平方米。新村建设投资1亿多元，农民人均居住面积达17.3平方米，村镇公共建筑面积22.3万平方米，生产性建筑面积10.10万平方米。全县有132个新村(含部分自然村)建设了自来水供水设施,受益人口9.89万人;砖木结构住宅26万平方米,混合结构住宅117.4万平方米;安装路灯近千盏,新建农民公园5个;村村铺设水泥路至乡政府所在地,总长469千米。2005年,全县8个乡镇(除熊山、星溪外)共兴建商住楼1060多幢,建筑面积30.8万平方米,楼层大多4～5层,基本为砖混结构和钢筋混凝土结构与装修房;饮水全部用上安全自来水。党的十六届五中全会后,扎实贯彻"生产发展、生活宽裕、乡风文明、村容整洁、管理民主"20字新农村建设总要求,以小城镇和试点村(小区)为重点,全面提升新农村建设水平。推进石屯、铁山、镇前等集镇建设,加快高林省级试点村和工农、富美、林屯、长城等县级试点村小区建设,完善铁山牛背山小区统规统建、岭腰思源小区统规自建等小区功能。推进农村"家园清洁"行动,巩固垃圾整治成果,新建28个村(场)垃圾处理设施,石屯镇、星溪乡梅坡村被列为省级农村"家园清洁"行动示范点,东平镇获得全省"家园杯"新型村镇竞赛优秀乡镇奖。开展绿色村庄建设试点。2012年完成石屯市级试点镇总体规划和下园、章口、暗桥、西表、高山等86个村庄规划评审,至此全县124个村庄规划编制全面完成。

2007年兴建的省级第九批新农村示范小区
铁山镇高林村张天小区

二、民生保障健全

住房改善 城区旧城改造累计拆迁20余处(片),拆迁旧房占地11.5万平方米,新建房屋建筑面积36.7万平方米。加强对住房困难户和低收入群体住房保障工作。对贫困户持续实施"造福工程",1997年"造福工程"搬迁330户1879人。1994—2005年,"造福工程”补助资金417.3万元。2005年底，城区累计建设商品房建筑面积6.6万平方米，共解决892户城镇居民住房问题；新村新建和改建住房5210户，新建民房建筑面积206.7万平方米，农民人均居住面积17.26平方米。2011—2012年，健全住房保障机构，制定社会保障性住房、经济适用房、限价商品住房、保障性租赁住房等规定与办法，加强保障住房建设与管理，两年共建设保障性住房1846套，建成率均为100%。

就业保障 1994年安置待业1700人。1996—1998年，安置下岗失业人员2300人。1999—2003年，安置企业职工1047人，五年城镇登记失业率控制在4.6%～6.1%。至2005年，全县共安置职工待业子女1100人，就业安置人数12760人，组织劳务输出18910人，农村劳动力转移11165人。2012年，城镇新增就业人员1631人，下岗失业人员再就业603人，转移农村劳动力3567人，组织农村贫困家庭劳动力转移就业培训1619人，公共职业介绍机构成功介绍就业2934人，劳务派遣从业人员792人，城镇登记失业率2.09%。

就学保障 1995年全县小学招生4910人，完成任务105.2%，小学“四率”连续12年保持在省、部颁标准。至2005年，小学在校生18730人。中学教育，1992年一中、二中初中对等招生，促进初中教育平衡发展。1995年起落实九年义务教育，2002年初中在校生16584人，高中在校生3122人。2005年初中招生适龄学生入学率99.7%，学年巩固率97.03%；初中在校生17346人，高中在校生4740人，确保人人受教育有保障。2011年“双高普九”顺利通过市级指导性评估，“惠生励教”工程为24000多学生免除和发放2000万元，发放奖教奖学金97万元，受益师生800多人。

就医保障 把县医院和中医院分别建成集医疗、教学、科研为一体的综合性医院和综合性中医医院，把妇幼院建成一级甲等妇幼保健医院，加强9个乡镇卫生院建设。成功创建全国健康促进县，落实基本公共卫生服务，解决了群众农村看病难和“小病不出乡、大病不出县”问题。全县“新农合”参合率由2007年95.5%提高到

2011年99.25%，参加“新农合”175451人，参合农民人(次)均住院补偿从2007年735元提高到2011年1130元，累计受益群众19万人次，2011年补偿参合农民医药费用2162万元，五年累计补偿费用8000万元。

社会保险　逐步建立职工基本养老保险、农村社会养老保险、机关事业单位社会保险等为主体的社保体系。集体企业职工养老保险制度，启动年全县112家企业单位3548名在职职工参加基本养老保险，离退休养老人员654人。至1997年扩大到991家企业单位36914名，累计征收基本养老保险费2293万元，拨付退休养老金1782万元。1998—2005年，全县共征收金额3540万元，支付金额6076万元。农村社会养老保险，1992年6月，民政部确定政和县为全国农村社会养老保险试点县之一，当年收取保险费13.2万元。至2005年，累计参加普通农民保险等9种险种22019人，征收金额791.46万元。机关事业养老保险制度，自1995年7月1日实行。1996—2000年，统筹单位累计307个3982人，征收金额1025万元，享受待遇73人，支付金额788万元。至2005年共征收金额2188万元，支付金额1805万元。企业职工失业保险，起始年全县列入单位123个，参保人数4220人，筹集资金3.7万元。2002年实施国企下岗基本生活保障与失业保险政策并轨。2005年底，全县共有1255个单位83389名职工参加失业保险，11099人享受失业保险待遇，支付失业保险金861万元。职工医疗保险制度，2000年县级所属单位公费医疗费用由单位按人员工资额9%上缴医保中心，享受公费医疗者统一实行公务医疗卡的管理办法。2005年，全县参加城镇职工基本医疗保险单位224个，参保人数9644人。

三、人民生活改善

收入提高　“九五”末期，全县农民人均纯收入2297元，年均递增8.2%；社会消费品零售总额34556万元，年均递增11.7%。到“十五”末期，农民人均纯收入3300元，年均递增7.5%；城镇居民可支配收入7769元；社会消费品零售总额54002万元，年均递增

9.3%。2010年,城镇居民人均可支配收入13767元,农民年人均纯收入5119元,分别比2005年增长55.1%、77.2%。

“五老”提标 每个时期不断提高革命“五老”人员补助标准。2003年7月份起,发放方式由乡镇民政办按季度代发改为转入便捷式的农村信用社储蓄卡。2005年,对健在198名“五老”人员又提标,达到“无依无靠”每月235元、“有依无靠”每月150元,全年共补助38.66万元。2012年“无依无靠”555元、“有依无靠”500元。同时,为58名健在“五老”遗孀实行生活定补,起点每人每月30元;2005年63人提标至50元,2012年为120元。

居民低保 20世纪90年代,敬老院县办1所、乡(镇)办6所、村办2所,对鳏寡孤独者实行临时和定期救济,定期救济以“五保户”为主,采取集中供养和分散供养相结合的办法,集中供养“五保户”130人。1998年“五保户”供养全面实行乡(镇)统筹制度。2004年起“五保户”全部纳入“低保”范围,每人平均1000元。至2005年底,全县“五保户”940户1020人,全年发放保障金102万元。2000年7月后,低保扩面提标,是年底全县纳入城乡低保对象322户533人。2005年全县城乡低保对象5202户13303人,年发放保障金497.4万元。其中农村低保对象4637户11592人400万元。2012年全县城市低保对象566户1232人,农村低保对象1773户2530人,全县年发放保障金1035.6万元。

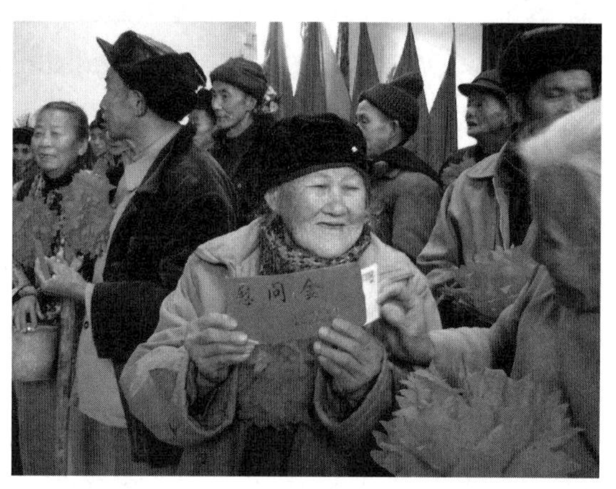

2005年2月,政和县农村一批“计划老人”领取终生享用的计划生育家庭奖励扶助金情景

第十一章
迈进中国特色社会主义新时代

党的十八大以来，政和县积极抢抓省扶贫开发重点县、省统战系统助推等机遇，精心实施国民经济和社会发展第“十二五”和“十三五”规划，持续建设绿色经济强县，实施“城市、工业、旅游、回归四大经济”战略，举全县之力决战决胜精准扶贫并顺利实现“摘帽”，强力攻坚创造“政和速度”，经济总量从“省尾”不断进位，实现了老区人民孜孜以求的摆脱贫困的梦想，迈向全面建成小康社会宏伟目标的大道。

第一节　县域经济后劲增强

一、综合总量增长较快

甩掉末位　政和县长期被人称为“省尾”，经济发展各项指标居全省末位。2012 年起工业对经济增长的贡献率开始提升，县域经济逐渐进位，当年发展指数提升 35 位，上升幅度全省最大。2013 年 12 项主要经济指标有 10 项增幅进入全市前三位，9 项指标位次实现前移，创业竞赛跃居南平市第四，进位增幅全省第一，县域经济综合实力排名提升两位，连续三年县域经济发展为全省十佳县。2012 年，财政收入比三年前翻一番，达到 22236 万元，2015 年首次强劲冲出 5 亿元大关，达到 54527 万元，财政总收入年均增长 27%，固投年均增长44.7%，农民人均可支配收入年均增长 12%，城镇居民人均可支配收入年均增长10.2%。2019年全县完成地区生产总值达到98.27亿元;全县公共财政总收入5.64亿元,同比增长5.1%,是2012年的2.5倍,五年年均增长6.8%,其中县级3.75亿元,是2012年的2.6倍;城镇居民人均可支配收入3.11万元,突破3万元大关,农村居民人均可支配收入1.38万元。

工业壮大　扎实推进鹤林、暗桥、铁山、石屯蝴蝶街和教场等工业平台建设,精心谋划总面积25平方千米经济开发区建设,新投产达效,生产性项目不断增加。2013年圣农实业等5家企业入驻政和,中天、一捷、欣盛电机等一批规模企业开工建设。引进规模企业与引导现有企业做大同步推进,园区建设突破性进展。2015年度省级工业园区综合评估评为第62位,规模以上工业产值65.52亿元,年均增长21.3%,增长了3倍;2018年成为全省仅有两家之一的小微企业创业创新示范基地。2018年全县新设立各类企业675户,各类企业累计3571户,规模以上工业企业109家,年产值百亿元。传统的地方特色产业异军突起,东平高粱酿造有限公司成为传统企业的排头兵,2012年东平高粱“欣荣”商标获“福建省著名商标”“福建省名牌产品”;2016年东平高粱“欣荣”被福建省授予“福建老字号”;2017年被评为“闽北十佳食品”;公司总经理张步瑞2015年获中共中央、国务院颁发的“全国劳动模范”殊荣。2019年新增省级以上高新技术企业14家、省级科技型企业25家、科技小巨人企业8家;政和县入选国家传统知识产权保护试点县。

2015年,政和东平高粱酿造有限公司和闽峰茶叶有限公司董事长张步瑞被评为“全国劳动模范”

三产优化　产业结构发生深刻变化,第一产业开始向后退位,

二、三产业迅速增长，形成三产齐头并进的态势。2015年二、三产业均超一产，一产悄然退为“小三”，二产转身为“老大”，结构比例为28.3∶38.5∶33.2。2018年，全县实现地区生产总值69.87亿元，增长9.7%，三产结构调整为23.6∶39.4∶37.0。2019年，产业结构更加合理，三大产业比例调整为18.1∶41.4∶40.5，开始形成由农业主体向工业和第三产业为主体、三大产业协调发展的新格局。

交通便捷　新建改造国省干道2条5段31.78千米、农村“四好”公路52条172千米、公路安全防护工程71条505千米、危桥15座，建制村水泥路、行政村客运全覆盖，不仅全面形成健全的公路网络，而且实现“五有”：境内有国道，国省道有绿化，农村公路有硬化，过境有高速公路（宁武和松建两条高速）；同时，环城路稻香—林屯—官湖、南三路、火车站进站大道、高速连接线顺利通车，初具“小环城”格局。国道、高速、火车的梦想已成真，政和交通实现从无到有、从有到优、从宽到美的历史性嬗变，使昔日偏隅一方的政和一跃成为闽北离港口最近的县。2019年政和县境内国道有G235线、G353线、G528线3条，合计里程170千米；省道为S302一条，境内30.6千米。全县通车总里程达1308千米。

电力加快　电力能源在立足水电的基础上，建设风力发电场，2018年创新电能替代项目推广机制，实现替代电量4608.85千瓦·时和高速充电站全覆盖，商旅平台应用率位居全区第一。2018年全县售电量达4.75亿千瓦·时，同比增长12.1%；全社会用电量5.02亿千瓦·时，同比增长17%，其中工业用电量25.56亿千瓦·时，增长21%。完成36项中央农网项目和122项历史遗留配网工程，百千米故障次数同比下降36.2%，实现自主配网带电作业。优化电力营商环境，智能交费占97.4%，率先试点“专属客户经理”制，线上办电率100%，一体化台区线损合格率98.5%，“95598”业务处理满意率99.1%，高质量完成多维精益核算体系穿行验证试点工作。

通讯提升　2017年电信公司全线建成基站365个，4G县域覆盖至124个村；移动公司立项建设LTE站点230个，端口建设

33776 个,开创移动互联网转型新局面;联通公司建成全网基站 232 个,3G/4G 综合网覆盖城区、乡镇、高速沿线及行政村。2019 年,移动 4G 网络人口覆盖 98%,电信、移动 5G 信号开启,物联网、互联网化运营等走在全市行业的前列。全县移动电话普及率达到 71.39 部/百人(户籍);有线宽带用户达 6.12 万户。

二、工业园区激活经济

举全县之力,新建政和同心经济开发区,总规划面积 2500 公顷,一期 650 公顷,2012 年 6 月 30 日获批为省级经济开发区。从政策、力量、措施诸方面向开发区倾斜,制定经济开发区招商引资、促进"飞地工业"经济发展、机电和铸造产业改造升级、金融系统企业考评奖励办法、企业上市意见等多项政策意见;建立并审联批制度,全面开展"百日攻坚""四比六促""项目提升年""创新突破年""实体经济服务月"活动,帮助入园企业协调解决问题;加大力度征供地、基础设施建设和筑巢引凤;实行县四套班子成员挂点服务企业制度。启动区不足百日完成征地 240 公顷,半年内实现首家企业投产。2012 年圣农实业等 12 家企业首批获准入驻;2013 年签约入驻企业 54 家,新开工 27 家之后,配套建设两桥和路、电、水、讯等网络基础建设,启动二期项目、核心区洋后区块,组团式引进机电产业链企业 22 家。

2012 年 10 月 12 日,时任省委常委、省委统战部部长雷春美和南平市委领导为政和同心经济开发区动工奠基培土

经过 7 年努力,开发区累计完成投资 10.5 亿元,供用地 420 公顷,一期形成"三纵两横"路网,水电网、天然气等基础设施配套。签

约入驻企业108家，总投资约105亿元，全面达产后产值可达151亿元。其中，在建16家，投产经营76家。开发区初步形成了以机械制造业为主，食品加工、竹制品深加工为辅的“1+2”产业布局，机电企业入驻77家，在建12家，投产45家，总投资近60亿元，形成发电机（组）、水泵、阀门、汽摩配4条产业链，2019年税收明显增加，带动600多名贫困户就业，年均增收3万多元，为5～10年打造百家机电企业、百亿产值、五亿税收的中期规划奠定坚实基础。“十三五”期间，在全省国家级和省级开发区综合发展水平评价报告中位次逐年攀升，从2016年76位、2017年64位、2019年58位提升至2020年48位，五年净提升28位。

三、统战帮扶助推发展

福建省委统战部积极响应中央统战部和省委号召，凝聚全省统战系统力量帮扶助推政和发展，制定《省统一战线助推政和县发展工作方案》，提出“产业发展、民生改善、实力增强、管理创新、生态一流”的帮扶策略，确定“一年打基础，三年成气候，五年见成效”工作目标。2011年8月，时任省政协副主席、统战部部长张燮飞率省统战系统各单位负责人和专家，实地考察筹建中的政和开发区。各民主党派积极帮扶，穿针引线，许多企业纷纷入驻开发区。为防范和化解企业资金周转困难，省工商联福建省光彩事业促进会支持政和860万元，2013年7月成立政和县中小企业发展基金，政和配套资金，首发规模3000万元，规模最大时达2.5亿元。基金成立以来，累计为全县160多家中小企业提供临时性资金484笔14.5亿元，被帮扶企业为当地提供近6000个就业岗位。2012—2015年，省委统战部共组织230批2330人次深入政和开展帮扶，捐助和协调帮扶项目84个、帮扶资金1.4亿元。兴业银行、民生银行、建设银行提供贷款授信8亿元。

2016—2020年，省统一战线坚持“帮扶政策不变、帮扶领导不变、帮扶力度不减”原则，突出精准帮扶。帮扶助推八年来，省委统战部主要领导身体力行，亲自率领省委统战部、省各民主党派、工商联、侨联、台联以及部分高校领导、专家，七下政和开展助推帮扶。省统战系统先后组织 369 批 4695 人次到政和县，帮助策划项目、推介宣传、推动建设、争取资金等，捐助和协调项目 160 余个、帮扶资金 3.38 亿元。选派党外优秀干部五批 50 人次，到同心经济开发区等单位和乡镇挂职，开展各类培训 100 多场次，受训 1000 多人次。邀请国内知名企管、运管专家 10 余名，为政和县企业举办 8 场次 1000 多人培训。

致公党福建省委组织开展项目帮扶活动，助推铁山镇发展

第二节　脱贫摘帽圆梦成真

党的十八大以来，新的脱贫攻坚比原“温饱线”扶贫标准水准更高、要求更精准、工作难度更大。政和县牢记习近平同志对贫困地区的嘱托，弘扬“滴水穿石”精神，持之以恒脱贫攻坚，立下“2019 年提前一年彻底摘帽”的铿锵誓言，不仅曾获全市精准扶贫“四比六促”第 5 名，而且先后被确定为全国扶贫小额信贷示范县、全国扶贫经验交流示范基地。2020 年 4 月，省级扶贫开发工作重点县顺利“摘帽”，建档立卡贫困人口全部脱贫，40 个贫困村全部退出，美好的梦想变成了现实。

一、始终聚焦“六个精准”

对象精准　全县各级党员干部以全面实现脱贫路上“一个都不

能少”为己任，全面了解各贫困户贫困情况，编织扶贫“精准网”，以精准为“网盘”，以贫困户为“网底”，精准识别、精准分析每户状况、底子、脱贫方向，梳理出有劳动力缺技术、有劳动力自然条件差、因病因灾无力生产、缺劳力等 4 种类型。对拟建档立卡贫困户经过“两评议两公示一比对”，最后由县扶贫办公告，最终认定名单建档立卡。建立贫困户信息网络监测系统，将扶贫对象的基本资料、动态情况录入到“国扶”系统，实施动态管理。对贫困户实行一户一本台账、一个脱贫计划、一套帮扶措施。经过一年精准扶贫后，年终进行滚动管理，对个别不符合条件和已经脱贫的及时退出，把新的帮扶对象纳入，做到应退尽退、应纳尽纳、应扶尽扶。2013 年，全县建档立卡贫困户 3564 户 13391 人。对返贫、脱贫不稳定等贫困人口再识别、再调整，开展建档立卡。通过开展建档立卡贫困人口动态调整，全县退出 461 户 1560 人，新增贫困对象 233 户 851 人。

政策精准　切实将精细理念贯穿扶贫工作全过程，实行由满灌式全面扶贫向滴灌式精准扶贫转变。县委、县政府根据中央“两办”《关于创新机制扎实推进农村扶贫开发的意见》，制定《关于加快高山区乡镇发展的实施意见》《进一步加强挂钩帮扶工作的通知》等政策文件，提出“稳定菇业、优化茶叶、提升竹业、发展果蔬业、壮大养殖业、开拓烟药业”发展战略。制定脱贫攻坚时间表，严格下达脱贫攻坚责任书，分阶段、分等级将任务细化、小化，各个击破。坚持措施到户精准、项目安排精准，做到分类分层施策、因村因户因人施策，对症下药、精准滴灌，确保扶贫扶到点上、扶到根上。

措施精准　土地流转增收。依托乡镇土地流转服务中心，积极探索承包土地集中预流转，统一对外招商，引进农业企业投资开发，发展特色现代农业，走出一条“让农民从土地中解放出来，让土地从农民手中流转出来”的土地流转之路。转移就业增收。对有劳动力、缺技术项目致贫的 170 户 631 人，帮扶转移就业或发展生产促进增收。电商创业增收。建立电商产业孵化园，实行宽松、优惠和扶助政策，实现“拎包创业”，累计带动贫困户 400 多人从事电商，年人均收入 3 万元。生态旅游增收。发展观光农业旅游，转化农村剩余劳动力1000多人,年人均增收3000多元。

挂钩精准 省长期挂钩帮扶。开展精准扶贫期间,连续几任省长接力挂点政和,省直有关部门继续支持政和,石狮市持续对口帮扶政和,省委统战系统助推政和,给予前所未有的大力支持。省直单位和厦门建发集团等帮扶项目360个,补助资金22.6亿元。兴业银行为省级同心开发区办理贷款3.6亿元,2012年至今,石狮市帮扶资金近3亿元。省、市挂钩帮扶有力推动了政和经济社会各项事业加快发展。全县上下全力无缝地做好对接和配合具体工作,使一大批精准扶贫项目、资金一一落地开花。县里建立了帮扶制度,每个贫困村都有一位县领导和2～3个县直单位挂钩帮扶,保证一年4次以上常态化帮扶。坚持干部驻村与贫困村发展相结合,实现贫困村下派村支书帮扶全覆盖。认真贯彻《福建省促进革命老区发展条例》,制定《关于促进革命老区加快发展的十条措施》。县老促会发挥参谋、助手、协调、宣传作用,形成《关于老区基点村脱贫致富情况及其扶贫对策的调查报告》等7篇有价值的调研文章。2013至2016年组织申报筛选项目120个,安排老区乡(镇)、村基础设施资金371万元;2015—2016年,组织各部门和乡(镇)争取补助资金6600万元,扶持老区以“五通”为主的基础建设和社会公益事业。

资金精准 财政上,整合40个扶持村集体经济试点资金2000万元,购买同心开发区厂房出租创收,每个村年均增收约3万元;每年安排600万元作为薄弱村集体经济发展专项资金,受扶村村财经营性收入年均5万元以上;设立3000万元财政扶贫基金,年收益用于补足村集体年收入低于10万元的贫困村。将2300万元“一事一议”财政奖补项目资金,用于124个村一大批脱贫攻坚项目。金融上,县成立扶贫小额信贷助推协会,为贫困户提供小额信贷担保、信用评价等相关金融服务。县金融系统创建“党建＋金融”精准扶贫机制,依托“互联网＋”,为贫困户足不出户办理扶贫小额贷款。全县创建3个信用乡镇、47个信用村、9392个信用农户,授信金额1.86亿元,累计向1436户建档立卡户发放扶贫贷款1.17亿元,实现贫困户贷款发放量、贷款户数、建档覆盖率、示范基础创建数全市

“四个第一”。2015 年政和县被国务院扶贫办确定为全国小额信贷示范县。政和县与邮储银行南平市分行建立“金融科特派战略合作协议”关系，向小企业和“三农”提供扶贫贷款。政和县首创成立“廖俊波乡村教育基金”“爱心扶贫基金”“健康扶贫基金”，连同慈善总会，扶贫基金和慈善款共募集 5747 万元，累计扶助各类困难户 2504 万元。“机关联企业”“百企帮百村”“志愿扶贫服务”等活动中，百个机关联系百家企业，解难题助发展；24 家企业帮扶 18 个贫困村，对接帮扶助学、助业、助困等问题；严格各级扶贫资金使用管理，按照财政专项扶贫资金、扶贫发展专项资金等管理办法和扶贫资金纪律检查相关规定，严格执行，严格管理，接受检查，接受监督，对违反资金使用规定的予以严肃处理，做到使用方向正确，投放效果明显。

成效精准　严格责任考核机制。按照党委、政府担负领导责任、乡级承担主体责任、部门承担职能责任、挂包单位承担帮扶责任的要求，层层签订精准扶贫责任书，立下“军令状”，传导压力，压实责任，统筹推进，扎实落实。量化考评 78 家机关企事业单位挂钩帮扶 40 个贫困村的工作，并将脱贫攻坚作为乡镇（街道）、部门绿色发展考核评价体系、绩效考评的重要内容，与文明单位考评、干部选拔任用挂钩，形成“真扶贫、扶真贫、真脱贫”浓厚氛围。加强扶贫成效跟踪管理。全面开展建档立卡贫困户“两不愁、三保障”核查及脱贫攻坚“回头看”工作，进一步提升脱贫攻坚质量。压实监督责任，督查部门督促抓。将精准扶贫工作落实、农村产业发展、农民收入增长、贫困人口减贫、精准扶贫基础工作等情况列入年度工作考评内容，纳入县委、县政府年度重点工作加强督促检查，促进工作落实。各乡（镇、街道）每年向县委、县政府汇报扶贫开发工作情况，对脱贫成效好的给予表彰，持续开展“创业功臣”“创业先进个人”评比和乡镇创业竞赛点评，选派干部到重点工作一线实践锻炼，营造竞相抓发展、抓扶贫的良好氛围。对扶贫工作重视不够、落实不力的，对主要领导进行约谈追责。

二、发力实施“五大帮扶”

机制扶贫　重点是党建机制和兜底机制。创新和实施党建扶贫“双推进”“党建带群建、群建促党建”“机关联乡村、党建促振兴”机制。筛选137个机关单位与124个村党组织结对，联创活力支部。下派七轮贫困村党支部第一书记235人，选拔136名基层党群工作者充实农村、社区，选派1155名党员干部与1794户建档立卡贫困户结对帮扶。开展党员干部与贫困户“结穷亲”“手拉手、一帮一”等活动。培养党建带群建典型，促进“空壳村”和贫困村按期消除，党建引领脱贫攻坚典型案例被省、市入选。铁山镇东涧村“341”工作法、星溪乡念山村“三变”机制和东山村“联学联建、共商共兴”模式、镇前镇下园村党建带群建、巾帼志愿服务队等典型，很好地发挥了精准帮扶引领作用。石屯镇松源村石圳组织成立“巾帼美丽家园”理事会，4年时间将一个肮脏、落后的小山村变成村庄美、生态优、百姓富的美丽乡村，打造成全国乡村旅游重点村。

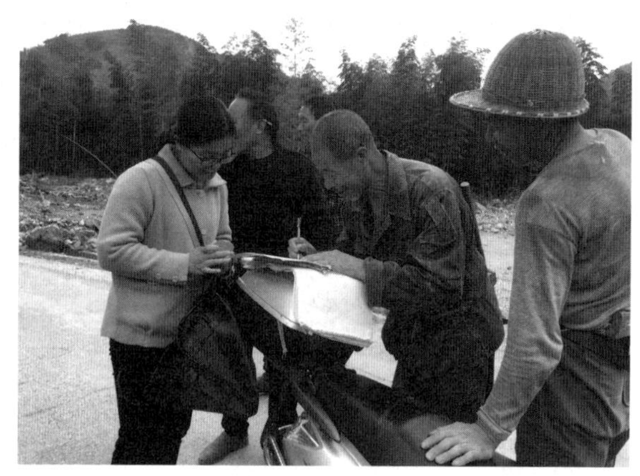

县委下派星溪乡念山村党支部第一书记魏静(左一)探索“村集体＋公司＋农户”模式，使念山发生可喜变化，2021年初，魏静被评为全国脱贫攻坚先进个人

严格落实“四个不摘”要求，建立健全解决贫困长效机制。推进农村低保与扶贫开发政策有效衔接，对因病、因残缺劳力及其他原因无力生产致贫的建档立卡贫困户508户1473人，享受纳入农村低保政策，实行兜底保障，做到应保尽保；发放贫困生奖助学金、贫困生金秋助学金、妇女小额贷款、“春蕾”计划资助贫困女童、资助困难大学生、慰问“两癌”贫困妇女、医疗救助、重大疾病补助等。对贫困家庭劳动力参加

城乡居民养老保险人员给予社保补贴。全面实施临时救助制度。2018年以来,累计发放低保金、特困供养救助、临时救助等补助金6190万元。

产业帮扶 特色农业成为脱贫主导产业。打造高山万亩绿色食品产业带,重点扶持贫困人口参与度高的菜、茶、莲、花、瓜、鱼、菌等特色种养和农产品加工、"农家乐"、林下经济等绿色产业,每个乡(镇、街道)均打造20公顷以上农业种植示范基地,辐射带动2000多户贫困户。全县流转土地4726.7公顷,发展高山蔬菜2333.3公顷以及花卉、莲子、中药材、油用牡丹等,累计带动贫困户770户,户均增收1万元以上。推进重点现代农业项目。在圣农鸡业、东平光伏现代农业项目吸纳贫困户就业的基础上,依托中国驰名商标——政和白茶,兴建中国白茶城,配套建设5个高标准茶叶加工区,带动贫困户1000余户;高位嫁接中国竹具工艺城产业,带动贫困户600余户;引进省供销集团建立高山蔬菜冷链仓储中心,带动贫困户770多户。让有劳动能力的贫困户每户有一个以上增收项目,户均增收1万元以上。

新兴产业注入脱贫活力。利用美丽乡村、乡村旅游和全域旅游契机,引导贫困户以农家乐、森林人家、采摘园等方式,融入"家门口"旅游开发,增加经营性收入。借助全市数届旅游发展大会,因地制宜发展休闲度假、旅游观光、创意农业、农耕体验等乡村旅游新产品,已吸纳贫困户1300多人参与旅游创业,年人均增收5000多元。制定与完善电商扶贫政策,大力推动电商产业强力发展,扩大农村电商覆盖面。对有意向进行电商创业的贫困户,优先培训、指导和给予资金扶持。累计培训电商人员9000多人次,吸纳一批贫困户从事电商,年人均收入3万多元。

科技扶贫 抓住科技引擎、技能培训、治贫治愚重点。"政和白茶""政和竹产业"等软科学研究项目的实施,助推茶竹产业快速发展。"绿色食品茉莉花茶"科研项目获省、市科技进步二等奖。福建祥福工艺、福建格绿木业两公司被定为国家高新技术企业,使政和实现高新技术企业零的突破。2019年底,全县国家级高新技术企业8家，省级备案高新技术企业11家。科技特派员制度在原有基础上，深入贯彻国务院《关于深入推行科技特派员制度的若干意见》，更有效促使人才下沉、科技下乡、服务“三农”。实施20年来，共下派11批1486人次，实现科技特派员行政村全覆盖，成为农业科技传播者、脱贫致富带头人。

加强技能培训。以有劳力、有耕地、缺资金、缺技能、缺项目的580户建档立卡贫困户为重点，以“春风行动”“雨露计划”“新型农民职业技能”等为平台，培训技能25600人次，使每人掌握1～2门实用技术。农业产业加快“五新”技术推广应用，近年来全县推广新品种59个、新技术32项、新机具10000台(套)。依托云根茶业、农家人莲子合作社等39家省市级农业龙头企业和60家省市级以上农民专业合作社示范社，实施蔬菜、茶叶等十大产业技术提升工程，引进羊肚菌、茭白、红米等新品种35个，推广猕猴桃种植等新技术8项。鼓励科技人员与农民建立经济利益共同体，加快农科成果转化。

搬迁帮扶 政和把造福工程作为脱贫攻坚“五个一批”的“头号工程”和为民办实事重要项目来抓。规划选址，按“搬得出、稳得住、可发展、能致富”要求，把造福工程与地灾点搬迁、美丽乡村建设等相结合。资金筹集，设立县级扶贫开发投融资平台，筹措3000万元，承担扶贫开发投融资业务；积极争取易地扶贫中央财政贴息贷款6034万元。建房安置，采取集中、插花、梯度、进城、跨区等多形式安置。仅2012年以来，全县累计完成造福工程易地搬迁3893户17083人。安置点建设，选择条件较好的中心村、集镇、园区周边，实行统一规划、统一建设、统一装修，让搬迁户特别是贫困户承担少部分资金就可以拎包入住，有效解决“搬得出”问题。至2017年底，五年累计完成易地搬迁投资8.1亿元，整体搬迁11个自然村。全县百户以上集中安置点有铁山镇牛背山和锦绣小区、星溪乡同心安居小区、岭腰乡集镇小区等8个，入住率和累计脱贫率均达100%，彻底拔掉了“穷根”。

健康扶贫 2001年，在时任福建省省长习近平的关怀与牵线搭桥下，中国扶贫基金会将政和县列入“母婴平安120行动”首批项目县。近20年来，将援助人的爱心传递给7601名贫困母婴，为她们分娩实施分类补贴、产后物资援助和高危孕产妇补助等，从而遏制了因母婴问题产生的致贫、返贫现象，促进了母婴安全，从源头上提升了全县农村人口健康素质。对全县建档立卡贫困人口因病致贫返贫人员、农村计生“两户”家庭成员及计生特殊困难家庭，开展健康扶贫。仅2018年核实因病致贫返贫的健康扶贫对象2048人，建立健康档案2019份，健康体验1753人，县级医疗专家巡回乡镇会诊658人。为农村贫困家庭免费城乡居民医保，为建档立卡贫困户开通就医就诊“绿色通道”，对贫困户除享受基本医疗保险、大病保险、医疗救助、医疗叠加保险、慈善救助外，县财政还出资购买商业医疗补充保险，打造六道健康扶贫防线。在全省首创建立健康扶贫基金，募集1680万元，对贫困户实施医疗补充救助，当年医疗保险个人支付费用超过5000元的，分四档给予补充救助。市、县老促会对接的“华厦光明行慈善基金”，2015年以来为全县义诊1万余人，为白内障患者免费手术2200余人，有力解决了贫困户看得上病、看得起病、看得好病、少得病的问题。

2006年8月，香港凤凰卫视著名节目主持人、中国扶贫基金会母婴平安项目形象大使许戈辉到政和外屯乡寻访慰问贫困母婴

三、切实落实“三项保障”

教育保障　硬件上，5年来，完成中小学、幼儿园建设和扩容50所，达到每年至少建设1所学校的目标。全县新建校舍面积54000平方米，改造校舍8000平方米。扩建实验幼儿园教学楼，建设一中

政和一中校园改造后面貌焕然一新

综合教学楼，二中宿舍楼，三中综合楼，中职校实训综合楼，第二、三实验小学，第二、三实验幼儿园，东平中心幼儿园和石屯、杨源中心小学教学楼，在建元峰小学、城东新区小学（稻香）、教师进修学校师训大楼、外国语学校、省级经济开发区同心小学和同心幼儿园，顺利完成“全面改薄”任务，极大地缓解了扩容压力，实现孩子从“有学上”到“上好学”质的转变。更新公办中小学、幼儿园数字一键报警系统、校园监控、“校校通”“班班通”一体机等设备。加快教育信息化、智能化步伐，中心小学以上学校录播教室、视频会议室全覆盖。打造“智慧校园”“平安校园”，实现资源共享、校园稳定。至 2018 年，全县高级中学 1 所，完全中学 2 所，九年制学校 1 所（民办），独立初中 7 所，完小 23 所，教学点 30 个，特教校 1 所（附设星溪小学），中职校 1 所。在校生 34057 人，教职工 2626 人（含民办园、校）。省级达标高中 2 所，省级文明学校 3 所，市级文明学校 9 所，省、市素质教育先进学校各 1 所，义务教育标准化学校 35 所，市级义务教育管理标准化学校 6 所。

素质上，做好教师招聘补充和师资调配工作，加大教师全日制本科补充招聘力度，改善教师年龄、学科、文凭结构，缓解农村师资不足压力。实施教师素质提升工程，选派教师参加省市级培训，组织新任教师开展素质提升培训，对接省“名师”送培下乡、优秀教师巡回报告等；做好教师资格认定、定期注册、大学生志愿者支教和本县支教，优化教师区间交流，打造“名师”队伍。建立校长及学校班子跟踪考评、教学工作视导机制，加大教师履职的检查和督促，明细学校质量目标管理，建立小学到高中全程质量监测体系，完善教师评优奖励激励制度和职称评聘工作，调动教师教书育人积极性。

质量上，2012年以来，“两项督导”以优秀等级通过省上评估；“双高普九”通过省政府评估验收；义务教育发展基本均衡县通过国家级评估认定，被南平市政府评为“教育工作优秀县”；全县中考、小学毕业会考优秀率、合格率位居全市中上水平。政和一中被确认为省一级达标高中，按时毕业率98.2％。2017年九年义务教育小学五年保留率102.9％，初中三年保留率100.2％；2018年高考总分一本上线率和本科上线率同比增长3.8％和1.2％。政和二中被确认为省二级达标学校，按时毕业率96％，2018年中考各项率值均为全县第一，高考本科上线率20％。中职校强化校企合作，通过省级达标校创建。成立“政和实验小学教育集团”，最大限度地促进城乡教育均衡发展。对贫困学生给予免除学杂费、提供助学资助、就业帮扶等支持，将108户427名建档立卡户514名在校生全部纳入保障对象。学前阶段受助学生852人，每生每学期补助1000元；义务教育阶段296名贫困生实行“两免一补”政策；农村公办寄宿制学校建档立卡户贫困生每年补助1000元营养餐；小学、初中每生每年分别补助生活费1000元、1250元。全县44个党支部与46名贫困生建立“一对一”结对帮扶关系，普通高中阶段享受助学金725人（含中等职业教育阶段66人）、大学阶段新生助学贷款403人。通过县、乡人才教育基金会认捐1亿元，廖俊波乡村教育基金近千万元，累计发放近2000万元，用于奖教奖学和困难对象助学上，惠及师生近万人次。三级老促会牵线搭桥的“福建省黄仲贤教育基金会”，使全县“五老”子女、烈士子弟及老区贫困学生累计得到资助171.9万元。扶贫与扶智的结合，确保全县每个贫困家庭子女不辍学和上得了学、上得起学、上得好学，贫困不传代。

医疗保障　组建政和县总医院，县医院由南平市立医院托管，整合全县3家县级医疗单位和10所乡镇卫生院（含社区）及各村卫生所资源，纳入总医院一体化管理。同时，强化卫生、计生、行政全行业监管，提高县级医疗水平，方便了群众看病，尤其是危急重病治疗，解决农村看病难、看病贵问题。5年来，县医院突破了腹腔镜微创、骨科人工全髋关节置等高难手术。2018 年县医院门(急)诊 34.89万人次,住院患者 2.22 万人次,医院管理费同比下降 0.82%;中医院门(急)诊 8.05 万人次,住院患者 6000 人次,病床使用率 105%,中医治疗率 62%;妇幼院门(急)诊 8.69 万人次,获得健康促进县优秀创建单位称号。实现"小病不出乡、大病不出县"目标。

2018 年县级公立医院 3 家,乡(镇)卫生院 9 个,社区服务中心 1 个;床位 768 张;全县医技人员 834 人;村级卫生所 125 个,卫生室 16 个,注册乡村医生 306 人。县、乡(镇)医院固定资产 22508.85 万元,拥有医疗用房面积 78335 平方米,现代医疗器械设备进入城乡医院。加快等级医院创建,县医院建成集医疗、教学、科研于一体的二级乙等综合性医院。县中医院建成集医疗、教学、预防、保健和健康于一体的二级甲等中医医院和南平市县级医院首家国医馆,为适应群众中医治疗需求,启动中医院整体搬迁重建工程。县妇幼院建成二级乙等医院,持续创建"爱婴医院"。三所乡镇卫生院通过"一级甲等"评审。

2019 年省上核定政和县基本公共卫生服务常住人口 16.9 万人。全县设立 83 个一体化管理村卫生所,乡镇、社区公共卫生服务专兼职人员 86 人。建立婚育便民服务中心,婚检率达 100%。加强幼儿园师生入园在园体检。启动省级慢性病示范县创建。实施"健康政和"行动。2016 年 8 月,政和县被列为全国第二批健康促进试点县,建立家庭医生服务团队 70 个,组建流动诊所 9 支,有效服务率 85%,重点人群签约率 63%。成立县健康教育工作委员会,完善全民健身和全民健康政策,配套建设 3 座健康主题公园、21 条健康步道和 5 座健康教育馆(体验馆),开辟青少年健康教育基地。2018 年底,健康促进县通过省和国家评估验收。居民寿命由 1998 年的 71.9岁提高到 2017 年的 76.5 岁。

住房保障 进入精准扶贫阶段,县政府成立住房保障工作领导小组,下设住房保障中心,城区启动保障安居工程。实施松源国有林场棚户区、良种场棚户、稻香茶场危房区、水泥厂老旧小区改造等保障性住房项目。仅 2017 年和 2008 年,政府投资 5500 万元,建成

500多套保障性住房，包括经济适用房、公租房、廉租房、限价商品房、人才公寓等，使城市低收入家庭住房需求得到保障。5年来建成保障性住房近800套，实施农村危房改造2222户。目前，初步形成经济适用房、公共租赁住房(廉租住房)、棚户区改造及限价商品房等多层次的城镇住房保障体系，极大地改善了困难户居住条件。村镇建设迈出大步伐。2013年以来，突破"一城两镇"建设。石屯镇被列为省级小城镇建设试点镇和全国重点镇，仅2017年以来快速推进"水美城市"、农民公园、紫薇园二期工程、朱子书院、石圳白茶小镇、经济开发区等项目，完成征地97.7公顷，拆迁37201平方米；完成造福工程搬迁459人，上洋、圆梦小区等新农村建设投入使用。铁山镇按"东延西拓北伸"和"宜居副城区"思路，先后完成或完善污水处理厂一期工程、镇区新街改造、铁山致公[illegible]游步道、公交停车站、税务所片区改造项目、镇政府宿舍棚户区改造，着手东涧、南涧、江上新农村住宅小区项目。农村贫[illegible]的十八大以来以"千村整治、百村示范"为中心，推进新村建设上台阶。12个美丽乡村重点实施提升工程，部分成为精品示范村；认真开展以贫困户为重点、以危房为主的住房摸排，完成1811户建档立卡户住房调查，改造农村危房908户，其中贫困户325户，新建改造1700户农村三格化粪池，农民住房条件得到大大改善。

第三节　新型业态增添活力

一、传统茶业焕发新姿

党的十八大以来，政和县认真贯彻落实习总书记"把茶叶这个产业做好"的指示，着力茶产业转型升级。相继出台《政和县扶持"武夷山水"区域公用品牌发展政策(试行)》《加快政和茶产业发展的实施意见》《推进政和茶产业跨越发展助推乡村振兴若干意见》和《政和县茶叶安全生产管理办法》，政和的茶产业焕发出新的活力。

建立生态基地 全县茶园低改2667公顷，建立高标准生态茶叶示范基地33个，辐射带动5933公顷茶园标准化生产，亩产从181斤提高到296斤，增幅63.5%。目前，全县茶园总面积稳定在7333公顷，茶叶总产量增至1.63万吨，比增63%，产值16.22亿元，比增88.6%，其中白茶8700吨，比增276.6%，产值13.85亿元，比增307%，从事茶叶农户占75%。茶园基地和加工企业还有被欧盟(IWO)认证机构确定为有机茶基地、德国BCS有机认证、瑞士IMO有机认证，国家出口食品卫生注册（开启政和出口茶叶卫生注册先河）、国家有机茶认证（福建省花茶史上首次获得的有机认证）、省质监局无公害食品和绿色食品认证。

壮大茶叶企业 2013年县政府印发《关于实施品牌战略工作奖励暂行办法的通知》，对新获国级、省级、市级品牌分别给予奖励30万元不等，使个私茶叶精制加工企业雨后春笋般涌现，并伴生一批涉茶专业合作社。白茶加工骤增，加工白茶每年成百上千吨增长，白茶长期占据福建进出口总量首位，外销80%以上，成为白茶外销第一县。2018年白茶占全县产茶总量的69.5%，成为白茶产量第一县。目前全县涉茶企业610家，比增221%，民营茶企迅即成为茶叶主力军。茶叶生产机械朝着连续化、清洁化、规模化、智能化发展。标准生产持续推进，政和茶叶经国家、省、市市场监管部门抽检检测合格率达到100%。在300家茶企中获得通过SC认证企业84家，比增162.5%。全县在全国各地建立茶叶销售网点1000多个、专营店1500余家，从业人员8000多人，年销售额5亿元。

打响茶叶品牌 政和县被评为全国15个产茶明星县之一，政和白茶获国家地理标志保护产品，被中国经济林协会授予“中国白茶之乡”，政和工夫及图被认定为“中国驰名商标”。政和茶叶深受专家行家赞誉。百岁“茶界泰斗”、中国茶叶专家张天福先生曾赞：“政和县白牡丹名茶，形、色、香、味独珍。”政和茶叶逐渐走向全国，走进世界，获得“中国茶业百强县”称号。目前，政和茶叶获中国驰名商标2个、中国著名商标1个、中国地理标志证明商标6个，全国白茶十强企业3家；省著名商标9个，“武夷山水”公共品牌授权企业41家。政和白茶被纳入《中欧地理标志协定》名单，获大湾区最受消费者喜爱的茶区域公共品牌，获中国区域农业品牌影响力指数榜茶叶产业第四、全国绿色农业十大领军地标品牌，加入中国茶叶流通协会全国重点产茶县工作委员会。“政和白茶”品牌估价达46.18亿元。

强力宣传推介　县政府投入近千万元，展开以“政和白茶”公共品牌为重点的品牌推介。通过国家级媒体和国际峰会等重要平台，宣传政和茶叶。政和白茶荣登CCTV1等8个频道，每天20次滚动播出，让“政和白茶·中国味道”广而告之；政和白茶被选为G20峰会、上合峰会、厦门金砖会晤等重要国际会议场合指定用茶，2017年政和牡丹王成功入驻中国茶叶博物馆，以及多次作为国礼礼赠外宾。《政和白茶公益广告》《政和白茶纪录片》和《政和白茶历史沿革和工艺流程》等宣传片相继在中央电视台、福建电视台、上海电视台播放。编撰《政和茶志》《茶话政和》《政和白茶》《佛子山》茶叶专号等茶类书籍。县委、县政府主要领导亲自带队赴京、沪、穗、济、青、榕、厦、漳等主要城市做专场推介，多次组团参加“9·8”国际厦门贸洽会、“6·18”海峡项目成果交易会、海峡两岸茶博会、海峡两岸武夷国际投洽会、香港国际茶展、厦门国际茶产业博览会、中国茶叶博览会、深圳茶博会、南京茶博会、青岛茶博会、南宁茶博会等重要茶展、茶博会。

白茶城新引擎　全国唯一的中国白茶交易中心落户政和，引进全国供销总社下属中国供销农产品批发市场控股有限公司，与县政府共同投资兴建中国白茶城，是现代绿色农业“一、二、三产业”融合、促进富民强县的示范项目。项目总投资8亿元，规划占地面积8公顷，总建筑面积15万平方米，一期项目2019年11月开工，2020年秋主体楼竣工，已择优签约入驻企业192家，将于2021年春投入使用。项目具有集茶叶展示交易、智能仓储、检测认证、信用担保、期货拍卖、金融服务、白茶价格指数发布及茶文化旅游等为一体的“一站式”功能，将白茶城建成全国白茶品类和闽系茶品类最全的集散中心、全国品种最齐全的流通主产区、全国产品品质最具保障的茶城。有序推进中国白茶博物馆和东平等5个乡镇白茶产业园项目建设。白茶城重大项目,将是政和白茶产业高质量发展的新引擎。

二、旅游产业稳步推进

党的十八大以来,政和把保护旅游资源和旅游业发展列为重点工作,成立景区管理机构和旅游行政管理机构,编制旅游发展规划,制定旅游优惠政策,采取各种措施,积极引导旅游产业发展。2019年全县接待旅游人数105.98万人次,比2012年增长5倍;旅游总收入11.65亿元,比2012年增长6.3倍。

旅游品牌从无到有 2015年成功创建中国白茶小圳——石圳湾、中国第一楠木林——凤头两个国家3A级旅游景区,实现全县A级景区零的突破,A级景区从无到有。2016年创建政和念山云上梯田国家3A级旅游景区,2017年创建天村稠岭国家3A级旅游景区,2018年创建翡翠锦屏国家3A级旅游景区。同时,创建了47个国家级、省级历史文化名村、传统村落,2个省级乡村旅游休闲集镇、19个省级乡村旅游村、5个国家级旅游扶贫重点村、首家省级茶业观光工厂隆合茶业有限公司和念山国家湿地公园,连续5届蝉联“百佳深呼吸小城”称号等旅游品牌。

旅游设施逐步完善 围绕吃、住、行、游、购、娱旅游六要素逐步完善旅游基础设施。2016年起按照国家旅游局关于“旅游厕所革命”的工作部署和政和县旅游发展需求,完成新建改建旅游厕所47座。旅游集散中心目前已进入正常使用中。提升旅游住宿餐饮条件,整改提升福地大酒店、洞宫假日酒店、鸿泰酒店、元尚主题酒店等城市快捷酒店建设,政和华美达广场酒店正在按五星级标准内部装修。出台《政和县民宿管理暂行规定》,创建民宿17家,全县床位数突破5000张。加快旅游交通建设,衢宁快铁、宁武高速畅通运行,改造提升乡村旅游公路80千米,安装全县旅游道路游客公共交通服务标识牌23块,开通城区至景区旅游公交专线。完善旅游休闲娱乐设施,对县文化中心、茶竹旅文化街进行强化管理和提升,加强对购物集聚街区休闲旅游功能的建设,新增购物商场(商铺)56

个,新增档次较高的文化娱乐场所12个。

旅游营销不断丰富　积极做好旅游整体促销策划,组织旅游企业参加省、市、县举办的促销活动,举办本地特色节庆活动,扩大我县的旅游影响力和吸引力。重视发挥旅行社作用,成立了3家旅行社,6家旅游营业部。用活奖励政策,策划旅游线路,开发旅游产品,积极开展组团"入政"游。加强对外营销,制定旅游宣传片、宣传折页,积极组织景区(点)、旅游企业参加全国旅游博览会、旅游推介展销活动80余场。办好本地节庆活动,因地制宜办好本地文化旅游节活动,举办本地旅游节庆活动60余场。举办12期旅游讲解员培训班,来自全县旅游景区(点)、旅行社、政和职校教师和乡镇政府干部共600多人参加培训。通过培训不断地壮大了我县的旅游讲解员队伍,为加快我县旅游产业发展,提高旅游管理和服务水平奠定了较好的基础。

旅游功能逐渐提升　培育发展核心景区,重点建设佛子山国家级风景名胜区创建国家4A级景区、中国白茶小圳——石圳湾创建国家4A级景区、政和念山云山梯田创建国家4A级景区。把佛子山、石圳、念山3大景区作为核心景区建设,带动和促进政和旅游业的发展。发展最具体验性的全域型的乡村旅游,以乡村生态旅游、民俗文化旅游、老区红色旅游为主,进行乡村旅游的开发,打造出一系列令人耳目一新的乡村旅游产品或衍生产品,提高乡村旅游的经济产值及影响力。提升石圳、凤头、锦屏、念山、杨源、东涧、镇前、大岭等省级乡村特色旅游品牌,政和旅游呈现了全新的前景。推广以"俊波精神"为重点的红色旅游。政和拥有深厚的红色旅游资源,是原中央苏区县,1929年成立中共政和支部,现有建松政苏维埃政府旧址、闽北闽东红军会师遗址、西表苏维埃政府旧址纪念馆、陈氏七烈士陵园、政和县农民协会代表大会旧址纪念馆、红星医院旧址等一批红色文化遗址,素有"红旗不倒"的赞誉,还是新时期时代楷模、全国优秀县委书记、全国优秀共产党员廖俊波"俊波精神"的发源地。政和县将以"俊波精神"为重点,推广红色旅游。打造洞宫红河谷生态文明体验区,依托杨源乡洞宫山风景区优越的森林资源、地质地貌景观和避暑气候条件，融合洞宫山片区深厚的红色文化、道教文化内涵，通过“旅游＋康养度假＋研学”模式，打造产业链完整、服务配套完善、业态丰富、产品多样的康养休闲度假区，使之成为福建省康养旅游新标杆、新亮点。

三、电商消费趋势看好

电商产业　2015 年，政和县在全市率先建立电商产业孵化园、阿里巴巴村淘等项目，建成闽北第一个农村淘宝项目试点县。孵化园按“孵化带动、拎包创业”要求，实行“三零三给”（即零准入、零租金、零收费，给场地、给资金、给政策）政策，当年注册成立政和县电子商务协会、政和县竹木制品电子商务协会等企业和商户 45 家，累计孵化 125 家创业企业，带动就业创业 1000 多人，被评为省级中小微企业创业孵化基地、省级高校毕业生创业基地。县委、县政府不断加大力度，做大做强电商新产业。加紧实施闽北最大电商生态圈新的项目群，完成总投资 10 亿元，建筑面积 30 万平方米，可容纳 800 家以上电商及电商服务企业。其中，通过“招商引资、山海协作”，投资 3.5 亿元在城关渡头洋片区建设占地面积 2.53 公顷的闽北同心电商创业园。2019 年，线上商贸企业 35 家，零售额 5.2 亿元；全县累计注册电商类企业 1255 家，注册网店 2000 多家，直接从事电商人员 6300 人。物流企业 45 家，快递公司 14 家，邮政快递行政村全覆盖，电商快递出港件 260 万件，电商交易额突破 15 亿元。全县已建成 9 个乡镇农村电商服务站、55 个农村电商服务点，电商服务覆盖全县 76 个行政村，覆盖率达 62%，形成完善的农村电商服务体系。政和县先后荣获福建省村淘第一县和第四批全国电子商务进农村综合示范县、全国电商百佳县、首批阿里巴巴百佳县、村淘健康县域全国 20 强等称号。

新型消费　不断完善扶持新型第三产业，形成新型商业消费业态。呈现购物类的大型夏商好当家超市、永辉超市等，文化类的七星电影城、文化中心和音乐、舞蹈培训机构等，休闲类的七星步行街、福地步行街、胜地步行街等，品牌窗口类的茶竹旅文化街等，悠然类的茶楼、茶馆、茶室等，交通类的地下停车场、地面立体停车场等新三产模式。充分引导和规范“夜经济”，特别是步行街、超市、美食城、文化中心、朝阳街等主要区域，以及石屯镇“夜政和·悦生活”首届夜间经济文化美食节，极大地激活了“夜经济”，点亮文旅新“夜”态。鼓励和支持以网络购物、移动支付、线上线下融合等为特征的消费新业态、新模式，特别是2020年新冠肺炎疫情发生后，新型消费发挥了重要作用，促进了经济稳步回升。探索发展、支持培育在线教育、互联网健康医疗、文化娱乐业态线上化、智慧旅游、智慧超市、智慧商店、智慧餐厅、电子合同、电子文件、在线健身、外卖配送、网约单车、即时递送、住宿共享等多元化新业态消费模式，提高时代幸福指数。

四、城市经济转型升级

外增颜值 创新城市建设和管理路子，用“经营”理念推动“城市经济”发展。持续开展“城市建设年”活动，特别是2012—2016年，城市建设迈出铿锵有力的步伐。实施“一城两镇”构想，以县城为中心，以石屯、铁山为两翼，伸长东西，拓展南北，旧城改造“加力度”，新区建设“加速度”，城市拓展“经纬度”。城市规划区由1994年16.2平方千米调整至103.6平方千米，城市建成区增长16%，城镇化率达58%。城区人口由5万增加到7.8万，城镇化率由31%提高到46%。外通高速高铁，继宁武、松建高速通车，衢宁电气化铁路于2020年国庆开通，延伸南大街直达火车站，建成城区过境线、快铁站点和省级经济开发区连接线，全面改造提升省道公路。5年间城市建设项目213项，总投资近300亿元，是“十一五”时期的5倍。完善老城区主干路网，新开通内环路，新建同心大桥等9座大桥，城区道路全面沥青化；加快胜利洋、渡头洋、官湖洋和松源洋等新区路网建设；从一个环岛三个“丁”字街发展为“三纵五横”路网和六个十字路口。城市建筑鳞次栉比，民房住宅脱胎换骨，单位用房基本变脸，胜利洋、下渡头洋、官湖洋三大新区先后成型，南庄洋悄然兴起，开发楼盘破土而出，交付使用接连不断。

内塑品质 随着园林城、卫生城、健康促进县、文明城等不断成功创建，城市功能逐步转型升级，城市品位不断提升。电缆电杆下地，供水、供气、排水、排污等市政管网功能完善。新建改建污水管道4.4万米、燃气管道2.4万米，开通用户5260户。房屋立面改造，街道“白改黑”，停车场增建，新区竞展新颜。红绿灯从0至8个系统，结束了闽北唯一没有红绿灯县的历史。污水、垃圾、烟煤处理无害化。道路、广场、公园、交通枢纽和标志性建筑、商业街、桥梁、水景等LED路灯改造和夜景灯光，平添赏心悦目的山城夜色。限期退出黄包车，推出绿色“的士”；增开线路和延伸运线至“一城两镇”及火车站，并全面实现“油改电”环保型绿皮公交车。绿化美化提档升级，人行道、河岸、园林、小区及绿化带美化提升。凤嘴经济房、良种场保障房等，保障低收入群体住房。居民厨卫彻底改革，从普及液化气到试用天然气。牡丹园、福地心苑、锦绣花园等房地产健康发展；步行街、茶竹旅文化街、福地心苑商业街、电商一条街先后火爆登场；开发中的南庄洋，正强力崛起高品质楼盘和大美园林式小区。为构建近山近景、临水亲水、通达通畅的宜居宜业城市，增添一笔笔浓墨重彩。

公园建设 投资4935万元，新建熊山森林公园、市民广场（公园）以及官湖湿地公园、南门桥下小公园、河滨健身公园、健康文化公园、国防（双拥）广场及七星溪两岸亲水游步道、15千米河道景观带等小公（游）园，为市民创造更多绿色空间和公共开放空间，一改原来仅有3处公园的短板窘境。2015年以来，努力按规划高起点、建设高质量、管理高水平和“三季有花、四季有景、满眼尽绿、见缝插绿”总体要求，创建省级园林县城。投资4424.2万元，对城区全面绿化和提升、改造，使城市公园人均绿地面积由原来的7.92平方米提高到2017年的14.6平方米，废弃地、闲置地变成生态“绿肺”；全县建成区绿地总面积179.6公顷，绿地率34％，绿化覆盖率37.8％，各项指标均达到省级园林县城标准。

家园亮洁 实施亮化工程，城市道路照明装置率达98％以上，主次干道亮灯率达97％以上。临街高楼、公共建筑和城区桥梁、公园、水岸、栈道，全面设置亮化设施，璀璨灯光点亮不夜城。全面推动城乡人居生态环境建设，大力推动爱国卫生运动和市容环境整治。迁出企业，减少粉尘，降低噪声，控制油烟，环卫增扫增洒和扩面，垃圾倡导分类，饮水达标率100%，污水处理达91.8%，生活垃圾无害化处理率98.1%，大气环境质量达到国家二级标准。农村以开展“家园清洁”“万人保洁”“厕所革命”为抓手，推进人居环境整治，实行雨污分离，强化垃圾污水处理，全面完成饮水安全工程，引导绿色健康生活。

第四节　美丽赞歌唱响大地

一、时代楷模廖俊波

廖俊波，男，汉族，1968年8月出生，福建省浦城县人；1990年8月参加工作，1993年加入中国共产党。2011年6月，从南平市副秘书长、荣华山产业组团管委会主任岗位调任到条件艰苦的政和县任县委书记。2015年6月被中共中央组织部授予“全国优秀县委书记”称号。11月任南平市副市长、政和县委书记，2016年3月任南平市委常委、副市长。在主政政和期间，提出“一切为了政和的光荣与梦想”口号，带领和团结全县23万广大干群，以“四大经济”(工业、城市、旅游、回归)为突破口，奋战在脱贫致富奔小康路上。2012年县域经济发展指数在全省提升35位；2013—2015年县域经济蝉联全省发展“十佳县”；2015年公共财政收入5.45亿元，是2010年的3.3倍；贫困人口从4.34万人减少到6000人，减贫率达70%；农民人均可支配收入从5119元提高到2015年的9608元。同期发展速度快于全市平均水平，发展质量优于全省平均水平。

2017年3月18日夜晚，时任南平市委常委、副市长、武夷新区党工委书记廖俊波同志，在赶往武夷新区主持会议途中发生车祸，因公殉职。

3 月 31 日，习近平总书记对廖俊波同志先进事迹做出重要批示：廖俊波同志任职期间，牢记党的嘱托，尽心尽责，带领当地干部群众扑下身子、苦干实干，以实际行动体现了对党忠诚、心系群众、忘我工作、无私奉献的优秀品质，无愧于“全国优秀县委书记”的称号。广大党员、干部要向廖俊波同志学习，不忘初心、扎实工作、廉洁奉公，身体力行把党的方针政策落实到基层和群众中去，真心实意为人民造福。4 月 12 日，中共中央组织部印发关于广泛开展向廖俊波同志学习的通知。6 月 6 日，中共中央追授廖俊波同志“全国优秀共产党员”称号。6 月 16 日，中共中央宣传部追授廖俊波同志“时代楷模”荣誉称号。2018 年 3 月 1 日，廖俊波被评为 2017 感动中国年度人物。

习近平总书记对向廖俊波同志先进事迹学习做出重要批示宣传图像

廖俊波一生正如他微信昵称“樵夫”一样，“甘为人民俯身砍柴”，用自己的“辛勤指数”换来群众的“幸福指数”，为每位党员、干部照亮了前进方向，是全县人民学习的榜样。

忠诚，最能体现其不忘初心的政治品质。他牢记 25 年前党旗下的誓言，坚持不忘初心，对党忠诚，自觉践行一名共产党员的价值追求。不论在哪个岗位始终立场坚定、旗帜鲜明，砥砺前行、高度负责，“始终做到心中有党、心中有民、心中有责、心中有戒”。在任政和县委书记期间，用他对党和人民事业无限忠诚的实际行动，以政和老区脱贫与发展为最高追求和快乐，倾心尽力，殚精竭虑，呕心沥血，奋斗不止，让政和创造出改变落后面貌的光辉业绩。

担当，最能展现其忘我工作的敬业精神。他勇于担当、勇于作为，敢于创新、敢于突破。带领政和干群扑下身子苦干实干，秉持“能到现场就不在会场”的信条，长年累月马不停蹄奔忙在工作现场，创造出经得起政和人民和历史检验的实绩。综合经济，2012 年县域经济发展指数上升幅度全省最大。2015 年全县生产总值近 50 亿元，是 2010 年的 2.1 倍，年均增长 11.5%，让政和老区抹掉了“省尾”的戏称。“工业经济”，闪电般地建成 25 平方千米省级同心经济开发区，被称为“政和速度”。“旅游经济”，破解了旅游资源富县、旅游收入穷县难题，旅游新业态初露端倪。“城市经济”，实施“一城两镇”构想，城镇化率从 31%提高到 46%，一个宜居宜业、有归属感的城市款款展现。

为民，最能说明其心系群众的公仆情怀。他以干事创业、造福百姓为最大快乐，千方百计增强人民群众获得感。廖俊波得知又脏又破、村民艰苦的石圳自然村，10 个妇女义务清理垃圾一事，给予充分肯定并发动参观学习，引导建设美丽乡村。在他“赚钱的事群众干，不赚钱的事政府做”等倾斜帮扶下，村子很快“绿起来、活起来、游起来”，成为远近闻名的美丽乡村和 3A 级旅游景区。村民感慨说：“这是廖书记一手帮扶带来的好日子。”

2015 年 3 月 12 日，时任县委书记廖俊波到石屯镇石圳村调研指导美丽乡村建设工作

干净，最能体现其清正廉明的官德情操。“做事要肝胆，做人要干净。”这是廖俊波同志常挂在嘴边的一句话，也是他一生行事风格的写照。他坦坦荡荡为官，始终秉持共产党人清正廉洁的政治本色。他为人“肝胆”，是企业主们的“兄长”“朋友”，尽心尽力做企业“勤务员”；他清清白白做人，既“亲”商又“清”商，从不利用权力、地

位为自己和亲属谋取私利，以良好的形象和口碑赢得了全县党员、干部和群众的广泛赞誉。他干干净净做事，凡是与工作事业关联的各种谢意，都被断然拒绝。他在打铁自身硬的同时曾说，“干部想干事能干事，还要确保不出事，规范干部的言行要从小处抓起，要让干部养成良好的规矩意识”，“要少买棺材多买药”。正是他这种强烈的清正和主责意识，主政期间未发生一起党员领导干部严重违法犯罪案件，营造了风清气正、政通人和的政治生态。

政声人已去，丰碑矗人间。政和同全国其他地方一样不断深入贯彻习近平总书记对廖俊波同志先进事迹重要指示，生动有效地开展学俊波活动，精心打造16个先进事迹教学点，建设廖俊波精神教育学院，使政和成为全国学习廖俊波精神的重要基地。

二、美丽乡村绘就画卷

政和县围绕“机制活、产业优、百姓富、生态美”的目标，真抓实干，强力推进，掀起美丽乡村建设热潮。

示范引领 2013年县政府成立美丽乡村建设工作领导小组及其办公室，从基础设施建设入手，整合20多个部门资金3000多万元，重点支持3个乡镇和东涧、石圳、念山、锦屏、古元、梅坡、前村、洞宫、镇前、洋屯、稠岭、郢地等12个示范村，成为可看可学可推广的示范点，起到了较好的带动作用。在推进27个美丽乡村项目中，突出村庄规划，保护改造并举，彰显古韵，赋予新意，加快建设。实施土地整理，开发复垦85个项目；全面进行省道改造，完成道路安保工程136千米；改造拓宽乡村道路，改建新建桥梁，新开自然村公路25千米，重点解决3.5米以下路面和“断头路”问题，构建比较完善的镇村路网；完成新一轮农网改造项目15个。“翡翠锦屏”“花海东涧”“白茶小镇”“中国第一楠木林”等美丽乡村打造初具规模，焕发新颜。

初见成效 政和县把建设美丽乡村与打赢脱贫攻坚战结合起来，抓住产业融合、“水美乡村”和人居环境三大主攻方向，建设投资从1.9亿元增至2.7亿元。推进产业融合，把农民引导到当地特色产业，让农民在美丽乡村建设中有更高的参与度，更多的幸福感、满足感和获得感。建设“水美乡村”，将“水美城市”建设向有条件的乡村延伸，在20个行政村推进生态美、环境美、人文美融合发展的“水美乡村”建设，完成9座小（二）型病险水库除险加固、6条中小河流域治理项目和3个小型农田水利项目年度建设计划。整治人居环境，以农村垃圾、污水治理和村容村貌为重点，27个试点村通过验收，成为全省先进典型。实施“千村整治、百村示范”项目14个，总投资1.1亿元。创建省级美丽示范村5个，市级授牌命名三星以上美丽乡村试点12个。石圳村获得“中国人居环境范例奖”，杨源村获全国十大最美乡村提名奖，岭腰乡锦屏、星溪乡念山列入全国生态文化村，外屯乡稠岭、东平镇凤头等13个村入选国家建设部第一批绿色村庄，锦屏村、坂头村荣获国家级历史文化名镇名村，锦屏、洞宫、地坪等20多个村获国家级传统村落称号。

三、乡村振兴绽放风采

政和县紧扣“产业兴旺、生态宜居、乡风文明、治理有效、生活富裕”20个字总要求，积极促进乡村产业、人力、文化、生态和组织振兴。

产业振兴　抓特色产业，全面挖掘县域特色潜力，着力发展茶、竹、高山蔬菜、畜禽4个优势产业，巩固提升粮、烟等传统产业，积极培育花卉苗木、中草药材、新特果业等新兴产业。抓设施农业，推动土地流转，以东峰、东涧、杨源、新口的试点带面，全县累计发展设施农业大棚308公顷。推进国家农业可持续发展试验示范区5个示范项目、10个示范点、1个集中展示区建设。实施“一园两区一镇”建设，即现代农业产业园、粮食生产区、政和白茶福建特色农产品优势区，发展蔬果冷藏保鲜设施65座。建设生猪规模标准化养殖场15家，标准化鱼塘改造示范基地2家。抓休闲农业，推进休闲农业与乡村旅游融合发展，投资8300万元，建设128.7公顷杨源现代生态农业休闲观光园，发展林下套种名贵中药材、高山蔬菜、生态瓜果、名贵树木苗木、青饲料、特色养殖、高山冷水养殖等观光农业。

抓现代农业，省重点项目和赶超项目的福建欧圣（政和）鸡业产业化项目，总投资20亿元，目前完成投资约12亿元，年产肉鸡3700万羽，项目全面投产年产肉鸡达6000万羽。东平光伏农业项目总投资6.7亿元，装机容量70兆瓦，占地153.3公顷，完成农光互补设施农业园区建设，实现44.2兆瓦并网发电，同步发展多肉植物、果蔬采摘、花卉种植、观光旅游等项目。新东泰立体种养现代生态农业开发项目，总投资1.83亿元已完成，建成2.2万平方米标准化猪舍养殖小区和33.3公顷生态农业种植项目。

人力振兴 加强以党组织为核心的农村基层组织建设，配强配齐党支书，特别是对一些薄弱村支部书记的选配，连续几年从省、市、县选派一批忠诚担当、开拓创新、一心为民的干部担任第一书记。不断加强村级各类组织建设，规范村务管理，切实提高村级班子战斗力，对新当选790名村“两委”成员“回头看”，使一些软弱涣散的状况明显好转，成为乡村振兴的坚强战斗堡垒。注重留住和用好本土群众，使之成为“振兴”的主力队。在产业发展中，把有增值收益、能够作为的“事”和务工岗位，尽量提供给当地农民，调动他们的生产积极性。加大外出务工经商人员、本乡本土大学生、复员退伍军人和妇女的组织引导，就地或回乡投奔家乡振兴事业，形成村民在家门口有业创、在家里有钱赚的格局。挖掘“致富能手”“田秀才”“土专家”“乡创客”等本村能人，以起到引领作用。用好乡贤，重视老乡贤、重塑新乡贤，使之成为“振兴”的助推队。发挥他们在乡村公共事务决策指导、矛盾纠纷调解协理、乡风良俗传承教化、综合治理勇为善为方面的积极作用。积极发挥在外工作和创业有一技之长老乡回乡投资兴业，帮助“回归企业”创造用地、融资、用电、用水、手续报批等宽松环境，使“回归企业”尽快落地、生根、开花、结果。2015年以来，全县通过商会牵线搭桥，促成“回归”项目23个，投资总额18亿元。异地商会会员除回乡投资办企业外，还长期支持家乡基础设施、公益事业、教育发展等，累计捐资数亿元，处处洒满桑梓情。仅通过人才教育基金会，认捐资金就达1亿元，2018年以来发放奖助金近2000万元，惠及师生近万人次。

文化振兴　2011—2014年，完成93个村级农村书屋建设，每个书屋配送图书1200册、音像制品80万元和书橱等附属设施；加强村级农家书屋（文化室）建设。2015—2017年，持续开展创建文化先进乡（镇）、村活动，深入推进农村文化建设。东平镇等3个乡镇被评为市级文化先进乡镇，凤头等16个村被评为市级文化明星村；在第一次全国乡（镇）综合文化站评估定级中，杨源乡综合文化站，东平镇、镇前镇综合文化站，石屯镇、岭腰乡综合文化站分别被评为一级站、二级站、三级站。群众性文艺活动日趋活跃，先后举办中华紫薇文化旅游节、旅游产业发展大会、全国街舞大赛等各种大型文艺节庆演出336场。每年开展文化“三下乡”，把优秀的电影、戏曲、图书、期刊、科普、文艺演出、全民健身活动送到农村中去。正确组织和引导乡村文化活动，推动传统文化之“魂”深深嵌入百姓心中。充分挖掘、保护和传承政和历史文化遗产，岭腰后山桥、外屯洋后桥、澄源赤溪桥等3座木拱廊桥被列入《中国世界文化遗产预备名单》。“非遗”保护抢救投入1210多万元，全县非遗项目国家级1项、省级4项、市级13项、县级23项，非遗传承人国家级2人、省级5人、市级22人。木拱廊桥营造技艺等4项列为省“非遗”名录，政和白茶制作技艺、政和新娘茶习俗等6项被列为市级“非遗”名录；6人被评为市级第二批“非遗”项目代表性传承人。

生态振兴　践行“绿水青山就是金山银山”理念，守住生态红线，建设“生态银行”。统筹全县旅游、林业、茶业、耕地等生态资源，组建县行业生态公司，9个乡镇作为项目运营分公司，优化提升“生态银行”运营模式，依托国家储备林质量精准提升工程、山水林田湖草生态保护修复试点等重点项目，努力将生态优势转化为绿色发展优势。成功创建省级生态县和4个国家级生态乡镇、5个省级生态乡镇。石屯镇打造七星溪沿岸五村生态旅游联盟，加快“绿水青山”转变为“金山银山”。推行河湖长制、路长制、人居环境街巷长制，形成生态巡查、联合执法、全民群治的全方位常态化巡查监管机制。打造农民安居乐业的美丽家园，让生态成为乡村振兴最大的发展优势。

组织振兴 创建“六好”乡镇党委和“五好”村党支部，加强农村“八大员”管理。推进基层组织和农村民主政治建设，开展“达标创星”工作。着力优选“领头雁”，选准配强乡村领导班子。搞好各级下派村党组织书记57名、党群工作者136名、科技特派员11批1486名、乡镇（街道）党群活动服务中心主任10名的管理与服务。着力提高素质，通过组织教育培养、一线实践锻炼、自身加强学习，提高基层班子各个岗位思想政治、工作能力和业务水平。开展金星、红星和规范化村级党组织创建，创建率达100%。全县102个机关、企事业党组织联系40个贫困村，44个县直机关党组织结对帮扶46位贫困学生，1150名党员干部结对帮扶1794户贫困户。

四、水美城市治水兴城

政和县以七星溪和梅龙溪为中心，将水利工程、城市建设、景观工程等有机融合，开展全域治水，全面推进“水美城市”建设，提升城区御洪能力，改善城市功能。

水安为先 坚持安全为基础、生态为根本、景观为体形、文化为灵魂的原则，以七星溪水系为主线，实施防洪排涝、市政建设、水域形象、旅游开发、智慧水务等工程，不断提升“水”的魅力。实施闽江上游建溪三至五期防洪工程（政和段）、中小流域治理和安全生态水系项目并通过验收，全面完成万里安全生态水系城区段建设。“绿水工程”分别兴建了彩虹桥、双亭桥、珠山湾、塔山堰等4座拦河坝和橡皮坝，根治水患，净化美化市容。改善饮用水安全，新建改造供水管网、污水管网20千米。2013年开始建设熊山、东平等7个乡镇62个行政村农村饮水工程，解决不安全饮水人口5.79万人。2016年，政和城区供水改宝岭水库引调水源，强化水源林地和库区管理，改造引水主管32千米，确保城区7万人饮用水源的安全。2017年珠山水厂扩建，日供水能力达3万吨。目前，城区用水普及率达99%，供水区域6.5平方千米。同时，城区第一个污水处理厂建成投入使用，日处理污水能力达0.5吨，完善城区污水处理系统20千米。

水景怡人　2017 年以来，以龙潭、梅龙、七星三溪六岸流域为核心，实施“一轴三区九景点”建设项目。重新编制《政和县“水美城市”实施方案》，围绕七星溪主轴，湿地公园、主题文化公园、古渡栈桥三区，休闲垂钓露台、湿地公园、亲水游乐步道、城市公园、山水文化主题公园、文化展示栈道、茶文化景观区、石圳古码头等九景点展开。四年来分年度实施水利和水美项目 30 个，总投资 21.8 亿元。先后完成七星溪城区段、外屯段、铁山段 32 千米生态水系项目工程，城区段解放大桥至石圳湾江滨大道、绿道、慢道、滨水景观工程。至 2019 年底，“一轴三区九景点”项目全面完成，让“脏乱差”和存在安全隐患的水域，竞展宜居宜游的水美魅力，政和县也获得了“全省水利建设先进县”殊荣。

第五节　社会发展更加和谐

加强生态文明和社会文明建设，促进经济、社会、生态协调发展，建设新时代秀美新政和。

一、建设保护经济生态

政和县坚守绿色生态理念，实施“生态立县、绿色崛起”战略，坚持绿色、低碳、可持续原则，统筹好生产、生活、生态三大空间，创建省级生态县，全县 10 个乡（镇、街道）全部获得省级生态乡镇，杨源乡首个获得国家级生态乡镇，高林等 2 个村被命名为全国生态文化村，20 个村获得省级生态村称号。

生态工业　“守住绿色生态底线”准则，招商由重数量向重质量转变，提高项目准入门槛，重点引进一批高附加值绿色产业，对不符合国家产业政策项目，高耗能、浪费资源、破坏生态、污染环境的项目，以及对饮用水源保护区、自然保护区等环境敏感区产生影响的项目坚决不招商、不审批。2016—2018 年，累计注销淘汰黄标车 301 辆，建成机动车尾气环检站 1 个并与省联网运行，7 家企业列入强制清洁生产名单。完成重点行业和企业调查及农用地详查，开展工业用地土壤详查，11 家土壤重点企业签订土壤防治责任状。开展辖区危废企业纳入危废规范化管理达标升级工作，严控新上高耗能、高排放和高污染行业与项目，否定高耗能、高污染项目 10 多项。开展污染源普查，完成工业源 384 家、农业源 42 家、集中工业污水处理设施 44 家、生活源 1 家、行政村 124 个、入河口 70 个普查任务。积极引进山东黄金集团进行兼并重组，按期淘汰东峰水泥厂，兴建澄源风电场、东平光伏，规范水电资源开发管理，装置安装水电站下泄流量在线监控。对全县 49 家农村水电站排查，截至 2019 年 12 月已退出电站 4 家，完成生态下泄设施改造 45 家，安装在线监控设施 42 家，深入开展“整治违法排污企业、保障群众健康”环保专项行动，查处不手软、不护短，抓重点、出重拳，有效遏制企业违法排污行为。实现全县企业主要污染物排放量控制在总量指标内，环境质量进一步提高。

生态农业　科学布局绿色农业空间，在海拔 800 米以上高山乡村建立高山生态农业区，发展高山蔬菜、特色烟叶、高山茶叶；在半山区乡村建立半山生态农业区，发展以水稻、茶叶、烟草、林业、毛竹、药材、山苍子、锥栗、杨梅、落叶水果为主的经济开发带；在熊山和石屯、东平的平原区大部地区，建立河谷平原生态区，突显茶叶、食用菌、水果、玉米、设施农业的区域特色。渠系配套改造 189.5 千米，修建小型水源工程 130 处。实施土地整理项目 12 个 1200 公顷，新建标准化农田 73.3 公顷，新增耕地 173.3 公顷，发展设施农业大棚 294.67 公顷。全力推进“一园两区”建设，即现代农业产业园、粮食生产功能区和重要农产品生产保护区。重点推进 2 个市级现代农业产业园、8 个县级现代农业产业园、5333.3 公顷粮食生产功能区建设。建立万亩高山绿色蔬菜产业带，全年复种面积 2333.3 公顷，建设高山区农副产品蔬菜冷链设施 65 座，“高山菜”远销韩、日等国外和国内许多大中城市。依托高山万亩绿色食品产业园、4 个省级农民创业园、澄源乡国家级农业产业示范建设，建设高标准农田 4900 公顷，着力发展花卉、药材、特色果等新兴产业。

生态林业 政和县完成人工造林2933.3公顷，重点生态区林分修复1000公顷，封山育林21000公顷，森林抚育11466.7公顷，生物防火林带599.3公顷；辖区内沿路、沿河、环城一重山可绿化宜林地绿化率达100%，废弃矿山“青山挂白”植被恢复治理率达100%，低质低效林分提升面达90%以上；建立全民义务植树基地13处，每年植树造林成活率达90%以上。县城建成区绿地率30.5%，森林覆盖率达26.1%，公园绿地面积107.49公顷；新增公路绿化4千米，绿化面积5.3公顷；县域内高速公路和国省道可绿化里程绿化率均达100%，县乡道可绿化里程绿化率达88.8%。2017—2018年，新建乡村景观林42公顷，新建乡村公园47处(点)，70%以上乡镇和村庄有1处公园绿地，人均公园绿地8.9平方米以上；每个乡镇50%以上的村保存有良好并连片的风景林(或风水林)；每个乡镇至少有1处林木种苗、花卉栽培、观光采摘或森林人家、休闲旅游等特色生态产业基地；城郊农田林网建设达到国家标准。加强水岸宜林地绿化，绿化率达80%以上。全县森林覆盖率78.6%，立木蓄积量957.8万立方米。全县划定生态公益林3.52万公顷，占林地面积23.4%。保护小区24个，面积5773.2公顷。划定湿地保护斑块99个，湿地面积保有量2296.4公顷，其中国家级湿地公园1处，面积731公顷。

生态宜居 开展农村环境连片整治、人居环境整治和“全域无垃圾”整治行动。铁山等3个乡镇30个村作为示范，并通过市级验收。整治示范所在乡镇农村生活饮用水卫生合格率100%，生活污水处理率70%以上，生活垃圾清运率为100%，无害化处理率为90%。整治人居环境，规范畜禽养殖，划定禁养区，畜禽养殖综合利用率达到90%以上；实行“厕所革命”，新建改造乡镇公厕26座、村庄公厕85座、农村三格化粪池15000个。厨房炊具变革，实行雨污分离，并建成4个乡(镇)污水处理厂(站)。各断面水质达到功能区标准，七星溪等主要流域水质优良比例达100%，县级、乡镇集中式饮用水源水质优良率保持100%；城区污水处理厂日处理能力达1万吨，县城污水集中处理率82.51%；大气环境质量基本达到国家二级标准，城区年均空气优良率提高至99.7%，PM2.5浓度达到国家二级标准；县域环境质量指数 99.8%，生态环境质量为优。

二、维护发展社会环境

政和县综治工作多年走在全市前列，先后获全省“平安县”“全国社会治安综合治理先进县”荣誉称号，为维护全县政治大局和治安秩序、促进经济发展创造了良好的社会发展环境。

社会治理　深化公正司法，坚持司法为民。深入进行“剑盾”“打盗抢、扫赌毒、保民安”、电信诈骗犯罪和金融风险等专项治理，开展“严打”整治、“打黑除恶”等专项斗争，刑事案件、治安案件逐年下降，群众安全感不断增强。实行县矛盾纠纷多元调处中心、城乡网格化信息平台、综治视联网、“雪亮工程”四网合一，率先在全市完成四级实时互联互通互动的综治视联网，构筑“警网”“民网”“天网”三网合一的立体化社会治安防控体系。加大群防群治，全县共有专职武装巡逻队伍 1 支、治安巡防队伍 11 支 180 人、平安志愿者队伍 24 支 1 万人、企事业单位内保队伍 85 支 187 人，综治协管员、维稳信息员等综治协管队伍 1900 余人。创新社会治理，持续深化一千多名留守儿童的关爱服务。创新探索近千名社区矫正对象教育模式，防范和处理邪教工作。完善生态环境司法保护示范基地、社会治安立体化打防管控维稳机制、校园治安督查、未成年人零犯罪基地建设、平安高速联勤等机制。

平安建设　深化“四无”平安村(居)建设，落实安全生产“党政同责、一岗双责”机制，连续六年未发生较大以上安全生产事故，获全国“平安农机”示范县荣誉。常态评选“平安家庭”，2018 年评选表彰平安家庭乡镇级 607 户、县级 142 户、市级 10 户。深化平安三级联创机制，加强各类特殊群体服务管理，完善城乡社区网格化服务，和谐办理社会事务。2018 年初，政和县全面推开禁毒重点整治县工作，建立三级书记抓禁毒工作机制，成立禁毒志愿队伍 22 支 6300 多人，全民禁毒成效显著，2020 年 8 月，顺利通过国家禁毒委全面检查评估。平安建设知晓率、群众安全感和执法满意度“三率”测评，在全省全市的位次逐年提升。

扫黑除恶 以高度的政治自觉,打黑除恶下重拳、出重手,有效推动各单位摸排上报涉黑涉恶线索。全县利用各类媒体、各种渠道、各种形式、各种活动,最大范围地、最高频率地宣传扫黑除恶。压紧压实政法部门职能责任,充分发挥政法委牵头和协调作用,严明公检法在扫黑除恶专项斗争中的职责和任务,严格办案程序,依法按程序快侦、快诉、快审。全年立案、起诉、审理多起涉恶案件,全县首例涉恶团伙案件公开宣判。聚焦打"伞"破"网",查结多起涉黑涉恶腐败案件和"保护伞"案件,推进扫黑除恶专项斗争监督执纪问责工作。

军民融合 2018 年县人武部被评为全省先进人武部,为时隔 20 年的殊荣。"双拥"工作连续 5 年在全市党管武装考评中获得满分,通过两届省级双拥模范县考评,为创建新一届省级双拥模范县奠定坚实基础。2018 年底、2019 年初先后成立县退役军人事务局和乡(镇、街道)退役军人服务站,推动退役军人事务的深入开展。

文明治丧 深入贯彻《福建省殡葬管理条例》,完善原有殡葬管理相关规定、实施办法、通(公)告,促使节俭、简化、文明办理丧事;加强城乡公益性骨灰楼堂(塔)和公墓建设,提高火化率;全面开展"三沿五区"乱建乱埋和豪华墓、大墓、"活人墓"专项整治,促进墓地生态建设;党员干部带头做到"八个严禁""五个不",步入了文明节俭办丧事的长效轨道。市民移风易俗殡葬改革问卷调查"三率"(知晓率、支持率、满意率)均达 95%以上,火化率达 99%,移风易俗深入人心。

家风建设 把家风建设作为加强党性修养和社会道德建设的重要内容,号召广大群众,特别是各级领导干部继承和弘扬中华优秀传统文化,注重家庭、注重家教、注重家风,培养好思想、好品行、好习惯。开展向焦裕禄、谷文昌、杨善洲和廖俊波等同志学习的活动,做家风建设的表率,把修身齐家落到实处。保持高尚道德情操和健康生活情趣,严格要求亲属子女过好亲情关,教育党员干部树立遵纪守法、艰苦朴素、勤勤恳恳的良好观念,为全社会做表率。加大对朱子孝道文化的挖掘与弘扬,2020 年纪念朱松创建云根书院

900周年大会在政和成功举办。开展“十大诚信标兵”“十大孝星”评选表彰活动，以千万家庭的好家风支撑起全社会的好风气。

2020年10月18日政和县举办云根书院创建900周年暨朱子诞生890周年纪念活动

老有所养 重点抓好“两中心十幸福院”。县级养老龙头项目政和县社会福利中心，列入省委、省政府为民办实事项目和南平市重点民生工程，2019年一期完工交付使用。引进厦门智宇信息技术有限公司，设立政和县孝心养老服务中心，打造“没有围墙的智慧养老院”。农村以“村级主办、互助服务、群众参与、政府支持”为原则，10个乡镇全面建设农村幸福院，总建筑面积10089平方米，设计床位438张。社区建立部分老年人日间照料中心。全县为年满60周岁以上的低保对象、计划生育特殊家庭中完全失能的老年人购买护理服务，执行老人优待证制度；建立70岁以上老年人免费乘坐公交车，80岁以上高龄老人生活津贴、意外伤害医疗保障，百岁老人营养补贴，完全失能老人护理补贴等制度。全县有10个乡镇规范化老年协会，122个村（居）老年协会，123个村级老人学校。

精神文明 推进社会主义核心价值观进农村、进社区、进公园活动。加强和改进社会公道、职业道德、家庭美德和个人品德建设以及未成年人思想道德建设。开展道德模范和七届最美家庭、首届最美军嫂与最美现役军人好母亲、首届最美退役军人和首届最美教师等文明评选表彰。组织道德模范巡回报告会，引导新时代文明志愿服务，成立以老年志愿者协会、义工联、蓝天救援队、民兵机械应急大队、爱心妈妈帮帮团、微公益联合会等16支为骨干的民间志愿队伍，至今全县拥有各类志愿服务队伍162支，登记在册志愿者超过 2.5 万人，每年服务时长超过 40 万小时。《福建日报》《中国文明网》《文明风》等媒体以《几股正能量，汇聚小城大爱》为题，报道政和志愿服务的群众性精神文明实践。助人为乐、见义勇为、诚实守信、敬业奉献、孝老爱亲等各类道德模范之光闪耀政和。

2018 年 12 月 27 日，政和县新时代文明实践中心在文化广场举行成立仪式

扎实推进文明城市和省、市、县级文明创建，文明创城补短板、提水平，文明单位抓申报、强指导，把创建过程作为解决人民群众普遍关心突出问题的过程，让群众享受更多的创建红利，形成人人参与创城和创建文明单位的良好氛围。全县建立新时代文明实践所 26 个，80％以上行政村（社区）建成文明实践站，成为宣传思想文化和精神文明建设工作的重要阵地。2018 年，政和县被南平市列为唯一的新时代文明实践中心试点县，铁山镇东涧村为全县唯一入选的第六届全国文明村。

第六节　砥砺奋进新征程

岁月沧桑，斗转星移。过去百年，政和人民在党的领导下，走过了波澜壮阔而又苦难辉煌的奋斗历程，发生了翻天覆地的变化。第一个百年收官在即，第二个百年即将开启。“十四五”时期是政和县全面完成小康社会建设战略目标，向基本实现社会主义现代化迈进承上启下的关键时期，也是政和县经济社会发展的重要战略机遇期。必须紧紧抓住各种机遇，直面各种挑战，破解各种难题，在新的起点上推动政和经济社会发展实现新的跨越。“十四五”期间，政和县发展的主要目标是：全县经济社会发展持续保持较快速度增长，到2025年，全县地区生产总值达140亿元，城镇、农村居民人均可支配收入达40200元、19600元，综合实力更强、城乡发展更协调、生态环境更优美、人民生活更幸福、治理体系更完善。2021—2025年，政和县经济社会发展的工作重点是建设好“四个新政和”。

建设一个综合实力更强的新政和 实施“四个百亿产业工程”，力争到“十四五”末，实现茶、竹、机电、旅游与电商等四大产业年产值均达100亿元以上。坚持把发展经济着力点放在实体经济上，突出错位发展、特色发展、集聚发展，借助新理念、新技术、新模式，加快推动传统产业数字化、网络化、智能化升级改造，推进产业基础高级化、产业链现代化，提高经济质量效益和核心竞争力。坚持优化支撑保障，不断汇聚政策、资金、技术、人才等保障要素，持续加大交通、水利、能源等领域投资力度，补齐基础设施短板，加快“新基建”建设，铺就长远发展“高速路”。

建设一个投资氛围更佳的新政和 坚持把优化营商环境作为发展的“生命线”来抓，全面打通“中梗阻”、抓好“社会面”、推进“长效化”。全力推进高频便民服务事项掌上办、随时办、智能办、一次办。严格落实政府部门权力清单、责任清单、负面清单制度，有序推进简政放权、放管结合、职能转变，大力推行容缺补正、备案管理、豁免审批，全力打造办事方便、监管柔性、竞争有力的营商环境“新高地”。

建设一个生态环境更美的新政和 坚持绿色发展、可持续发展战略，大力发展符合绿色导向、有利于生态优势转化的产业，提高绿色经济比重。落实环境保护“党政同责、一岗双责”和属地管理责任。加大自然保护区、风景名胜区、基本农田等重点区域生态环保工作，稳定竹茶面积，控制锥栗发展。加强水质、大气、土地污染防治，建立自然资源资产离任审计和环保“一票否决”制度，切实保护好政和的青山绿水。

建设一个生活品质更高的新政和 坚持把实现好、维护好、发展好最广大人民根本利益作为发展的出发点和落脚点，全面实施乡村振兴战略，保障粮食安全，健全完善共建共治共享的社会治理机制，实现脱贫攻坚与乡村振兴有效衔接。持续就业优先，全面推进高质量教育体系、健康政和建设，不断满足人民日益增长的美好生活需要。统筹好各领域、各方面的发展和安全，全力保障人民群众生命和财产安全。

附　录

附录一　政和县历任县委书记、县长名录

历任县委书记名录

姓　名	籍　贯	职　务	任职时间	备　注
陈正初	福建松溪	书　记	1949.5—1950.11	
王文麟	山西沁源	书　记	1952.8—1954.8	
李子贤	山西屯留	书　记	1954.8—1958.2	
苏　琴	山西沁源	第一书记	1958.2—1958.8	
李子贤	山西屯留	书　记	1958.2—1960.2	
李子贤	山西屯留	第一书记	1960.2—1963.2	松政县
牛静华	山西	书　记	1960.2—1962.7	松政县
李子贤	山西屯留	书　记	1963.2—1964.10	
牛采莲	山西古县	书　记	1964.10—1968.5	
孟传忠	山东	书　记	1971.2—1973.3	松政县
李东成	山西	书　记	1973.3—1975.3	松政县
李怀智	山西襄垣	书　记	1975.3—1977.10	
唐利民	山西沁源	书　记	1977.10—1978.6	
徐道坤	浙江杭州	书　记	1978.7—1983.12	
陈礼桢	江西南城	书　记	1983.12—1987.11	
陈保明	福建福州	书　记	1987.7—1989.5	
祖忠福	福建浦城	书　记	1989.5—1990.8	
吴家洋	福建泉州	书　记	1990.8—1993.9	
汪其生	福建南平	书　记	1993.9—1996.10	
丁仰宁	福建古田	书　记	1996.10—1999.10	
郑明洋	浙江文成	书　记	1999.11—2004.7	
黄健平	福建古田	书　记	2004.7—2011.5	
廖俊波	福建浦城	书　记	2011.6—2015.12	
黄爱华	福建南平	书　记	2016.4—	

历任县长名录

姓名	籍贯	职务	任职时间	备注
王俊德	山东定陶	县　长	1949.6—1949.8	
陈正初	福建松溪	县　长	1949.9—1949.11	
侯林舟	山西翼城	县　长	1949.12—1953.1	
李子贤	山西屯留	县　长	1953.1—1954.8	
武争和	山西武乡	县　长	1953.11—1957.11	1954年8月—1955年10月，无正职，由副县长师仁忠主持政府工作
叶风顺	福建松溪	县　长	1957.11—1959.3	
师仁忠	山西安泽	县　长	1959.3—1960.2	
牛采莲	山西古县	县　长	1960.2—1962.7	松政县
任玉林	山西沁源	县　长	1962.8—1964.8	
史春荣	山西安泽	县　长	1964.8—1968.5	
李　宽	山东	县革委会主任	1968.5—1970.7	
孟传忠	山东	主　任	1970.11—1972.1	松政县
李东成	山西	主　任	1972.1—1975.3	松政县
李怀智	山西襄垣	主　任	1975.3—1977.10	
唐利民	山西沁源	主　任	1977.10—1978.6	
徐道坤	浙江杭州	主　任	1978.6—1980.10	
何马焕	福建政和	县　长	1980.11—1983.11	
吴金华	江西南城	县　长	1983.12—1986.11	
祖忠福	福建浦城	县　长	1986.11—1989.6	
吴家洋	福建泉州	县　长	1989.6—1990.8	
杨根生	河南商城	县　长	1990.8—1995.3	
张建光	浙江永康	县　长	1995.3—1996.10	
丁仰宁	福建古田	代县长	1996.9—1997.1	
叶家乐	福建浦城	县　长	1997.2—1998.10	
黄健平	福建古田	县　长	1999.1—2004.7	
陈宗荣	福建松溪	县　长	2005.1—2011.6	
黄爱华	福建延平	县　长	2011.6—2016.4	
张行书	福建建阳	县　长	2016.7—	

附录二　政和县老区建设促进会沿革及任职人员情况表

时间	届次	名誉会长	顾问	会长	副会长秘书长
1996—2002	第一届	张国荣 增补： 高建富， 姚延梭	左丰美，张　翼， 池云宝，周崇辉， 何马焕，李乃明， 陈君翼，陈纯台， 许正荣，张锡九， 徐松盛，魏敦声， 刘鸿达，郭发祥， 杨廷贵，朱宗汉 增补： 丁仰宁，叶家乐， 魏万能，林其水	许孝友	范强为常务副会长兼秘书长，张正发、张正有、李永增为副会长。增补吴大兴为副会长
2002—2008	第二届	郑明洋 黄健平 陈宗荣 余国荣	张　翼，池云宝， 李乃明，何马焕， 陈纯台，许正荣， 许孝友，林其水， 刘鸿达，杨廷贵， 徐松盛，魏敦声， 范　强，杨定基， 张正发	林志孔	何德政为常务副会长，叶荣奴、李永增为副会长。范松为秘书长
2008—2015	第三届	黄健平 陈宗荣 余国荣 王松雄	陈纯台，许正荣， 许孝友，杨廷贵， 刘鸿达，魏敦声， 杨定基，范　强， 叶荣奴，张正发	林志孔	吕陈正为常务副会长，宋庆和为秘书长
2015—	第四届	廖俊波 黄爱华 詹树强 郑满生 吴超林 魏年锋 增补： 张行书 魏万进 王　丰 李伟艺	魏万能，许正荣， 许孝友，杨廷贵， 林志孔，范　强， 杨定基，张振津， 叶福钦，叶荣奴， 张银廉，蔡朝耿 增补： 魏礼情，宋钟文	范代兴	吴邦顺为副会长，范永亮为副会长兼秘书长。 增补： 范永光，刘立清为副会长，赖传辉为副会长兼办公室主任。

附录三　政和县老区乡(镇)、行政村、基点村分布表

乡(镇)	行政村	基点村(261个)	
合计	89个	有人居住156个	无人居住或不存在105个
东平镇	东平、凤头、西表、界溪、苏地、碗厂、金峰、常布、山溪、护田、范屯、新口	凤头、奖山、头坑、西表、朱地、车盘、下村、东埂、大际、岭头、杉林、上畲、平湖、岭根、交洋、朝阳、界溪、石马岗、杉溪、下村、上村、前蓬、下坑、下屯、碗厂、山头、尚坑	党上、半岭、下半岭、牛建坑、黄际、上呈坑、栏里、步丝下、坑头、根竹山、黄际峡、黄锭、王叉路、大路下、际岭头、山头厂、南仓、大源、大洋、下呈坑、柯坑、大坪厂、罗瑶、捣巢、黄际
镇前镇	宝岩、茶溪、洋厝、南坑、里洋、梨洋、下园、半源、际头、西溪、角坂、何山、横坑头	马厂、下村、外洋、山后、坑里、连山、江厝、天柱、中山、茶溪、招建点、南坑、庄下、丁坑、富宅、里山溪、横坑头	江际、龙厝溪、下畲、牛栏坑、底山、梨坑、招角后、外坑、大小坪、殿池、大洋头
铁山镇	大岭、高林、半洋、江上、向前、张屯、罗家地	张天	
杨源乡	洞宫、坂头、上庄、西岩、岭头、翠溪、杨源、大溪、富坂、茶林、楼下、王大厝、筠竹坑、禾洋	仰头、新棠洋、洞宫、禾坪、西门、竹头、乾头、龙滩、大坂岭、坂头、塘坑、坑塘、苏坑、进山头、大坂、黄坦、溪尾厂、桥头乾、楼下、花桥	茶坑、庙前桥、贵坑、西山、下车坑、土岭、大巢、又不除、平坂头、松仔坂、七仙厂、黄岗厂、桃坪

续表

乡(镇)	行政村	基点村(261个)	
澄源乡	林山、黄坦、上洋、黄岭、坑里、新康、赤溪、牛途、双新、后山、香溪、北斗、石壁、上榅洋、下榅洋、大梨溪、路下	黄岭、上暖溪、新康口、象鼻亭、根竹、麒麟坑、暗炉、上赤溪、丁坑、双木坑、新坑头、庵后仔、苏仔坑、下山角、山头洋、外香炉坪、里香炉坪、根竹坑、对洋、大梨溪、官司、过路坑、大邱头	黄竹桥、下坑、洋梅栏、西北坑、仙人庵、谢溪洋、大峡、溪头、乌坑、岗仔厂、新厝桥头、木郎厂、梅仔坪、招角后、后井、下庵
外屯乡	黄坑、下坪、稠岭、吴场、湖屯、洋屯、外屯、溪头	上洋厂、岩皮头、花会坂、葫芦里、宝郎坑、外坂林、大邱后、葫芦邱、半路后、采坑尾、九房、张厝坪、竹林下、上坂、外庵、招岭、黄令后、里楼、旺楼、百林、百步溪、灰厂、立基洋、黄龙溪、花桥仔、抬坑坊、王龙月、招坑头、王畲坑尾、茶坑、黄坑、谢家山、黄泥峡、九进洋、佛子岩、大岩波、溪头	青丝岭、大邱下、苍子坑、桃坑上厂、松林、桃坑下厂、鸡母科、半岭、牛楼、坑头、黄畲、如林坑、蝙蝠洞、思枝坑、油坊、温龟林、上厂、楼下、棺材坑、月奶丘、茶坪、黄坦仔、上坑上厂、上坑下厂、棕相坑、磅山、庙下坪、仗下坪、岗头厂、茶坑
岭腰乡	锦屏、岭腰、横坑、高山、前溪、西坑、长垅	锡坑、大林洞、北岩、岩根、外楼、桐厝、千田、东山头、大坪、坑头、刘坑头、旁尾、下洋、上山	富宅门、王厝林、建阳山、际下洋、大岗头、传水、恩枝坑、岩皮头、山面
星溪乡	东山、念山、梅坡、林屯、地坪、宝岱、章口、九蓬、长际	上山、何山仔、仙岩后、东坑、下宅、河畲、梧桐坑、下山岗、上山岗、石洪坑、水林坑、后半山、大绍、西北坑、槐坑	
	际下、长城(石屯镇)	鸡角仑	观音厨

注:全县共有10个乡镇(街道),137个建制村(居),560个老区自然村,老区副点村121个,人民游击区183个,全县老区村(居)人口数13.3万人,占总人口55.88%。

附录四　福建省政和县烈士英名录

序号	所在地	姓　　名	人数合计：180人
1	东平镇	施洪毛、张治茂、张家清、张立秋、徐江西仔、苏奴肠、余希平、杨海婢、陈机清、张德松、张德权、徐希有、张立春、杨文成、杨则镇、杨则锅、陈机水、杨木发、杨红仔、陈机顺、胡瑞春、张有权、陈传江、杨钟秀、杨国兴、饶清水、吴机耿、黄重贵、陈礼茂、张立双、陈礼江、陆仁顺、叶马炭、杨兆武、张唐宝、吴东清、吴如江、杨则仕、陈雨金、杨则益、杨恩仔、杨立楷、陈机有、江品芳、张顺长、许乃琳、魏美成、曹德銮、杨则火、陈章生、杨作金、杨玉水、宋寿春、张敦喜、杨建忠、王树春、叶挺芳、叶其寿、徐学同、魏大鳌、魏火生、张昌贵、魏觅有、徐木荣、杨木茂、邓发金、杨金华、张马洪、杨庭公、马公济、吴如觅、陈礼榈、杨则泰、林方梁、张有奴、杨文贤、宋观禄、肖仁生、林观德、李孝礼、许小斌	81人
2	石屯镇	范永贵、朱宝祥、杨韩非、吴成根	4人
3	熊山街道	张仲达、蔡俊纯、许庆祖、郑升贞、梁其洪、杨振邦、卢立山、魏德高、陈子宝、杨振南	10人
4	星溪乡	魏长荣、郑马寿、谢克水、范茂旭、杨祖镇、李邦树、魏重成	7人
5	外屯乡	郑学信、范仁满、何代新、张正书、高远良、范仁松、许子富、胡当恒、刘荣仔、张应有	10人
6	铁山镇	刘贵林、宋声清	2人
7	岭腰乡	夏茂祥、夏昌传、刘进才、李典发、李式涛、陈俺明、叶二弟、叶石屯、吴远通、李小东、余观洪、陈昌镕	12人
8	镇前镇	叶茂灿、叶永挥、宋家培、叶传庚、赖水兴、陈松	6人
9	杨源乡	吴国灶、黄德振、张发财、张发祯、黄赞庚、陆其明、张发旺、吴国齐、吴远渠、陈明灿、刘振宇、陈君目、祝世贵、黄曾兴、黄洪禄、黄荣义、张明考、张积禄、吴向考、陈声俊、黄赞全、黄龙贵	22人
10	澄源乡	郑永芳、许乃桂、吴乃均、许芳桂弟、许榅洋、陈继明、陈松荣、吕家味、周泽美、范其寿、范世享、赖茂春、范昌奴、许观春弟、范昌鹏、范长钦、范鸿德、吴用增、张义顺、范延奴、吴用享、范光寿、范星荣、卓胜利、黄其老、陈青辉	26人

参考文献

[1]中共政和县委党史研究室著,叶相唐主编:《政和革命史》,内部资料,1997 年。

[2]中共政和县委党史研究室编:《政和县党史资料》第 1 ~ 10 期,内部资料,1982—1990 年。

[3]政和县政协编, 范强著:《政和革命斗争史话》,福建省地图出版社 2013 年版。

[4]中共政和县委组织部、中共政和县委党史工作委员会、政和县档案局编:《中国共产党福建省政和县组织史资料(1928 年 12 月—1987 年 12 月)》,福建人民出版社 1989 年版。

[5]中共南平地委党史研究室编:《闽北革命史》,人民出版社 1992 年版。

[6]南平市委党史研究室、政和县委党史研究室编:《闽北有个陈牯佬》,福建人民出版社 2004 年版。

[7]中共建阳地委党史办公室、建阳地区文化局编:《战斗在闽北》,内部资料,1983 年。

[8]中国人民解放军历史资料丛书编审委员会编:《南方三年游击战争——闽北游击区》,解放军出版社 1993 年版。

[9]《中共闽浙赣边区史》编写组编:《中共闽浙赣边区史》,内部资料,2014 年。

[10]南平市闽浙赣边区革命史研究会编:《闽浙赣边区党史研究论文集》,海峡书局 2017 年版。

[11]中共松溪县委党史研究室主编:《松溪革命史》,内部资料,1990 年。

[12]中共建阳市委党史研究室编:《建阳县革命史》,中央文献出版社2005年版。

[13]中共浦城县委党史研究室编:《浦城县革命史》,内部资料,1990年。

[14]中共寿宁县委党史研究室编:《寿宁地方革命史》,厦门大学出版社2015年版。

[15]中共屏南县委党研室著:《中国共产党屏南历史》第一卷(1919—1949年),中共党史出版社2014年版。

[16]浙江省庆元县档案局(史志办)编:《中国共产党庆元历史》第一卷(1933—1949年),中共党史出版社2011年版。

[17]范永光:《政和中央苏区县的历史记忆》,《武夷文化研究》2015年第2期。

[18]政和县委党史研究室编,叶相唐主编:《政和党史专题汇编》,内部资料,2001年。

[19]政和县政协编:《政和文史》(第1～10辑),内部资料,1982—1988年。

[20]东台市老区开发促进会编:《东台市革命老区发展史》,江苏人民出版社2019年版。

[21]政和县地方志编纂委员会编:《政和县志》,中华书局1994年版。

[22]政和县地方志编纂委员会编:《政和县志(1989—2005)》,方志出版社2016年版。

[23]中共政和县委、政和县人民政府编:《千年政和(1000—2000)》,内部资料,2000年。

[24]政和县地方志编纂委员会、政和县民政局编:《政和县政区大典》,福建省地图出版社2014年版。

[25]政和县人民政府编:《政和茶志》,海峡书局2018年版。

[26]政和县政协编:《政和县政协志》,内部资料,1995年。

[27]政和县农业局编:《政和县农业志》简本,内部资料,1990年。

[28]政和县林业局编:《政和县林业志》简本,内部资料,1990年。

[29]政和县水利局编:《政和县水利志》,方志出版社2009年版。

[30]政和县交通局编:《政和县交通志》简本,内部资料,1990年。

[31]政和县民政局编:《政和县民政志》简本,内部资料,1990年。

[32]《政和县教育志》编纂领导小组编:《政和县志教育志》简本,内部资料,2006年。

[33]政和县委编办、政和县政府编办编:《政和县机构编制简志》,内部资料,2005年。

[34]政和县军事志暨政和县军事年鉴编纂委员会编:《政和县军事志(2006—2011)》,内部资料,2013年。

[35]政和县总工会、政和县劳模协会编:《劳模记事(1949—2015)》,内部资料,2016年。

[36]政和县统计局编:《政和县五十年国民经济发展资料汇编》,内部资料,1999年。

[37]政和县统计局、国家统计局政和调查队编:《政和县统计年鉴》,内部资料,2015年。

[38]政和县统计局编:《政和县统计年鉴》,内部资料,2020年。

[39]政和县地方志编纂委员会编:《政和年鉴2011—2013》,海峡书局2015年版。

[40]政和县地方志编纂委员会编:《政和年鉴2018》,厦门大学出版社2019年版。

[41]政和县委党史和地方志研究室编:《政和年鉴2019》,福建省地图出版社2020年版。

[42]时代楷模廖俊波干部学习读本编委会编:《时代楷模廖俊波干部学习读本》,中共中央党校出版社2017年版。

[43]蔡子仁、吴连田编著:《情系红土地——福建老区工作手

册》，海潮摄影艺术出版社2003年版。

[44]南平市老促会编:《情满红土地》，内部资料，2005年。

[45]南平市统计局编:《砥砺前行的绿色南平》，内部资料，2018年。

[46]政和县人大常委会编:《履职为民——纪念政和县人大常委会设立40周年》，内部资料，2019年。

[47]南平市统计局编:《绿色谱华章 闽北焕新颜》，内部资料，2019年。

后 记

《政和县革命老区发展史》一书，经过近三年时间的努力，终于付梓出版了。谨以此书作为向中国共产党成立 100 周年的献礼。

2017 年 6 月，中国老区建设促进会遵照习近平总书记“把红色基因代代传下去”等重要指示，决定在全国 1599 个革命老区县以县为单位，编纂“全国革命老区县发展史”丛书，作为新时代宏大的红色文化工程。县委、县政府对此非常重视，成立编纂领导小组和编纂委员会，召开全县编纂工作会议，确定由县老促会具体负责编纂工作。

《政和县革命老区发展史》既反映了政和老区人民在新民主主义革命时期的光辉史迹，又彰显了政和老区社会主义建设时期、改革开放和社会主义新时代建设时期的伟大成就，是一部系统反映政和县百年来发展的史书。近三年来，县老促会多次召集编纂工作会议，研究探讨编纂重点方向，精心谋篇布局。经多次修正，完成《政和县革命老区发展史》的编纂为章节体，依时间顺序，按章节编排。全书共设 11 章 63 节，约 30 万字，基本涵盖了政和老区革命与建设的发展历程。第一至五章记述了政和人民在中国共产党领导下，开展武装反抗“站起来”的革命历程；第六至十章展现了政和人民社会主义革命、建设和改革开放时期“富起来”的历史画卷；第十一章记录了政和人民阔步迈进新时代，砥砺奋进“强起来”的伟大实践。

在编纂过程中，编写同志广泛查找、翻阅大量文史资料和档案资料，深入研究，反复推敲，并走访了部分老同志，摘录了一些史料。几位主要执笔人员高度负责，倾心编写。概述由赖传贵撰写，范永光撰写第一至五章，赖传辉撰写第六至七章及编写附录，陈明贵撰写第八至十一章。图片编辑范永光，赖传辉、徐庭盛、周元火参与编辑彩图；有关党史资料图片由范永光征集提供；相关政和建设成就、经济发展、文化旅游、革命遗址图片及部分史料翻拍图片，由徐庭盛、余明传、宋德华、陈亮、李隆智、叶维荣、张书、范蔚娟、宋观辉、王巍、陈松、陈昌村、刘永锋、邱前月等提供。全书初稿形成后，呈送县四套班子领导、县直有关部门及乡镇领导审阅核实，并经编审小组成员研讨审定，撰写人几次修改，终使文稿日臻完善。

本书编纂过程中，中共政和县委书记黄爱华非常重视并为本书作序，县长张行书、县委副书记王丰、副县长李伟艺多次帮助解决、协调有关问题，县四套班子部分领导和县老促会顾问也提出中肯修改意见，使本书更加完美。政和县档案馆、县委党史和地方志研究室、统计局等各相关部门和乡镇，为本书的编纂提供了大量资料和统计数据，在此一并表示衷心的感谢！

《政和县革命老区发展史》时间跨度大、史实内容多、编写时间紧，难免有遗珠之憾。两年多来，虽经艰辛编纂，反复打磨、修改，但因编者水平所限，书中难免有不足和欠妥之处，敬请读者批评指正，对此亦表歉意！

范代兴

2021 年 1 月 6 日